De belofte

Colofon

ISBN 9789051798838
1e druk, 2014

© 2014 Lammi Luten

Dit boek is een uitgave van Gopher B.V.

Keizersgracht 75-II
1015 CE Amsterdam
Telefoon 020 427 9204

Exemplaren zijn rechtstreeks te bestellen
via internet: www.gopher.nl en bij iedere boekhandel.

De belofte

Confrontatie met de moordenaar van Andrea

Lammi Luten

UITGEVERIJ
gopher
www.gopher.nl

Een monument voor een meisje van 15

Als misdaadverslaggever heb ik altijd veel voldoening gehaald uit de persoonlijke contacten met slachtoffers en nabestaanden. Met heel veel van hen heb ik een band, een relatie, opgebouwd die verder gaat dan een louter professioneel contact. Eigenlijk is dat – als onafhankelijke journalist – natuurlijk niet de bedoeling. Voor de goede uitoefening van je vak is enige afstand van 'het onderwerp' doorgaans een soort van basisvereiste. Maar ja, houd dat maar eens vol als je gedurende een reeks van jaren – soms wel vijftien of twintig jaar lang – veelvuldig persoonlijk contact met iemand hebt, die niet alleen door het lot zwaar getroffen is, maar die ook gewoon een mooi en aardig mens is. Dan kan het niet anders of er groeit langzaam maar zeker een contact dat dieper gaat dan een artikel in de krant of een reportage op tv. En eerlijk gezegd ben ik blij dat dit zo is. Het heeft er bij mij voor gezorgd, dat ik nooit afstompte, dat ik altijd vooral de 'mens' bleef zien in de papieren 'dossiers' die we behandelden, dat ik altijd klaar wilde staan als er door hen een beroep op me werd gedaan. Ja, dat ik bij de behandeling van zo'n dossier, bij de persoonlijke contacten met de slachtoffers en nabestaanden oprechte woede, verontwaardiging, verdriet en ontroering voelde. Deze gevoelens vormden vaak mijn brandstof om nooit op te geven en onophoudelijk aandacht te vragen voor de belangen van deze achterblijvers. Ik heb wel eens gezegd: als ik dat niet meer voel, dán moet ik stoppen.

Het zal zo'n twintig jaar geleden zijn dat ik persoonlijk kennis maakte met Lammi en Roelof Luten uit het Drentse Ruinen. Op 10 mei 1993 was hun enig kind, hun 15-jarige dochter Andrea, toen ze op de fiets van school op weg was naar huis, in de Gijsselter bossen vermoord.

De eerste keer trof ik hen in hun café De Dorpsherberg in de Westerstraat in Ruinen. Het was nog maar relatief kort na het misdrijf. Ik trof niet zozeer slachtoffers die murw en kapot in een peilloos diepe put zaten, zoals ik zo vaak heb gezien, maar nabestaanden die strijdbaar en mondig waren en zichzelf niet opsloten. En natuurlijk waren ze wel 'murw en kapot', maar dat wilden ze niet tonen. Het zou het begin zijn van een intensief, bijzonder en zeer langdurig contact, want de moord op hun oogappel Andrea bleef heel erg lang onopgelost. Lammi was een roodharige vrouw met het hart op de tong. Altijd eerlijk en direct, open en hartelijk, soms een beetje fel. De spreekbuis. Roelof, haar langharige, grote, vervaarlijk uitziende echtgenoot, was meer de stille kracht, die liever een beetje op de achtergrond bleef. De borrelende vulkaan. Samen vormden ze een hecht stel.

Er is natuurlijk niet veel verbeeldingskracht voor nodig om te bedenken dat je leven in een klap in elkaar stort als je enig kind door een gruwelijke moord uit het leven wordt gerukt. Het is het ergste dat je als ouders kunt overkomen. En nóg erger is het als de dader er mee wegkomt, onbestraft blijft. Toen ik na mijn eerste contact met Lammi en Roelof vanuit Drenthe naar huis reed, dacht ik dan ook: Ik moet er alles aan doen om ervoor te zorgen dat de schoft die dit gedaan heeft gepakt wordt. De gedachte dat zo iemand de dans ontspringt was onverdraaglijk. En dus stond vanaf dat moment de moord op Andrea heel hoog in mijn denkbeeldige top tien van onopgeloste moordzaken waarvoor we alles uit de kast moest trekken. En dat hebben we gedaan. Nadien ben ik nog vaak in de Westerstaat in Ruinen geweest. Maar nog vaker belden Lammi en ik elkaar. En in het dikke dossier van de zaak dat ik nog steeds heb en voor het schrijven van dit voorwoord weer tevoorschijn heb gehaald, zag ik dat Lammi mij ook vaak lange brieven schreef en later, toen het internettijdperk was begonnen, heel veel e-mails, vaak diep in de nacht geschreven na sluitingstijd van hun café. Er groeide gaandeweg een intens, hartelijk contact, dat ik altijd als heel bijzonder heb ervaren. Mijn programma maakte tv-reportages over de zaak, waarin we oproepen deden aan eventuele getuigen om zich te melden. We deden zelf onderzoek, ondervroegen, getuigen, buurtgenoten, vrienden en kennissen van Andrea en tipgevers – op zoek naar een spoortje, een link, een aanknopingspunt. We hadden veelvuldig contact met het rechercheteam, de officier van justitie en andere betrokkenen. We hebben jarenlang publicitair aan 'de boom geschud', zoals ik dat altijd noem. Er kwamen tips bij ons binnen die er soms veelbelovend uitzagen. En dat alles werd natuurlijk veelvuldig en uitvoerig besproken met Lammi en Roelof. Er ontstond een vertrouwensband. Zoals gezegd heb ik met heel veel nabestaanden contact gehad in de loop der tijd, maar Lammi en Roelof vormden toch wel een paar apart. De manier waarop zij het gemis van en het verdriet over hun dochter Andrea een plek probeerden te geven, is mij altijd bijgebleven. Ik had daar groot respect voor. Vaak heeft Lammi tegen me gezegd: *'Peter, ik sta niet toe dat die moordenaar ook de rest van ons leven kapot maakt... Want dan heeft hij ons pas echt.'* Maar dat is natuurlijk makkelijker gezegd dan gedaan als je prachtige dochter nooit meer terugkomt. Probeer dan maar eens om niet verbitterd te raken, probeer dan maar eens om niet verteerd te worden door wraakzucht. Probeer dan maar eens niet geobsedeerd te worden door het feit dat de moordenaar nog vrij rond loopt. Ja, probeer dan nog maar eens een 'gewoon' leven te leiden en je café elke dag op tijd open te doen, terwijl je weet dat even later de voormalig klasgenoten en vrienden van je vermoorde dochter misschien wel aan de toog staan. Het is onmenselijk om dat van iemand in zo'n positie te vragen of te verwachten. Maar Lammi en Roelof vonden dat het moest.

Natuurlijk, ze waren gebrand op de opsporing van de dader en daarvoor mocht ik hen op elk tijdstip van de dag en nacht bellen, maar ze werkten er ook hard aan om hun leven weer op de rails te krijgen, hoe vreemd dat misschien ook klinkt. En misschien is dat ook wel hun redding geweest, denk ik wel eens.

Op 2 november 1999 – zo zag ik in mijn archief – schreef Lammi mij een brief. Het was zesenhalf jaar na de moord. Dit schreef ze toen:

'...Voor mij betekent het dat ik de moord op Andrea heb verwerkt, voor zover dat kan. Verder zal ik niet komen met mijn verwerking, dat weet ik wel. Dat wat over is aan pijn en verdriet zal altijd blijven. Het is goed zo. Het is dus geen kwestie van opgeven, dat niet, maar van een bewuste keus om verder met mijn leven te gaan zonder dat de dader nog dagelijks invloed op mijn leven zal uitoefenen. Dat wil ik niet meer. Nu, eindelijk na zes en half jaar, kan ik zeggen dat de wereld weer leefbaar is voor mij en ik weer de kans heb om mij gelukkig te voelen. Er zijn moeilijkheden, zeker, maar over het algemeen genomen, kan ik weer gelukkig zijn...'

Ik herinner me nog goed dat ik deze brief destijds een paar keer heb gelezen. Las ik dit goed? Stond het er echt? Was dit mogelijk, dat je als ouders na zo'n tragedie weer gelukkig kunt zijn? Na zesenhalf jaar? Ik kende zoveel andere voorbeelden, die er na 15, 20 of 25 jaar en zelfs helemaal nooit meer bovenop kwamen. Ik kon het eerlijk gezegd niet helemaal geloven, al behoorde Lammi tot de weinige personen wier woorden ik normaal gesproken nooit in twijfel zou trekken.

En nu, zoveel jaar later, kan ik ook zeggen: het was ook niet helemaal waar. En het bewijs daarvan heeft u in handen: het door Lammi geschreven boek: *De Belofte*. Daaruit blijkt dat zij en Roelof inderdaad op zoek zijn geweest naar dat nieuwe geluk en dat ze het ook hebben gevonden, maar dat de weg er naar toe veel langer was dan Lammi beschreef. Moeilijker ook. En dat ze ook wel eens 'verdwaald' zijn in hun gevoelens. Dat uitputting en desillusie menigmaal op de loer hebben gelegen. En dat de 'borrelende vulkaan' ook wel eens tot uitbarsting kwam. En er komt in het boek ook op aangrijpende wijze naar voren dat het bepaald niet vanzelfsprekend is dat levenspartners verdriet op dezelfde manier verwerken of dat een huwelijk automatisch tegen de aanslag van zo'n moord bestand is. Lammi heeft dat allemaal eerlijk en openhartig opgeschreven en daaruit kunnen we nu de conclusie trekken dat haar uitspraak over *nieuw-geluk* van november 1999 slechts een tussenfase, een momentopname, was in een veel langer, groter en ingewikkelder proces.

Ik ben er later ook zelf ooggetuige van geweest dát het allemaal niet makkelijk was, dat er soms oude en nieuwe wonden werden opengereten. Ik herinner me het proces tegen de later – terecht – vrijgesproken verdachte Richard K. De wens dat de zaak eindelijk zou zijn opgelost was zo groot geworden dat het er soms misschien wel even op leek dat Lammi en Roelof genoegen namen met 'een dader' in plaats van 'de dader'. De lange zoektocht, de tergende onzekerheid, het gemis van hun dochter, de spanning van een slepende rechtszaak en - niet te vergeten - de overtuiging van het Openbaar Ministerie dat de zaak was opgelost, zorgden er voor dat zij er wel eens een punt achter wilden zetten. Het uitte zich ook in een nauwelijks verholen afkeer van advocaat mr. Bram Moszkowicz – die ook in dit boek nog een beetje doorklinkt – omdat hij het voor Richard K. opnam en in het proces en deed wat hij moest doen. Maar ja, probeer dat als ouders van een vermoord kind maar eens genuanceerd te blijven zien. Niets is in je leven meer genuanceerd, dat is een woord dat je haat! En laten we wel zijn, het is ook niet aan de ouders om over de schuldvraag van een verdachte te oordelen, dat is de plicht van onafhankelijke rechters – en die hebben dat in deze zaak goed gedaan. En advocaten, ach, we zullen maar zeggen dat die goed worden betaald voor het hebben van een dikke huid.

9

Ook toen de echte dader uiteindelijk werd opgespoord, bleef het contact tussen mij en Lammi bestaan. Niet meer zo frequent, maar regelmatig, na bijvoorbeeld een uitzending van mijn programma of een optreden in een talkshow, floepte er in het holst van de nacht een uitgebreide e-mail binnen, waarin Lammi mij over alles bijpraatte én mij aanmoedigde om vooral door te gaan. Ik kan hier wel zeggen dat ik dit – juist van haar – altijd ontzettend op prijs heb gesteld en het mij dikwijls inderdaad nieuw elan gaf om er weer vol tegenaan te gaan: Als zij altijd door kon gaan, in haar moeilijke, verdrietige situatie, dan moest ik dat toch ook kunnen? Ze schreef mij in een van die e-mails een poosje geleden dat ze contact had gezocht met de inmiddels veroordeelde moordenaar van haar dochter en dat dit goed voor haar was. Bij vrijwel alle andere nabestaanden in moordzaken met wie ik contact heb zou ik daar enorm van hebben opgekeken, maar niet bij Lammi. Maar om dit goed te kunnen begrijpen moet u misschien eerst dit mooie, ontroerende boek *De Belofte* van haar lezen. Het boek is een verbaal monument voor haar 15-jarige dochter Andrea die nog elke dag gemist wordt, maar tegelijkertijd ook in al die jaren nog geen dag weg is geweest bij Lammi en Roelof. Het boek is een stukje geschiedschrijving van een moordzaak die de gemoederen in ons land lang heeft beziggehouden. Het boek is uiteraard een *must* voor iedereen die Roelof en Lammi heeft gekend, maar niet alleen zij. Nee, het boek is in mijn ogen ook een verplichting voor politiemensen, advocaten, rechters en (misdaad)journalisten, die met dit soort zaken te maken krijgen en zich proberen in te leven in de psyche van de ouders van een vermoord kind.

Tot slot: Ik ben dankbaar dat ik Lammi en Roelof Luten heb leren kennen: bijzondere, lieve, integere persoonlijkheden, mensen waarvan onze harde, onverdraagzame samenleving nog wat kan leren. Het jarenlange persoonlijke contact met hen zie ik als een verrijking van mijn leven. Natuurlijk... natúúrlijk had ik veel liever gezien dat zij nooit, ooit, mijn pad hadden gekruist, want dan had hun Andrea nog geleefd. Als ik iemand dat geluk had gegund, zijn het Lammi en Roelof Luten wel. En daarom heb ik er grote bewondering en veel respect voor dat zij de nagedachtenis aan hun prachtige dochter met dit unieke boek in leven houden.

Peter R. de Vries
Hilversum – 2014

Eind jaren negentig had ik, zoals zo vaak, weer eens een gesprekje met Andrea. Ik vroeg voor de zoveelste keer, en vol ongeduld, wanneer de moord op haar eindelijk eens opgelost zou worden.

'Geduld mama, je moet geduld hebben. Oma komt eerst.'

Ik had geen geduld, maar al jaren moést ik wel geduld opbrengen. Doodgewoon omdat er nog steeds geen dader van de moord in beeld was. Ja, er waren wel verdachten geweest, maar nog steeds niet dé man die Andrea werkelijk om het leven had gebracht. Dat was erg frustrerend, maar ik begreep dat ik hier geen snars aan zou kunnen veranderen. Andrea wist op dit moment meer dan ik. Ik had geen keus, ze had gelijk. Ik moest wel geduld hebben.

Het jaar 2000

Het jaar 2000 was een bijzonder druk jaar voor me. Druk en met tegenstrijdige emoties, omdat er veel mooie dingen gebeurden, maar ook veel verdrietige dingen. Het was het jaar dat mijn eerste boek *Thuiskomen, leven na de dood van Andrea* verscheen op 15 mei. De media besteedden er veel aandacht aan, dit betekende dat ik veel tijd doorbracht met interviews voor kranten, tijdschriften, radio en televisie. Ook waren er veel mensen die me persoonlijk aanspraken om hun mening op mijn boek te geven. Dat gebeurde soms gewoon op straat, maar ik kreeg ook reacties van de mensen bij ons in café De Dorpsherberg in Ruinen. De beste gesprekken had ik altijd aan het eind van de avond en het kwam daarom regelmatig voor dat ik pas tegen de ochtend naar boven ging om mijn bed in te duiken.

In mijn mailbox zaten regelmatig mailtjes van voor mij onbekende mensen. Ook belde er af en toe iemand die ik niet kende en met wie ik vervolgens een bijzonder gesprek had. Vaak waren dit mensen die zelf een dierbare verloren hadden en me deelgenoot wilden maken van hun ervaringen en verdriet. Ik leerde in korte tijd veel lieve mensen kennen. Het gaf me veel liefde en warmte, en ik voelde me bevoorrecht dat ik deze mensen iets had kunnen vertellen in mijn boek dat hen aansprak of moed gaf om door te gaan met hun leven.

Mijn vader

Rond diezelfde tijd hoorde mijn vader dat hij ongeneeslijk ziek was. Hij had leverkanker gekregen. Hij was 81 jaar en als je die leeftijd hebt bereikt, weet je dat elke dag een geschenk is geworden. Veel mensen zijn bang om ziek te worden aan het eind van hun leven. Dat is logisch, niemand wil graag ziek worden en iedereen is bang voor de pijn die daar meestal bij komt kijken. Gelukkig is de pijnbestrijding tegenwoordig erg goed. Ook mijn vader werd bang toen de arts hem het slechte nieuws vertelde en onderweg naar huis vroeg hij me: 'Help je me?'

'Natuurlijk help ik je', antwoordde ik. 'Jij hoeft dit niet alleen te doen, we doen dit samen. Pijn hoef je niet te hebben en ik zal ervoor zorgen dat je dat ook niet krijgt.'

Mijn vader werd rustiger en vanaf die dag ging ik elke dag naar mijn ouders toe. Het gaf hem vertrouwen en hij kon zich langzaam maar zeker meer en meer losmaken van het leven.

Sterven door een ziekte geeft ook bepaalde mogelijkheden. Het 'positieve' van ziek worden is dat de persoon nog dingen kan regelen. Schoon schip maken zou je het kunnen noemen. Diegene die ziek geworden is, krijgt nog de kans om afscheid te nemen van mensen. Hij krijgt de mogelijkheid om mensen te bedanken voor hun diensten of vriendschap of vertellen wat ze voor hem hebben betekend. Maar dat wordt pas duidelijk als het ook uitgesproken wordt. Dan wordt pas echt duidelijk wat de relatie werkelijk waard is geweest. Als er een conflict met iemand is, kan dat nog rechtgezet of uitgesproken worden. Zo zijn er natuurlijk tal van mogelijkheden in de relatiesfeer die nog opgehelderd of verduidelijkt kunnen worden.

Ook heb je de mogelijkheid om zelf de begrafenis of crematie te regelen. Ik kan me voorstellen dat bepaalde mensen uit sociale overwegingen een uitnodiging zouden moeten hebben voor het laatste afscheid, maar misschien was de relatie niet wat die moest zijn. Waarom zou je dan toch een uitnodiging voor je laatste afscheid van dit leven sturen? De mens die sterft is voor die dag de regisseur van het geheel en mag bepalen wat er gebeurt. Het is toch zijn afscheid van het leven. Dus stelde ik op een dag mijn vader voor om eens na te denken over zijn eigen begrafenis. Hij keek me aan en schudde zijn hoofd. Daar wilde hij niet over nadenken. Ik begreep dat hij meer tijd nodig had, ik was te vroeg met mijn vraag. Ik moest glimlachen toen hij er de volgende dag zelf over begon.

'Lammi, denk je erom dat je dit doet en dat je dat zo gaat regelen? Dat is het beste. O, en denk erom dat je dat niet vergeet als het nodig is.'

Ik schreef alles op, zodat ik het niet kon vergeten. Ik was blij dat hij er over nagedacht had, het gaf me het gevoel dat hij zijn leven min of meer netjes aan het afsluiten was. Dat paste ook meer bij zijn karakter, netjes afmaken waar je aan begonnen bent. Voor ons was het ook gemakkelijker. Op deze manier wisten wij als familie ook beter waar we aan toe waren en hoe we zijn laatste dagen op deze wereld het beste konden invullen. Het was een verdrietige tijd omdat ik de man van wie ik mijn leven lang steun had gehad, die ik volledig vertrouwde en die altijd voor me klaar had gestaan, over enige tijd zou moeten missen. Hij was tenslotte mijn leven lang mijn steunpilaar geweest, in goede en slechte tijden.

Mijn vader wilde het liefst thuis in de vertrouwde omgeving sterven en ik gaf hem de belofte dat dit zo zou gebeuren.

Langzaam maar zeker werd hij zieker en vermoeider, het leven verdween uit zijn lichaam. Samen met mijn schoonzus Hilly, die dichter bij mijn ouders woonde, heb ik hem de laatste weken verzorgd. Het was een erg vermoeiende tijd, maar ook een mooie en leerzame tijd. Ik had het voor geen goud willen missen. We hebben goede gesprekken gehad, veel gelachen en herinneringen opgehaald. En het was ook vaak al voldoende om er alleen maar te zijn. Dan zat ik naast zijn bed wanneer hij sliep en als hij dan weer wakker werd zei hij: 'O, ben je daar wel?'

'Tuurlijk pa, wat denk je.' Dan glimlachte hij. Dat was voor mij voldoende.

Die glimlach voelde als een schouderklopje. Een week voor zijn overlijden zat hij te staren naar de muur, toen mijn schoonzus Hilly bij hem was.

Ze vroeg hem: 'Wat zie je daar?'

Hij keek haar even aan, keek weer terug naar de muur en zei: 'O, ik zie zulke mooie kleuren, zo mooi! Die heb je hier niet, dat heb ik hier nog nooit gezien.'

Een paar dagen later, toen ik bij hem was, gebeurde er weer wat bijzonders. Hij keek opzij en ik vroeg hem: 'Zie je wat bijzonders? Waar kijk je naar?'

'Mijn vader en moeder zijn er.'

'O, wat leuk. Wat fijn dat ze even bij je komen kijken', antwoordde ik.

Hij keek me verwonderd aan, keek nog een keer opzij en haalde toen zijn schouders op.

'Ze komen bij je kijken, om te laten weten dat ze er voor je zijn.'

Mijn vader keek me aan en zei niets meer, maar ik zag hem nadenken. Was dit echt? Of waren het hallucinaties? Het maakte voor mij niets uit. Het gevoel dat het mijn vader gaf, dát was belangrijk, niet hoe het tot stand kwam.

Op het moment dat hij stierf, waren we allemaal 'toevallig' bij hem. Mijn broer en mijn schoonzus stonden op het punt om naar huis te gaan, net als mijn zus. Zo vaak waren we niet allemaal tegelijk bij onze ouders. Alleen Roelof was in het café aan het werk en er niet bij. Hoe is het mogelijk dat we verder allemaal nét op dat moment bij hem waren. Of dacht hij misschien: nu kan ik er wel tussenuit knijpen, ze zijn nu allemaal hier?

Mijn vader stierf rustig en vredig, maar zonder dat hij wist wie zijn lieve kleindochter vermoord had. Dat vond ik wel erg sneu. Maar als er wél een leven na de dood is, zou het niet erg zijn, want dan zou hij het nu weten en bij Andrea zijn. Als er geen leven na de dood is, dan was het helemaal niet belangrijk meer. Simpel.

Ik ging weer naar Roelof, die ik de laatste paar weken amper had gezien. Ik was doodop, kapot van alle nachten wanneer ik in de weer was met het verzorgen van mijn vader, en van het heen en weer geren van mijn ouders naar mijn eigen huis. Maar ik had het met alle liefde gedaan, net als mijn schoonzus. Mijn zus kon ons niet helpen omdat ze nog jonge kinderen thuis had, een fulltime baan had en drie kwartier met de auto moest rijden. Ik was dan ook heel blij dat mijn schoonzus Hilly wel kon en wilde helpen. Mijn moeder moest nu alleen verder, natuurlijk wel met hulp van ons, maar de leegte die mijn vader achterliet, konden we niet voor haar opvullen. Ik had het vast verkeerd verstaan. 'Oma komt eerst'. Misschien moest het 'Opa komt eerst' zijn. Ik hoopte dat zo. Het was nu al zeven jaar geleden dat Andrea vermoord was. Het mocht nu wel een keer opgelost worden. Het had lang genoeg geduurd. De politie zat gelukkig niet stil en het onderzoek naar de moord op Andrea was inmiddels weer in volle gang.

Cold case aanpak

Het onderzoek naar de moord op Andrea werd in november 1999 overgedragen aan twee oud-rechercheurs die er alle tijd en aandacht aan mochten besteden tot aan hun pensioen, dat nog een paar jaar op zich liet wachten. Het werd een 'cold case aanpak' genoemd. Het betekende dat politiemensen die er van tevoren niets mee te maken hadden gehad, maar wel deskundig waren, met een frisse blik alle feiten nog een keer zouden doornemen.

De ontwikkeling van het DNA-onderzoek en de vergelijking van DNA-sporen in een DNA-databank, resulteerden in de oplossing van de moord op Anne de Ruijter de Wildt en van Annet van Reen. Anne de Ruijter de Wildt werd vermoord in de nacht van 30 april op 1 mei 1997 in Groningen, en Annet van Reen in augustus 1994 in Utrecht. Een junk, Henk S. bleek de dader te zijn. Dat was een zeer hoopvolle ontwikkeling!

Als je in deze databank terechtkomt, heb je wat op je kerfstok, dan deug je niet. Dat kan een kind nog begrijpen. De media doken er bovenop in het jaar 2000 en het gebruik van DNA-materiaal was regelmatig onderwerp van discussie.

Ontwikkelingen

Bij Andrea waren drie haren aangetroffen, waarvan twee hoofdharen en een schaamhaar. Tot dan toe was het nog niet mogelijk om een DNA-profiel van haren te maken. In 2001 was de ontwikkeling inmiddels zo ver dat het wel mogelijk was. Het bleek dat de hoofdharen van Andrea zelf waren. Alleen de schaamhaar was van iemand anders. Een flinterdun bewijsje van de dader, die tot nu toe nog steeds spoorloos was. Eén klein schaamhaartje! Dat was alles wat we hadden aan keihard bewijs.

Ook in dit jaar 2001 was verlenging, of zelfs afschaffing van de verjaringstermijn voor moord, vaak onderwerp van gesprek. Voor moord was dat toen nog achttien jaar, en voor doodslag vijftien jaar. Het zou zomaar kunnen dat een eventuele dader van de moord op Andrea voor doodslag veroordeeld zou kunnen worden. Natuurlijk was Andrea vermoord, maar als het min of meer 'per ongeluk' gebeurd was, en niet van tevoren beraamd, zou het onder doodslag kunnen vallen. Dan zou de maximum straf vijftien jaar zijn. Wij waren erg blij met al deze ontwikkelingen en het gaf ons nieuwe hoop. Als de verjaringstermijn verlengd zou worden, of zelfs helemaal afgeschaft, dan zaten we niet vast aan een termijn waarbinnen het werkelijk opgelost moest worden.
Dát het opgelost zou worden, daar was ik van overtuigd.
Mede omdat alle paragnosten hiervan overtuigd waren.
Ook in de gesprekjes met Andrea kreeg ik steeds te horen: 'Mam, je moet geduld hebben. Het komt vanzelf, heb geduld!'

In datzelfde jaar werd er een Landelijk Politieteam Kindermoorden in het leven geroepen die oude moordzaken onder de loep ging nemen. Er werd gehoopt om met behulp van de nieuwste DNA-technieken deze zaken alsnog nieuw leven in te kunnen blazen. Misschien zou er een oplossing kunnen komen. Ook deze ontwikkeling juichten we toe. Ga niet langer tijd verspillen, maar ga aan de slag met elkaar.

Afleiding

De twee rechercheurs – Arnold Dijk en Lambert Veen – gingen gemotiveerd aan de slag. Al na korte tijd kwamen ze erachter dat de tijdlijn niet klopte. Gebeurtenissen en tijden op die 10e mei 1993 kwamen niet overeen met getuigenissen. Het klopte niet dat sommige mensen op een bepaalde tijd door het bos waren gekomen. Toen ze dit beter gingen onderzoeken, kwam bijvoorbeeld aan het licht dat er een getuige een eerder tijdstip had opgegeven dan in werkelijkheid mogelijk was, omdat de getuige zich die dag had verslapen. Ze was bang dat ze gezeur zou krijgen met haar baas, als hij erachter zou komen dat ze te laat op haar werk was verschenen. Tjonge jonge, hoe belangrijk kan een baan zijn ten opzichte van een moord? Jeetje mina, zeg. En al snel bleek ook dat de compositietekening niet klopte. De man die dit gezicht had laten tekenen door een politietekenaar was zo overdonderd door alle aandacht en vooral het belang van zijn waarneming, dat hij naderhand niet meer durfde te vertellen dat hij toch zo zijn twijfels over zijn herinnering had. Hij durfde toen niet meer terug te krabbelen, dus had de politie al die jaren uitgekeken naar een man die op de compositietekening leek. Terwijl die tekening dus heel waarschijnlijk niet klopte. Allemaal verspilde tijd, verdorie. Dit soort dingen maakte me woedend en verziekte mijn dag behoorlijk. Het had Jack Meekhof – de eerste verdachte in 1993 – ook veel ellende kunnen besparen. Hij leek als twee druppels water op de bewuste tekening.[1]
Na een korte tijd hadden de rechercheurs een lijst van

---

[1] Zie *Thuiskomen, leven na de dood van Andrea*, blz. 109

ongeveer vijftien personen samengesteld die ze beter onder de loep wilden nemen. In dit rijtje kwam ook de naam van Richard K. voor. Er was overlegd dat we goed op de hoogte gehouden zouden worden van alle vorderingen van het onderzoek. Ik hoorde het allemaal aan, maar was met mijn gedachten meer bij mijn vader, die ik nog erg miste.

Natuurlijk was ik wel blij dat er 'frisse' mensen alle tijd van de wereld kregen om er goed naar te kijken, maar we hadden nu al zo vaak de verwachting gehad dat er eindelijk eens een doorbraak zou komen dat ik een houding aannam van: oké, ik hoor het wel als jullie werkelijk een dader in beeld hebben. Ga maar aan de gang, werk door, en zoek vooral goed naar foute mensen.

Ik had nu eerst rust nodig, er gebeurden zoveel dingen tegelijk dat ik het tempo van het leven bijna niet meer bij kon houden. Ik had verdriet om mijn vader en om Andrea, maakte me zorgen om mijn moeder en had mijn dagelijkse bezigheden thuis en in het café. Daarbij was er alle media-aandacht en de lezingen waar ik mee begonnen was. De lezingen gingen over mijn boek, over het verliezen van een dierbare, over rouwverwerking en uiteindelijk over de vraag hoe je toch positief in het leven kunt staan na een trauma. Het was een leuke bezigheid en het kostte me geen moeite om mijn verhaal te vertellen. Een dag voor een lezing ging ik in gedachten terug naar goede tijden en ik overdacht wat er daarna allemaal gebeurd was. Ik zette niets op papier en daardoor werd elke lezing anders. Ik kon me goed afstemmen op de zaal, op de aanwezige mensen, en daar paste ik mijn verhaal bij aan. Het maakte niet uit hoe lang ik mijn verhaal moest maken, dat ging ook vanzelf. In een uur mijn verhaal vertellen? Anderhalf uur, of twee uur? Zonder haperingen praatte ik de tijd vol, maar ik zorgde er wel voor dat het einde altijd positief was. Ik wilde dat de mensen met een rustig gevoel naar huis zouden gaan, een positief gevoel. Dat was voor mij het meest belangrijke. Dat lukte me gelukkig altijd wel. Veel mensen uit de zaal bedankten me vaak persoonlijk voor het vertellen van mijn verhaal, waarna ik nog fijne gesprekken met hen kreeg.

Reiki

Ik had behoefte om meer met mijn handen bezig te zijn, ik wilde minder nadenken, minder overdenken en piekeren. Ik was ongeduldig en voelde dat hoe meer ik aan Andrea dacht, des te gefrustreerder ik werd. Dat ging niet helemaal goed als ik geen actie zou ondernemen. Ik ging de negatieve kant op en dat wilde ik niet. Daarom ging ik me meer met reiki bezig houden. Reiki, de positieve kosmische en genezende energie, die ik met mijn handen over kon brengen op mezelf en anderen.

Na het overlijden van Andrea was ik met reiki in contact gekomen, maar had het tot nu toe alleen voor mezelf gebruikt. Nu voelde ik me sterk genoeg om ook anderen hiermee te helpen. Het gekke was dat de cliënten als vanzelf op mijn pad kwamen. Ik hoefde ze niet te zoeken of te adverteren. Het mes sneed aan twee kanten als ik iemand een reiki-behandeling gaf. De cliënt in kwestie had er baat bij en ik voelde me heerlijk ontspannen na die tijd. Dat is natuurlijk niet zo moeilijk, als je weet dat de energie door mijn handen naar de cliënt gaat.

De meeste cliënten kende ik van ons café, zoals bijvoorbeeld Jopie. Ik had hem sinds 1993 niet meer in ons café gezien, maar in 2001 kwam hij met een vriend en hun beide vrouwen bij ons en ik begon een praatje met hem. Hij had het zweet op zijn voorhoofd staan en vertelde waarom hij niet meer bij ons kon komen. Ik zag dat hij het Spaans benauwd had en zijn ogen schoten onrustig heen en weer. Het kwam door de moord op Andrea. Hij kon daar niet mee omgaan en was doodsbang om bij ons te komen en om ons verdriet te zien. Jopie had Andrea goed gekend, ook omdat hij jarenlang bij ons als disc jockey had gewerkt toen we de discotheek nog hadden. Door ons gesprek werd hij wat rustiger en ik liet hem beloven dat hij die week terug zou komen. Ik had verder geen tijd, ik moest weer aan het werk achter de bar. Maar ik moest beslist nog verder met hem praten. Het was erg om hem zo overstuur te zien, daar moest ik wat aan doen. Toen ik naar boven wees, en hij ontdekte dat we pal onder de foto van Andrea stonden te praten, sprongen hem de tranen in zijn ogen.

Diezelfde week kwam Jopie inderdaad terug. Ik had de reiki-tafel klaar staan en gaf hem een reiki-behandeling. Ik merkte dat hij vol spanning zat, hij zat helemaal in de knoop. De behandeling beviel hem goed en hij stond open voor meerdere afspraken. Mooi zo. Na een aantal keren vroeg zijn vrouw aan hem hoe het met zijn hoofdpijn was. Jopie had al jarenlang last van hoofdpijn en had allerlei middelen geprobeerd om er vanaf te komen. Tot nu toe had niets ervoor kunnen zorgen dat hij die zeurende hoofdpijn kwijt raakte. Maar tot zijn verbazing had hij nu al meer dan een week geen hoofdpijn meer gehad.

'Als jij me van die hoofdpijn afhelpt, krijg je een heel dikke bos bloemen van me,' zei hij stralend.

'Dat is goed Joop, en die bos bloemen? Die ben je kwijt hoor', zei ik lachend.

Jopie heeft dankzij de reiki geen hoofdpijn meer gehad. Een dag na de laatste behandeling stond Jopie voor mijn neus met een prachtige grote bos bloemen.

Zo had ik nog meerdere cliënten die ik kon helpen met reiki, en het gaf me veel voldoening en kracht om door te zetten. Het voelde zo goed om op deze manier iemand te kunnen helpen, het verzachtte enigszins het gemis van mijn vader. Het gaf me ook de rust om niet terug te vallen in woede, haat en verdriet. Dat wilde ik niet, omdat ik al jarenlang zo hard mijn best deed om positief in het leven te kunnen staan.

In die tijd zat ik vaak te denken over het leven in zijn totaliteit, de zin van het leven, de waarde ervan, ik zocht redenen om het leven zo goed mogelijk te leven, ik overdacht de waanzin van ruzies en oorlogen, de idioterie van zinloos geweld. Soms was ik niet trots op het menselijk ras

Maar dat gevoel probeerde ik zo snel mogelijk om te buigen, omdat dan de neiging tot afzonderen op de loer lag. Ik wilde geen kluizenaar worden, ik wilde nu en in de toekomst IN het leven staan en niet aan de zijkant. Hoe moeilijk het leven ook kon zijn, ik wilde deel uitmaken van het leven. Met al zijn mogelijkheden en moeilijkheden.

Tip

De moord op Andrea heeft jarenlang grote indruk gemaakt op de bevolking van Nederland, maar vooral op de bevolking van Drenthe. Veel mensen probeerden te helpen door allerlei tips door te geven aan de politie, maar ook wij kregen allerlei tips binnen. Dat waren meestal mensen die weinig of geen vertrouwen in de politie hadden of die ronduit een hekel hadden aan de politie. Dat was ook een van de redenen dat ik meestal de telefoon pakte in plaats van Roelof. Hij vond het niet prettig om dit soort berichten te moeten aanhoren, maar hij vond het tegelijkertijd geweldig dat er zoveel mensen waren die probeerden mee te denken, en alles wat ze niet vertrouwden doorgaven. Hij kon er alleen niet mee omgaan, hij werd er verdrietig en depressief van. Ik had er geen enkele moeite mee, papier en pen waren binnen handbereik, dus ik noteerde alles wat ik doorkreeg.

Als ik dacht dat het belangrijk zou kunnen zijn, belde ik de tip meteen door naar de politie, maar als ik dacht dat het minder belangrijk was, dan wachtte ik tot de twee rechercheurs kwamen. Alles wat ik hoorde aan gebeurtenissen, vermoedens of roddels speelde ik door. Het was niet aan mij om te beslissen wat wel de moeite van het onderzoeken waard was en wat niet.

Zo kreeg ik 29 juni 2000 het verhaal te horen dat Richard K. een ex-vriendin bij de keel had gegrepen. Het meisje was sindsdien doodsbang voor hem. Ik vond dit belangrijk genoeg om het meteen door te bellen naar de politie. Ik wist dat Richard agressief kon zijn wanneer hij alcohol had gedronken. Hij had me dat jaren geleden zelf ook verteld.

Richard kwam begin jaren negentig regelmatig in ons café, maar dronk toen nooit alcohol. Hij bestelde steevast een colaatje. Toentertijd was hij een aardige, intelligente jongen, altijd opgewekt en nooit vervelend of lastig. Hij kende Andrea ook goed en wachtte haar wel eens op als ze uit school kwam. Dan gingen ze samen richting Ruinen, naar huis. Hij op zijn brommer en zij op de fiets. Als hij bij ons in het café kwam, en Andrea was er ook, dan maakte hij regelmatig een praatje met haar. Een paar jaar daarvoor kwam hij op een dag een keer bij ons in het café met drie vrienden. Ze gingen aan de bar zitten en de vrienden bestelden een biertje, maar Richard bestelde zoals altijd een cola. Ik maakte een praatje met hem.

'Jij drinkt altijd cola, hè. Drink jij nooit een biertje Richard?'

'Nee, dat kan ik beter niet drinken. Dat is niet goed voor me.'

'O, hoezo niet? Vind je het niet lekker of hou je niet van alcohol?'

'Als ik alcohol ga drinken, word ik agressief, dus ik hou het liever bij cola.'

Ik trok verbaasd mijn wenkbrauwen omhoog en had respect voor zijn zelfkennis en houding.

'Zo, dat doe je heel goed. Als je geen moeilijkheden wilt, dan blijf je cola drinken. Ik hoop dat je dit vol kunt houden. Anders kun je nog wel eens een hoop problemen in je leven krijgen.'

Nu – achteraf – is het bijna bizar dat ik toentertijd die uitspraak tegen hem heb gedaan.

Als een blad aan de boom

Een aantal jaren later, het was na het overlijden van Andrea, was een neef van mij bij ons; hij was aan het darten met een paar andere jongens uit ons dorp. Mijn neef was drie maanden ouder dan Andrea.

Richard kwam binnen, hij was duidelijk aangeschoten en ik hield hem in de gaten. Hij liep naar het groepje toe, en ik zag dat hij indruk wilde maken op mijn neef door kwaad te kijken en hem iets toe te bijten. Op dat moment liet hij duidelijk merken dat hij meer 'rechten' had om in ons café – zijn stamkroeg – te zijn dan die vreemde jongen die hij nog nooit gezien had.

Ik zei niets, hield hem scherp in de gaten en wachtte af. Ik kon niet verstaan wat er gezegd werd, maar ik begreep uit de houding van de andere jongens dat ze Richard vertelden dat de jongen die hij afsnauwde familie van me was.

De gezichtsuitdrukking van Richard veranderde op slag.

Hij begon heel vriendelijk te lachen en gebaarde naar mij toe: 'O, familie van jou? Leuk.'

Ja ja, zeker leuk. Maar pas op wat je doet vriend. Wees voorzichtig als je slim bent.

Ik wist sinds dat moment dat hij verbazend snel zijn gezichtsuitdrukking kon veranderen naar behoefte. Als een blad aan de boom was hij in staat om te veranderen. Het was voor mij niet moeilijk om deze herinneringen te combineren met het verhaal van de ex-vriendin. Ik kon me daar wel wat bij voorstellen. Ook de ex-vriendin verklaarde later dat Richard van het ene op het andere moment kon veranderen, vanuit een normaal gesprek kon hij ineens totaal door het lint gaan. Ik wist allang dat Richard het niet volgehouden had om cola te blijven drinken. Hij bewees keer op keer dat hij moeilijkheden kreeg door het drinken van alcohol. En nu had Richard door zijn eigen gedrag de aandacht getrokken van de rechercheurs.

Richard

Rechercheurs Arnold Dijk en Lambert Veen hielden ons goed op de hoogte van hun bevindingen en kwamen regelmatig bij ons langs. Het was heel prettig om te horen of ze vorderingen maakten, maar het was ook erg vermoeiend. En verwarrend, omdat er niets zeker was en het eigenlijk allemaal losse stukjes waren die ze helder probeerden te krijgen. Roelof had hier de meeste moeite mee en vertrok regelmatig naar boven halverwege een gesprek. Hij werd er doodmoe van en zijn humeur klapte naar beneden. Ik had er minder moeite mee, maar ik kon onmogelijk alles onthouden wat de rechercheurs vertelden. Alleen de hoofdlijnen volgde ik, dat was voor mij voldoende op dat moment. Het ging er uiteindelijk om dat ze de werkelijke dader naar voren konden halen. Het was erg belangrijk dat we op de hoogte werden gehouden en dat de rechercheurs ons bij kwamen praten. De relatie tot de politie moest hoe dan ook goed blijven. Doordat ze regelmatig kwamen om ons bij te praten, wisten we ook dat ze goed en druk bezig waren om te proberen de moord op Andrea op te lossen. Uiteindelijk waren dit de mensen van wie we afhankelijk waren, zij moesten zorgen voor het ontmaskeren van de dader.

Richard K. kwam steeds duidelijker naar voren en het bleek dat hij allesbehalve een brave jongen was. Op 11 augustus 2000 hadden de rechercheurs het eerste gesprek met Richard. Dat gesprek ging over de mishandeling van zijn ex-vriendin. Andrea werd toen – nog – niet genoemd. Hij dronk veel alcohol, te veel, ook als hij bij ons in het café kwam. Meestal kwam hij pas als hij al dronken was geworden in een ander café, om nog verder door te zakken bij ons tot in de kleine uurtjes. Naarmate we meer en meer over hem te weten kwamen, liep de spanning bij ons op. We probeerden wel eens gesprekken te volgen als hij met iemand aan het praten was bij ons in het café, maar dat was onmogelijk te volgen doordat de muziek te hard stond en we moesten ook de andere klanten helpen.

Een poos later werd Richard bij een café en een discotheek buiten gezet omdat hij ruzie maakte. Bij ons gedroeg hij zich voorbeeldig en heeft hij nooit ruzie gemaakt. Ook kreeg hij een ongeluk met zijn auto doordat hij dronken achter het stuur zat.

Natuurlijk ging het onderzoek door de politie naar zijn gedragingen ook bij hem niet in de koude kleren zitten. Maar wat ons dwars zat was dat hij niet één keer met ons over Andrea kwam praten, of over het feit dat hij meer dan gezonde aandacht van de politie kreeg. Waarom vertelde hij ons nooit dat hij niets, maar dan ook niets met de moord te maken had?

Er waren meer jongens die bij ons in het café kwamen die ondervraagd werden. Die jongens kwamen dat wel meteen aan ons vertellen, meestal omdat ze bang waren dat ze als verdachte gezien zouden kunnen worden, maar ook omdat ze het bijzonder belangrijk vonden dat ze zélf aan ons konden vertellen – ons wilden overtuigen – dat zij beslist niet de dader waren. Richard deed dit niet. Misschien dat het daarom ook steeds moeilijker voor ons werd om normaal ons werk te doen als Richard binnen was. We gingen hem steeds meer zien als serieus mogelijke dader van de moord op Andrea. Als ik er aan dacht dat ik een biertje moest tappen voor de mogelijke moordenaar van onze dochter, steeg het bloed me naar het hoofd en moest ik mezelf meteen tot de orde roepen, anders zou ik domme dingen kunnen gaan zeggen of doen.

Als Richard aan de bar zat, werd het spitsroeden lopen voor ons. Vooral Roelof kreeg het er steeds moeilijker mee en de spanning bouwde zich week na week bij hem op.

Roelof in de knel

Roelof ging elke maandag met zijn vriend Geert op pad. Het was dan zijn vrije dag en tijd om leuke dingen te ondernemen en plezier te maken. Ze waren al jarenlang vrienden. Roelof had deze ontspanning hard nodig om zichzelf onder controle te kunnen blijven houden. Zeker nu, nu Richard al bijna een jaar in beeld was. Eind juni 2001 kwam Roelof op een maandagavond dronken thuis. Ik was nog in het café aan het praten met een klant die aan de bar zat en er zaten nog een paar jongens verderop aan de bar. Roelof kwam erbij zitten en maakte er een gezellige boel van. Zo te zien was hij nog lang niet van plan om naar bed te gaan, maar ik hield het voor gezien, ik was moe en ging naar boven naar bed.

Tegen de ochtend kwam hij naar boven. Hij lag net in bed toen hij een enorme hoestbui kreeg. Het werd zo erg dat hij ervan moest overgeven. Toen hij terug in bed stapte, zei ik nonchalant:

'Ga je nog een poging wagen om in slaap te vallen?' Oei, dat viel verkeerd, hij werd woedend en snauwde dat ik mijn mond moest houden. Jeetje, dat was ik niet gewend van hem! Ik begreep dat hij behoorlijk overstuur moest zijn en hield wijselijk mijn mond.

Tien minuten later ging ergens in huis een wekkertje af, ik sprong uit bed om het uit te zetten, maar ik kon niet zo snel ontdekken waar het was. Ik hoefde niet meer te zoeken, Roelof was me voor. Hij vond het wekkertje, pakte het op en smeet het woedend tegen de muur.

Ho, wacht even. Hier had ik geen zin in en verhuisde naar het bed van Andrea om verder te slapen. Het was inmiddels al half 8 in de ochtend.

Ruim een uur later ging de telefoon en ik stapte uit bed om hem aan te nemen. Wanneer ik wakker gebeld word, ben ik vaak wat in de war, ik slaap nog half en weet later niet meer wie of wat er aan de telefoon was. Zo ook deze keer, ik hoorde een naam van iemand en 'Assen' en 'Roelof in de war'.

Ik snapte er niets van. Ik schudde eens mijn hoofd en vroeg geïrriteerd: 'Wacht eens even, wie heb ik aan de telefoon?'

'De politie in Assen. Roelof is erg in de war, en...'

'Welke Roelof?' vroeg ik langzaam. Ik snapte er nu helemaal niets meer van. Wat was dit en waar ging dit over?

' Jouw Roelof.'

'Hé? Wacht even.' Ik liep snel naar de slaapkamer.

Roelof lag niet in bed. Hij was er niet. Toen begreep ik wat er aan de hand was.

'Roelof is erg overstuur en in de war en onder invloed. Kun je hem komen halen?'

'Ja ja, natuurlijk. Ik kom er aan.'

Ik belde Janny op en hoefde alleen maar te zeggen dat ik haar nodig had. Ze vroeg me op dat moment verder niets en kwam meteen naar me toe. Samen reden we naar Assen en onderweg vertelde ik haar wat er aan de hand was. Janny is een goede vriendin, die Roelof ook goed kon opvangen als hij moeilijkheden had. Zij was een van de weinigen naar wie Roelof luisterde als hij overstuur was.

Toen ik me even later in Assen meldde en even moest wachten, hoorde ik het lied van Whitney Houston dat op de crematie van Andrea ook te horen was: *I Will Always Love You*. Het gaf me het gevoel dat het wel goed zou komen en ik moest glimlachen.

Lambert Veen haalde me op bij de receptie en toen ik Roelof zag, had ik met hem te doen. Hij zag er zo verloren uit, het brak mijn hart. Hij was intussen gekalmeerd, maar ik kon zien hoe moeilijk hij het had gehad. Hij had ontzettend zitten huilen op het politiebureau in Assen. Roelof had die ochtend twee keuzes. Hij kon naar Richard gaan om verhaal te halen of hij kon naar de politie gaan. Roelof had ervoor gekozen om – weliswaar dronken! – naar het politiebureau in Assen te rijden om met Lambert of met Arnold te praten. Ik was zo trots op hem dat hij de goede keus had gemaakt! Dit was goed. Natuurlijk is het niet goed om met drank op in de auto te stappen, maar als je twee slechte keuzes hebt, probeer je toch de beste van de twee slechte keuzes te maken.

Richard aanspreken? Dat kon altijd nog wel. Dat moest nu eerst nog wachten. Als Roelof nu was gegaan, had hij alles kunnen verpesten. De politie was nog niet klaar met het onderzoek. We moesten eerst afwachten of hij wel de juiste persoon was of niet. De werkelijke dader, daar draaide het allemaal om. Ooit moest de dader tevoorschijn komen, dat stond voor mij vast. Maar hoe? En wanneer? We gingen naar huis en Roelof ging naar bed. Hij was doodop.

De stoom was even van de ketel en ik ging mijn visite ontvangen. Het was die dag mijn 51e verjaardag. Ik was blij dat we de verjaardagen hadden afgeschaft. Maar ja, er kwam toch altijd nog wat familie die ons vooral wilde steunen op dit soort dagen. Dat was lief en ze bedoelden het allemaal goed, maar van mij hoefde het niet. Ik was er helemaal klaar mee.

Twee dagen later hebben we gepraat. Roelof begreep dat dit geen goede actie van hem was geweest, maar hij kon er even niet meer tegen. Het werd allemaal even te veel voor hem. Maar met alcohol werd het alleen maar erger, en dat wist hij ook. Hij wilde zo graag alle ellende en spanning voor even vergeten. Oh, ik begreep hem heel goed, ik snapte precies waarom hij dronken was geworden en dat de woede de regie over had genomen. Ik stelde voor dat hij naar de sportschool zou gaan om af en toe zijn woede kwijt te kunnen raken. Een andere manier te vinden om zijn woede te kunnen uiten. Alcohol maakt het alleen maar erger. Hij was het met me eens, we zaten weer op dezelfde lijn. Gelukkig.

Gesprek aan de bar

Die vrijdag daarna zat Roelof met de laatste klant aan de bar te praten, toen Richard dronken binnenkwam. Hij bestelde een biertje, maar viel al snel voor een uurtje in slaap. Het liep al tegen de ochtend toen hij wakker begon te worden. Roelof zag een kans om Richard uit de tent lokken en vroeg aan de klant die nog aan de bar zat:
'Lammi zegt dat je bezig bent haar boek te lezen. Is dat zo?'
'Ja, dat klopt. Daar ben ik inderdaad mee bezig.'
'Maar als je dat leest, heb je dan ook niet dat je vreselijk kwaad wordt en denkt: Verdorie, hoe kan dit allemaal gebeurd zijn?'
Terwijl hij aan het praten was, lette hij haarscherp op wat Richard deed. Ook de klant deed dat. Richard was ondertussen aan de bar gaan zitten en wilde net zijn biertje pakken. Dat lukte hem niet omdat hij begon te trillen als een rietje... Waarom trilde hij zo? Het trillen was begonnen toen Roelof over mijn boek was gaan praten. Voelde hij zich aangesproken? Of had hij er niets mee te maken en vond hij het ook verschrikkelijk wat er gebeurd was?
Zonder iets te zeggen stond Richard op en ging naar het toilet, waarschijnlijk om tot rust te komen. Het duurde erg lang voor hij weer terug kwam en aan de bar ging zitten om alsnog zijn biertje te drinken. Nu lukte dit zonder problemen.
Toen Roelof me dit vertelde, was ik heel blij dat hij een paar dagen daarvoor zijn uitbarsting had gehad. Nu kon hij tenminste rustig blijven en proberen om een reactie bij Richard los te krijgen.

Twee weken later kwam Richard al vroeg – rond elf uur 's avonds – in zijn onderbroek het café binnen. Hij keek rond, alsof hij iemand zocht, en voor ik er iets van kon zeggen verdween hij weer. Voor mij was het duidelijk dat hij nu de problemen had waar ik hem jaren geleden al voor had gewaarschuwd. Het ging bepaald niet goed met hem, hij kon beter weer colaatjes gaan drinken.

Beproeving

Weer twee weken later, het was eind juli 2001, kreeg ik het zwaar voor de kiezen met Richard. Het was zaterdagnacht, of eigenlijk al zondagochtend, en de meeste drukte van die nacht was voorbij. Als het rustiger werd, ging ik meestal met een sigaret naar buiten en controleerde ik de omgeving. Ik wilde niet dat er rommel bij de buren zou liggen, lege pakjes sigaretten, glas, of misschien had iemand overgegeven ergens. Voor de buren wakker zouden worden, had ik er voor gezorgd dat het overal netjes en opgeruimd was. Zo ook deze keer. Het begon net licht te worden en de eerste vogels begonnen voorzichtig met hun lied. Nadat ik het terras en de straat had gecontroleerd, liep ik naar achteren, naar onze garage. Toen ik dichterbij kwam, zag ik iets voor de garagedeur liggen. Wat was dat nou, joh? Wat lag daar?

Het was nog net te donker om goed te kunnen zien wat daar op de grond lag. Ik liep erheen en zag dat er een jongen op de grond voor de garagedeur lag te slapen. Ik keek eens beter en zag toen dat het Richard was!

Ik voelde hoe ik verschoot van kleur, mijn adem stokte in mijn keel. Daar lag hij dan, zoals het er nu voor stond, leek het erop dat hij een serieuze verdachte van de moord op onze dochter zou kunnen zijn. De woede die ik voelde jegens de moordenaar was onvoorstelbaar. Maar, wás Richard dat? Of had hij de pech dat hij steeds meer de verdenking op zich richtte door zijn stomme acties en was hij onschuldig? Wat dan, als later zou blijken dat hij werkelijk de persoon zou zijn die we al acht jaar lang zochten?

Er lag een scala aan kansen en mogelijkheden voor me. Wat wilde ik, wat moest ik doen? Niemand in de buurt. Ik kon zó mijn gang gaan zonder dat er iemand in de buurt zou zijn die me tegen zou houden. Oh, het leek wel of er een tornado in mijn lichaam zat. De adrenaline schoot door mijn lijf, mijn ademhaling ging sneller, mijn hart bonsde en ik begon te trillen. Hij was in feite helemaal aan me overgeleverd, dronken en niet in staat om enige weerstand te kunnen bieden.

Mijn handen jeukten en ik stak – bevend van emotie – een sigaret op. Had ik hier werkelijk de man voor me liggen die verantwoordelijk was voor de puinhoop van mijn leven? Had hij deze ellende veroorzaakt? Ik wou dat ik het wist, dat ik de zekerheid had dat hij diegene was die Andrea vermoord had. Nu zou ik zonder enige moeite wraak kunnen nemen. Ja, maar dan moet je die zekerheid wel hebben Lammi, schoot het door mijn hoofd.

Oh, mijn hemel. Zo'n kans zou ik nooit weer krijgen. WAT MOEST IK DOEN?! Ik zou met gemak de garagedeur open kunnen maken, de auto starten en even de garage in- en uit- kunnen rijden, zo over Richard heen. Hij zou er niet eens iets van merken, zo lam was hij van de drank. Of ik zou op hem kunnen gaan zitten en langzaam zijn keel kunnen dichtknijpen of met de hak van mijn schoen zijn strottenhoofd kunnen verbrijzelen. Ik zou hem ook eerst goed in elkaar kunnen slaan, en daarna... Het ging maar door en door. De vreselijkste gedachten flitsten door mijn hoofd en na tien minuten wist ik nog steeds niet wat ik moest doen. Jakkes. Ik voelde me stik ellendig en er ontstond een soort van discussie in mijn hoofd.

Stel je voor dat Richard gewoon de pech had dat hij onbewust door allerlei omstandigheden de verdenking van de moord op Andrea, op zich had gericht. Stel je voor dat hij er werkelijk niets mee te maken had. Dan mocht ik hem niets aan doen, dan maakte ik zijn leven kapot, terwijl hij dat beslist niet had verdiend.

Dit is de kans van je leven. Pak hem. Pak hem aan, nu kan het nog. Grijp je kans. Hij is weerloos, je kunt hem aan.

Je moet het dan wel zeker weten. En dat weet je nu niet. Ik stak nog een sigaret op en probeerde duidelijkheid te krijgen in wat ik nu moest of wilde doen. IK WILDE ZE-KERHEID. Waarom had ik nu, op dit moment, geen zekerheid? Ik kwam er niet uit. Ik kon wel janken.

Ondertussen was het licht geworden en het beloofde een mooie dag te worden. Met tranen in mijn ogen liep ik langzaam en hoofdschuddend terug naar voren, naar de ingang van het café en liep daar zo snel mogelijk naar boven om jankend naar bed te gaan.

Ik begreep dat ik nooit weer deze kans zou krijgen, maar ik moest achter mijn beslissing kunnen staan.

Wat ik ook deed, ik wilde er later geen spijt van hebben.

De enige reden dat ik hem met rust heb gelaten, was dat ik geen absolute zekerheid had of Richard inderdaad de verantwoordelijke persoon voor de moord op Andrea was.

Als zou blijken dat Richard niet de dader zou zijn, zou ik het leven van een onschuldige man kunnen verwoesten. Dat wilde ik beslist niet, ik moest daar zelfs niet aan denken.

Ik wilde hoe dan ook de dader, absoluut, maar niet ten koste van onschuldige mensen.

Dat zeker niet! Ik bedacht me dat het heel vreemd was dat er al die tijd dat ik buiten bij Richard had gestaan niemand in of uit het café was gegaan... Bizar, want het was 's nachts een komen en gaan van taxibusjes en late klanten.

Ongeluk

Een dag later kreeg Richard een ongeluk met de auto. Hij had kroegmaatje Jeroen bij zich, ze kwamen in de berm terecht, schoten daarna de weg over en via een boom belandden ze op de kop in de sloot. Jeroen moest Richard uit de modder trekken anders had hij kunnen stikken. Beiden waren dronken. Het was 30 juli 2001.

Ik was blij dat hij het er levend vanaf had gebracht, alleen al om het feit dat het anders wel erg moeilijk zou zijn om te kunnen aantonen of hij iets of niets te maken had met de moord op Andrea. Wat was de reden dat Richard de laatste maanden er zo'n puinhoop van maakte? Wilde hij zo ontsnappen aan de druk van de verdenking? Het werd er juist alleen maar erger door.

Toen hoorden we dat Richard een dodenlijst zou bezitten. Daar zouden namen van mensen op staan met wie hij nog een appeltje te schillen had, voornamelijk vrouwen. Oké, iedereen heeft wel eens mot met een ander, maar een dodenlijst?! Dat ging wel erg ver. En toch hadden vier mensen verklaard dat Richard eerst anderen wilde doodmaken en daarna zichzelf. En Richard zou tegen een van die vier gezegd hebben: 'Het maakt me allemaal niks meer uit, ik zit toch binnen een half jaar in de bak.' Waarom zou iemand zo'n idiote uitspraak hebben gedaan? Was hij soms helderziend? Of had hij werkelijk iets te maken met de moord op Andrea en had hij iets te verbergen?

Richard had toegegeven aan de politie dat hij niet met de afwijzing van een vrouw kon omgaan. Ook had hij gezegd dat hij er niet tegen kon als andere mensen fouten maakten. Een paar dagen later kreeg ik een discussie met de politie hierover en ze vroegen me een lijst te maken met redenen waarom Richard niet de dader zou kunnen zijn. Ik maakte meteen maar twee lijsten, naast elkaar. Een lijst met redenen waarom hij niet de dader zou kunnen zijn, maar ook eentje met redenen waarom hij wel de dader zou kunnen zijn. De twee lijstjes waren even lang. Nu was ik nog geen steek verder. Het was om gek van te worden.

Begin september kwam een van onze vaste stamgasten, Erik uit de voetbalkantine en vertelde dat Richard uit de kantine gezet was, omdat hij dronken was en vervelend deed. Als klap op de vuurpijl was hij diezelfde middag ook nog uit zijn ouderlijk huis gezet. Hij moest maar met de taxi naar zijn huis in Zuidwolde, hadden zijn ouders tegen hem gezegd. Zijn ouders woonden 800 meter van ons café. Zuidwolde lag 12 kilometer verder richting Hoogeveen. Richard was in Ruinen opgegroeid, en had dus zijn vrienden in Ruinen wonen. Daarom was hij ook vaak in de weekenden bij zijn ouders, dan kon hij in het weekend stappen met zijn vrienden. Je kunt rustig zeggen dat 2001 een zwaar jaar was voor ons en voor Richard. Aan het eind van dat jaar hoorde Richard van zijn vrienden dat de twee rechercheurs meer en meer specifieke vragen over hem gingen stellen. Richard werd daar knap onzeker van, maar ondernam nog steeds geen enkele actie om te achterhalen waarom en vooral waarvoor ze naar hem vroegen. In Richards familie van moederszijde kwam depressiviteit voor. Zijn broer en zus hadden er last van en een paar familieleden waren er aan onderdoor gegaan en overleden. Ook Richard was niet vrij van depressieve klachten. Hij zat op dat moment geestelijk aan de grond. Hij was wel intelligent, maar had blijkbaar geen sterke geestelijke weerstand. Hij raakte langzaam maar zeker meer en meer de controle over zijn leven kwijt en misschien was dat een van de redenen dat hij zijn heil zocht in de alcohol.

Competitie

De twee rechercheurs Arnold Dijk en Lambert Veen probeerden het onderzoek breed te houden, dus ze wilden meerdere mogelijkheden onderzoeken. Maar telkens stuitten ze op gebeurtenissen die met Richard te maken hadden.

Maandenlang hebben ze hun bevindingen over Richard verzwegen voor de politieleiding en justitie. Iedereen wilde zo graag dat deze moordzaak opgelost zou worden, dat Arnold en Lambert bang waren dat ze zich dan alleen nog maar bezig mochten houden met Richard.

Maar er kwam een moment dat ze er niet meer onderuit konden en moesten melden wat ze over Richard te weten waren gekomen. En inderdaad, ze kregen de opdracht om vanaf die dag, zich nog alleen bezig te houden met Richard. Omdat de moord op Andrea volop in de belangstelling had gestaan en nog steeds stond, wilden politie en justitie scoren. Ook het Landelijk Politieteam Kindermoorden had iets te bewijzen.

Het was een nieuwe aanpak van onopgeloste moordzaken en ze wilden natuurlijk heel graag aantonen dat deze nieuwe aanpak ook zoden aan de dijk zette. Heel begrijpelijk allemaal, maar competitie kan voor dit soort zaken nooit goed zijn. Gemotiveerd zijn wel, en dat waren deze mensen allemaal zonder enige twijfel. De twee rechercheurs zaten met de gebakken peren.

Ik weet nog dat Arnold heel vaak zei dat hij het onderzoek 'breed' wilde houden, dus niet alleen wilde rechercheren op Richard K. Ze kregen de kans niet, omdat er te veel druk van hogerhand opgelegd werd om zich totaal op Richard te richten. Het leek wel of ze in een vicieuze cirkel zaten, waar ze niet uit konden komen. Iedereen wilde deze moordzaak oplossen en de eer ervan opstrijken.

De politie in Drenthe was er inmiddels al bijna negen jaar mee bezig. In februari 2002 werd de officier van justitie vervangen. De nieuwe officier van justitie – mr. M.A.M. (Marcel) Wolters – wilde niets liever dan de moord op Andrea oplossen in de tijd dat hij in functie zou zijn. Het Landelijk Team wilde bewijzen dat dit nieuw in het leven geroepen team goed in elkaar zat en hierdoor oude moordzaken echt opgelost konden worden. Ook de twee rechercheurs wilden niets liever dan de moord oplossen, maar ze hadden tijd tekort om alle mogelijkheden te onderzoeken en werden van alle kanten onder druk gezet. Arnold Dijk heeft de politie en justitie nog gewaarschuwd dat dit fout kon lopen, maar later werd de twee rechercheurs verweten dat zij zich door tunnelvisie hadden laten leiden.

Toen Marcel Wolters op 11 april 2002 de aanhouding en voorgeleiding van Richard K. had bevolen, had hij gezegd: 'Dit is kat in 't bakkie. Ik krijg die vent achter elkaar veroordeeld.'

Maar omdat Richard pal voor zijn examens voor een opleiding in de wegenbouw zat, werd de aanhouding nog even uitgesteld.

Richard over de rooie

Bij Richard liepen de spanningen ook hoog op. Hij zat midden in zijn examens en kreeg de volle aandacht van de politie in verband met een geruchtmakende moordzaak. Dat kwam tot uiting op zaterdagavond – 20 april 2002 – rond een uur of 9, toen hij stomdronken bij zijn ouders binnenstapte. Hij maakte ruzie met zijn ouders en verweet hen dat ze hem niet steunden bij 'al dat gedoe rond Andrea'. Uiteindelijk gaf hij zijn vader zo'n harde duw dat de man viel, zich behoorlijk bezeerde en een wond aan zijn hoofd eraan overhield.
Zijn moeder raakte in paniek bij het zien van het bloed en belde de buurman op voor hulp. De buurman heeft Richard kunnen kalmeren en hij belde even later de politie.
Wat er die avond precies voorgevallen en gezegd is, daar verschillen de meningen over en is minder belangrijk. Feit is dat, gegeven de omstandigheden, Richard de druk niet meer aan kon op dat moment en door het lint ging. Let wel: wij hoorden dit verhaal pas ná zijn aanhouding.

Roelof over de rooie

Roelof en ik hoorden twee dagen later, op maandag 22 april 2002, dat Richard K. de week daarop volgend, opgepakt zou worden. Wij waren daar niet zo blij mee, we wilden dat Richard natuurlijk het liefst meteen opgepakt zou worden. Dat zou onze rust ten goede komen. Ook omdat we nu al bijna anderhalf jaar wisten dat Richard in de schijnwerpers stond en hij nog steeds gewoon als klant bij ons in het café kwam. Dat was erg moeilijk en slopend voor ons en elke keer dat hij binnen kwam werd het moeilijker.

Als Richard bij ons in het café was, hielden we hem de hele tijd goed in de gaten, maar wel op een manier dat hij en andere klanten hier niets van konden merken. Het was bijna niet meer te doen, we liepen al een tijd op onze tenen en we moesten oppassen om niet in de fout te gaan. Waarom pakten ze hem niet meteen op? Had het nu nog niet lang genoeg geduurd?

Alle agenten die we spraken en die betrokken waren bij het onderzoek, vroegen we telkens hoe zij erover dachten. 'Wat denk jij dan, kan hij het zijn of niet?'

'Ja, ik denk dat hij het is. Kijk alleen maar eens hoe hij met vrouwen omgaat en wat hij allemaal gedaan en gezegd heeft', kregen we dan als antwoord.

Arnold bleef waarschuwen. 'Pas op wat je zegt, niets is zeker, en we hebben niet de tijd gehad om goed naar anderen te kijken.'

De spanning vrat aan ons en we zeiden allebei niet meer zoveel. Pfff, wat kan een week dan nog lang duren. Maar het was maandag, de vrije dag van Roelof, en even later ging hij met zijn vriend Geert op pad. Ik hoopte maar dat hij zich een beetje kon ontspannen, een beetje plezier kon maken.

Spanning bij Roelof

Die avond kwam Roelof dronken thuis. Ik was er al bang voor. Hij was deze keer niet gezellig of vrolijk dronken, maar zat vol onrust en woede.

Gelukkig waren alle klanten vertrokken, nu had ik de tijd om hem goed in de gaten te kunnen houden. Ik wilde wakker blijven tot hij in slaap gevallen zou zijn, dan zou ik rustiger worden en zelf kunnen gaan slapen. Roelof was op de bank gaan liggen, maar hij kon niet slapen, hij lag steeds te draaien en te woelen.

Na een half uur greep hij de autosleutels van de tafel en wilde weggaan. Ik rende achter hem aan de trap af naar beneden en probeerde hem over te halen om thuis te blijven. Dit zou maar zo gigantisch uit de hand kunnen lopen. Ik probeerde rustig met hem te praten en vroeg wat er aan de hand was.

'Waarom duurt het allemaal zo lang, laten ze hem oppakken, dan kunnen ze er achter komen of Richard er wel wat mee te maken heeft of niet,' riep hij gefrustreerd uit.

'Roelof, nog even een paar dagen volhouden, dat moet lukken. Dat kun jij ook, even rustig blijven, het is zo voorbij.'

'Laten ze mij maar even met die vent alleen laten, ik krijg het er wel uit als hij iets weet'.

'Roelof, morgen. Nu niet, we moeten nu eerst slapen. Kom mee naar bed'.

'Wat heeft de politie al die tijd gedaan, joh? Ze zijn er nu nog niet achter, hoe kan dat nou!' Roelof was door het dolle heen en schreeuwde tegen me. 'Laat me los, laat me gaan, ik zal hem wel even onder handen nemen!' Hij pakte de openstaande deur vast, maar met de hand om de deur en niet om de klink. Hij wiebelde op zijn benen, zocht steun bij de deur maar verloor zijn evenwicht.

Ik probeerde hem vast te pakken om hem te helpen, maar daar werd hij nog bozer om. Hij duwde me op een harde manier weg en toen viel hij met zijn volle gewicht tegen de deur aan, waar zijn vingers nog tussen zaten. Hij brulde van de pijn en ik begon te huilen van onmacht. Ik probeerde uit alle macht om hem in huis te houden.

Waarom ontglipte me de controle over mijn leven, waarom moest deze ellende allemaal gebeuren? Waarom moest Roelof het er zo ongelooflijk moeilijk mee krijgen. Roelof wilde NU de waarheid horen van Richard, hij wilde weten wat er allemaal waar en niet waar zou zijn. Hij kon niet meer tegen alle spanning en onzekerheid.

Ik was doodsbang dat ik hem niet tegen kon houden en dat hij Richard onder handen zou gaan nemen.

'Ik sla de waarheid wel uit hem, dan moet hij me wel vertellen wat hij met haar heeft gedaan!' schreeuwde hij.

'Nee Roelof, dat is een slecht idee. Bel liever Arnold of Lambert op, praat met hen. Zeg wat je dwars zit, scheld hen desnoods de huid maar vol. Het zijn politiemensen, die moeten daar tegen kunnen. Zij vinden het niet erg als je hen belt.'

'Op dit uur nog zeker!' schreeuwde hij naar me.

'Ja, waarom niet? Laat mij een van de twee bellen, voordat je spijt krijgt. Ik begrijp je wel, echt, maar je kunt dit niet doen, Roelof. Je moet nog eventjes geduld hebben. Een paar dagen maar, alsjeblieft', smeekte ik hem.

Eindelijk kreeg ik hem zover dat hij er mee instemde dat ik de politie zou bellen. Ik belde Arnold en vertelde snel dat we hem nodig hadden. Arnold lag al in bed, maar hij was in no-time in Ruinen.

We hebben een hele tijd met z'n drieën aan de stamtafel zitten praten en Roelof kon zijn woede luchten. Arnold bleef heel kalm en gaf op alle vragen antwoord. Hij beloofde Roelof dat hij zijn best zou doen om de volgende dag Richard aan te houden, zodat hij vanaf die dag niet meer bij ons in het café zou komen of door onze straat zou lopen. Hè hè, eindelijk. Op het laatst was Roelof zoveel gekalmeerd dat hij naar boven vertrok, naar bed. Arnold vertrok even later ook, en ik ging daarna ook naar boven. Roelof sliep inmiddels, maar ik had even tijd nodig om bij te komen. Ik zat in het donker in de kamer en overdacht alle gebeurtenissen nog eens en rookte een sigaret. Ik had deze slechte gewoonte nu even heel hard nodig om zelf tot rust te komen. Jemig, wat een toestand weer. Ik hoopte dat we nu toch onderhand het ergste achter de rug zouden hebben. Bah, dit was allemaal zwaar kloten.

Wel bizar dat bij Roelof en bij Richard, in een paar dagen tijd, het potje dusdanig vol was dat het tot een uitbarsting kwam. Arnold is de rest van de nacht voor het café in zijn auto blijven zitten. Hij wilde er zeker van zijn dat Roelof geen gekke dingen zou gaan doen. 's Morgens rond een uur of acht is hij weer vertrokken naar zijn huis.

Aanhouding

Arnold hield woord en op woensdag 24 april 2002 werd Richard K. aangehouden voor de moord op Andrea. Die morgen was Richard nog door zijn vader naar een examen gebracht van een opleiding in de wegenbouw. Nadat hij weer thuis was, ging hij boodschappen doen en bij de supermarkt is hij aangehouden. Hij was de vijfde verdachte en op dat moment 27 jaar oud. Het was bijna negen jaar na de moord op Andrea en gezien de omstandigheden, de beste tijd om hem aan te houden. Hij had zijn examen kunnen doen, en na de uitbarstingen van Richard en van Roelof werd het ook hoog tijd dat er wat ging gebeuren.

Twee dagen later hoorden we dat er géén DNA-match was tussen Richard en de schaamhaar die bij Andrea gevonden was. Shit, dan is hij het dus toch niet, dacht ik toen meteen. Ik geloof sterk in het bewijs van een DNA-match, en als er geen match was, kon hij het niet zijn.

Na zijn aanhouding vroegen we weer aan iedereen die erbij betrokken was, of Richard er meer van wist en wat zij er van vonden. En steeds weer hoorden we dat ook zij dachten of overtuigd waren dat Richard dé man was die we al jaren zochten. Er waren maar bar weinig mensen die twijfels hadden, steeds weer hoorden we dat Richard de verantwoordelijke man was voor het overlijden van Andrea.

De privé-detective Robert van Hoove, die in 1996 intensief onderzoek had verricht, was er in 1996 al van overtuigd dat Richard de dader was. We wisten wat Richard allemaal op zijn kerfstok had, maar hadden nog steeds geen zekerheid, geen hard bewijs, en dus twijfelden we nog steeds. De absolute zekerheid van schuld of onschuld zou pas komen met een bekentenis en daar zaten we op te wachten.

Wat ons ook erg dwars zat, was dat er geen DNA-match was, maar – zo werd ons verteld – dat hoefde niet per se omdat het ook vervuild DNA zou kunnen zijn. Het werd er voor ons alleen maar onduidelijker door. Wie moet je geloven en wat is waar?

Als er maar lang genoeg op je ingepraat wordt dat iemand de dader is, en de mensen die het kunnen weten er van overtuigd zijn, dan ga je dat op een dag ook geloven. Zeker na een aantal gesprekken in Assen bij de officier van justitie die vertelde dat ze ook nog een kroongetuige hadden.

Marcel Wolters, de officier van justitie, kon het goed brengen en wist ons er ook van te overtuigen dat we 'beet' hadden. Nou, dat zag er dan toch wel goed uit. Dus dan zou hij het wel gedaan hebben, toch? Maar hoe kan dat dan dat er geen DNA-match was? Dat klopte dan weer niet. En wat was dan 'vervuild DNA'? Daar had ik nog nooit van gehoord. Maar zoveel wist ik ook niet van DNA, hooguit dat elk mens zijn eigen DNA heeft en dat dit niet overeenkomt met iemand anders zijn DNA.

Ik wilde zo graag een dader, ik wilde zo graag geloven dat we nu eindelijk toch beet hadden. Zo werden we heen en weer geslingerd, tussen wél de vermoedelijke dader of niet de vermoedelijke dader. We wilden zo graag zekerheid na al die jaren.

Richard bleef in hechtenis en dit werd volgens de geldende regels een paar keer verlengd. Elke keer leverde dat ook weer de nodige spanning op en we konden pas weer opgelucht ademhalen wanneer de verlenging er door was.

Nu werd het menens, want er zat een rechtszaak aan te komen. Zou hij veroordeeld worden, dan moesten we ervan uit gaan dat hij de dader was. Maar zou hij onschuldig verklaard worden, dan moesten we aannemen dat hij niet de dader zou zijn. En als hij onschuldig verklaard zou worden, maar achteraf tóch de dader bleek te zijn dan zou hij nooit meer voor een rechtbank kunnen komen voor de moord op Andrea. Al zou hij daarna een volledige bekentenis afleggen, dan nog zou hij vrijuit gaan! In Nederland kun je maar één keer veroordeeld worden voor een delict. Daarna is het gewoon klaar. Dat was voor ons een beangstigende gedachte.

Richard had een advocaat uit Beilen, mr. H. Pellinkhof, maar na drie maanden – halverwege juli – werd Bram Moszkowicz zijn advocaat. Hier werd ik wat onzeker van, omdat het een uitstekend advocaat was die alles wat krom was recht kon breien en omgekeerd. Hij kon de grootste criminelen als brave huisvaders neerzetten voor wie geen mens bang hoefde te zijn. Moszkowicz was vriendjes met mannen als Desi Bouterse. Waarom moest Richard zo'n belangrijke advocaat inhuren? Had hij die echt nodig? Zou Pellinkhof niet voldoende kunnen zijn of was hij toch schuldig en wilde hij koste wat het kost proberen er onderuit te komen. Eén ding wist ik zeker, Moszkowicz zou voluit gaan. Hij zou schitteren als een clown in een circus.

Aanbiedingen

Nadat Richard K. aangehouden was, kregen we weer veel met de media te maken die reacties wilden horen of een interview wilden. Het was *hot news* in heel Nederland en zeker in Drenthe waar de mensen enorm meeleefden met ons. In Ruinen gonsde het van de geruchten. Eindelijk was er eens een heel serieuze verdachte, dat was nog niet eerder voorgekomen. Zou het deze keer dan werkelijk zo zijn dat de moord opgelost zou kunnen worden? Iedereen hoopte daar zo op.

Ruinen zat in tweestrijd. Natuurlijk waren er veel mensen die het vreselijk vonden dat een dorpsgenoot opgepakt was voor de moord op Andrea en zij hoopten van harte op een vrijspraak. Daarentegen waren er ook veel mensen die stellig geloofden dat Richard er wel degelijk mee te maken zou kunnen hebben. Het was toch een vreemde kwibus af en toe, en hij dronk meer dan goed voor hem was, dat was algemeen bekend.

In die tijd kregen we een aantal aanbiedingen om Richard een lesje te leren. In de gevangenis of daar buiten, het was om het even. We konden ook kiezen wat er met hem zou moeten gebeuren. En wilden we er misschien een opname van? Alleen geluid of ook met beeld? We konden er zelfs voor kiezen om erbij te zijn, wel afgeschermd, maar toch. Ook werden ons wapens aangeboden, als we er trek in hadden om zelf wraak te nemen. We hoorden het aan, maar bedankten vriendelijk voor deze hulp.

Als we al wraak wilden nemen, dan zou dat zeker gebeuren zonder andere mensen daarbij te betrekken. Waarom zou je andere mensen de kastanjes uit het vuur moeten laten halen, als je het zelf ook kon doen. Dat was niet onze manier van klusjes opknappen, beslist niet. Als er al wraak genomen moest worden, zouden we dat zelf doen.

'Hulp'

Op een zaterdagavond kwamen er twee mannen binnen die duidelijk al te diep in het glaasje hadden gekeken. Ze gingen aan de bar zitten en de jongelui die vlak bij hun in de buurt zaten, maakten al snel ruimte en gingen ver uit de buurt van hen zitten. Ook deze twee mannen begonnen al snel over wraak en wapens te praten.

Ik was blij dat de jongelui afstand genomen hadden, maar ik zag ook dat ze zich zorgen maakten. Ze vonden het verre van prettig dat deze mannen in hun stamcafé waren gekomen. Ik bleef bij de twee mannen in de buurt en probeerde het gesprek op andere onderwerpen te krijgen. Dat lukte aardig. Na ongeveer een uur wilden de heren vertrekken.

Ze liepen naar de kapstok en zochten daar de uitgang.

Ik vermoedde dat in hun eigen stamcafé de deur op die plaats zat, omdat ze bleven zoeken naar een deurklink bij de kapstok. Ik hield ze scherp in de gaten en greep in toen een van de mannen boos werd en een stoel pakte om die vervolgens door het raam te smijten, om op die manier buiten te kunnen komen.

De jongelui keken een beetje angstig en ik schoot in de

lach. Och, ze waren alleen maar dronken. Toen de man de stoel pakte, liep ik er snel naartoe en pakte hem bij de arm, en zei: 'Kom maar joh, zet die stoel maar neer. Kun je de deur niet vinden? Kom, ik help je wel even.'
De man keek me aan en begon wat glazig te glimlachen. 'Ja, ik kan de deur niet vinden. Waar zit dat ding?'
'Nou dan help ik je toch even? Niks aan de hand, kom deze kant op. Zie je wel, hier is de deur.'
Hij liep zonder morren mee en zijn maat liep automatisch achter ons aan. Bij de deur vroeg hij me nog een keer of hij alles betaald had en of hij ons ergens mee kon helpen.
'Nee hoor, alles is in orde. Je hebt alles betaald. Bedankt dat je geweest bent en doe voorzichtig.'
'Ja ja, dat komt wel goed, Lammi. We doen voorzichtig. Enne, als je wat nodig hebt, moet je het ons laten weten.'
'Ja, dat doe ik. Jullie bedankt voor het aanbod.'
Ik had ze naar buiten op het terras gebracht, dat leek me beter dan tot de deur. De jongelui waren reuze nieuwsgierig wat voor mensen dat waren en wat ze wilden. Ik heb het ze niet uitgelegd, maar verteld dat de mannen op kroegentocht waren.

We hadden in die tijd veel mogelijkheden om Richard een pak rammel te laten geven, maar peinsden er niet over om hier gebruik van te maken, al was dat soms wel verleidelijk.
De twee mannen onderschatten we niet, maar namen we ook niet echt serieus. Maar er waren ook andere mensen die we wel serieus namen. Er waren mensen bij die hun hand niet voor een stevige mishandeling, of misschien zelfs wel moord, zouden omdraaien. Beleefd en consequent bedankten we telkens de mensen voor hun aanbod, omdat we niet het risico wilden lopen dat dit werkelijk zou gebeuren. Stel je voor dat we op deze aanbiedingen waren ingegaan. Dan had Richard misschien wel een pak rammel gekregen waar hij de rest van zijn leven hinder van had kunnen ondervinden, of was hij misschien wel invalide

geworden.

Hier konden we niet mee spotten, dit was bloedserieus, want we hebben gehoord wat voor ideeën ze hadden om te doen. Alleen al bij de gedachte daaraan draaide onze maag zich om.

We dachten op dat moment nog steeds dat Richard wel degelijk een serieuze verdachte was van de moord op onze dochter. Ik kon me wel heel goed voorstellen dat niet iedereen deze hulp zou afwimpelen.

Ongelukje

Het was zondag, prachtig weer en ik ging samen met mijn vriendin Ivanka skeeleren. Met de auto gingen we naar een geasfalteerd fietspad in Koekangerveld. Dat fietspad liep kilometers door de bossen van Echten, een prachtige omgeving. Uiteindelijk zouden we via Echten in de Gijsselter bossen terechtkomen.

Een mooie route om te skeeleren, en wat ook prettig was, het was een rustige route. Onderweg zaten we lekker te kletsen over van alles en nog wat, terwijl we rustig aan het skeeleren waren. Deze ontspanning kon ik even heel goed gebruiken. Als er een fietser achter ons kwam, dan ging Ivanka snel voor me skeeleren tot die gepasseerd was. We waren in een diepgaand gesprek, toen ze opeens weer voor me ging skeeleren.

Ik luisterde aandachtig naar wat ze zei en had niet opgemerkt toen ze even tussendoor 'fietser' had gezegd. Na een paar seconden maakte ik wat meer snelheid om naast haar te gaan skeeleren, omdat ik niet kon verstaan waar ze het over had. Bijna meteen kreeg ik een enorme klap in mijn rug en voelde ik een scherpe pijn. Ik snakte naar adem en lag ineens op het fietspad.

Een paar meter bij me vandaan, lag een fietser tegen de grond. Hij stond snel op, keek meteen naar zijn fiets en boog zijn voorwiel en stuur recht. Ivanka raakte wat in

paniek, en wilde me overeind hijsen. Ik kreeg bijna geen adem en ik had erge pijn in mijn ribbenkast.
'Nee, laat me even hier zitten', antwoordde ik moeilijk.
'O fuck, ik heb mijn telefoon niet bij me. Hij ligt in de auto, waarom heb ik hem nu niet bij me, verdorie! Heb jij je telefoon bij je?'
'Nee, dat weet je toch. Ik heb dat ding nooit bij me.'
De fietser had zijn zaakjes zo te zien weer voor elkaar, sprong op zijn fiets en vervolgde zijn weg.
Ivanka vroeg andere mensen die langskwamen: 'Heeft u een telefoon bij u? U misschien, heeft u een telefoon bij u?'
De mensen die ze vroeg, hadden geen telefoon bij zich. Het waren voornamelijk oudere mensen die een wandelingetje maakten.
'Wat is dit joh, waarom heeft niemand een telefoon bij zich,' vroeg ze zich vertwijfeld af.
We waren vlak bij de vijfsprong waar Andrea voor het laatst was gezien.
'Gaat het wel met je?'
'Nee, 't gaat niet. Dat zie je toch?' Ik was kortademig en het ademhalen deed me behoorlijk veel pijn.
'Waarom moet je een telefoon?'
'Om Roelof te bellen natuurlijk!'
'Waarom wil je Roelof dan bellen?' O gatver, ik had echt pijn in mijn ribbenkast.
'Ja, wat denk je? Hij moet hier komen natuurlijk.'
'Nou die komt echt niet hoor.'
'Echt wel. Natuurlijk komt ie wel.'
'Wat moet hij hier dan doen? Beetje kijken hoe ik hier zit?'
'Nou, hij kan toch zien hoe het met je gaat en je ophalen?'
'Als je wilt dat er iemand naar me kijkt, moet je een dokter bellen of een ambulance.'
'Als ik Roelof bel, dan komt-ie. Daar zorg ik wel voor', antwoordde ze gefrustreerd.
'Ivanka, hou op. Roelof komt niet, hij speelt wel voor

dokter, maar is het niet.'

Ivanka schoot in de lach, maar werd meteen weer ernstig doordat ze zich zorgen maakte.

'Verdorie, ik heb anders altijd, echt altijd, een telefoon bij me en net nu niet. Dit gebeurt me echt niet meer.'

'Nee, dit gebeurt mij ook niet weer.'

Het praten kostte me moeite, maar het gaf ook een soort van opluchting. Ik kon op deze manier mijn emoties kwijt, al ging dat met sarcasme gepaard, het werkte wel. Ik was heel blij dat ik een helm op had, pols-, knie- en elleboog-beschermers om had. Maar zo te voelen had ik beter een harnas aan kunnen trekken.

Na een minuut of tien kroop ik voorzichtig naar de berm, in het gras was het makkelijker om op te staan. Daar zou ik niet zo snel wegglijden. Ivanka stond als een rots in het gras, zodat ik me makkelijk kon optrekken aan haar. Daarna gingen we voorzichtig en langzaam al die kilome-ters terug naar Koekangerveld, waar de auto geparkeerd stond. Rechtop staan ging goed en het langzaam skeeleren leverde ook verder geen problemen op.

's Avonds in het café was het wat lastiger, ik moest echt rechtop door de knieën gaan, omdat bukken om een fles uit de koeling te pakken onmogelijk was voor me.

De volgende dag ben ik naar de huisarts gegaan, die me meteen doorstuurde naar het ziekenhuis om foto's te laten maken. Autorijden ging goed, alleen moest ik de spiegels goed gebruiken, omdat ik me niet kon omdraaien.

In het ziekenhuis bleek dat ik twee ernstig gekneusde ribben net naast mijn ruggengraat had, één gebroken rib onder mijn linkerarm, en dat ik een ingeklapte long had gehad. Daarom was ik zo kortademig en deed ademhalen pijn. Nu snapte ik het. Ik had het stuur van de fietser vol in mijn rug gekregen, vandaar deze kwetsuren. Ik snapte nu dat het stuur door de botsing met mijn rug krom was gegaan, en niet door de aanraking met het verharde fiets-pad.

'Hoe lang gaat dit grapje duren?'

'Zes weken mevrouw.'

Ik gaf mezelf elke dag twee keer reiki op de zere plekken. Met vier weken was ik weer zo goed als de oude gelukkig.

Rechtszaak

Maandag 5 augustus 2002 was de eerste dag van de rechtszaak tegen Richard K. Roelof had erg last van zijn rug, zijn reuma speelde op. De spanning zou hierbij vast een grote rol hebben gespeeld. Hij had een paar stevige pijnstillers genomen en ik had een kussen meegenomen waar hij op kon gaan zitten. Zelf had ik nog last van mijn ribbenkast die nog niet was genezen, dus ik was ook niet optimaal fit.

De media waren volop aanwezig, er stond een hele meute voor de ingang van het gerechtsgebouw. In de pauzes en aan het eind van de dag, wilden de persmensen graag een reactie van me. Natuurlijk deed ik hieraan mee, omdat we de afgelopen jaren uitstekend hadden kunnen samenwerken.

De eerste procesdag werd een marathonzitting, een lange en slopende dag. Er kwamen elf getuigen aan het woord. Moszkowicz zou meer dan dertig getuigen oproepen in deze procesdagen.

Het Openbaar Ministerie zorgde goed voor ons, we mochten in de pauzes in een aparte kamer zitten. Ook werd er gezorgd voor koffie en broodjes. We waren daar erg blij mee en we mochten daar zelfs een sigaretje roken. Daar had ik op dat moment zelfs nog meer behoefte aan dan aan eten of drinken. Arnold Dijk en Lambert Veen – de beide rechercheurs – waren telkens vlak bij ons in de buurt en Marcel Wolters, de officier van justitie, kwam ook regelmatig in de pauzes langs en pepte ons op.

Bram Moszkowicz maakte er echt een spektakel van, vooral in de ochtend, voor de middagpauze. Natuurlijk moest hij zijn cliënt zo goed mogelijk verdedigen, maar deze nogal arrogante houding viel totaal verkeerd hier in

Drenthe. Het leek wel een opgevoerd toneelstuk, een circus. Ik dacht: Toe maar, als je zo doorgaat, word je morgen onderuit gehaald in de media. Het was te verwachten dat hij zijn werk goed zou doen, maar misschien een beetje te goed voor Drenthe.

Hij haalde de getuigen helemaal onderuit, kende – natuurlijk – de Drentse taal niet en schoot daar dan ook menige bok mee. De getuigen probeerden netjes Standaardnederlands te spreken, maar waren dit duidelijk niet gewend. Toen Moszkowicz het woord 'perikelen' uitsprak, wist een getuige niet waar hij het over had. Achteraf gezien was het beter geweest als het Openbaar Ministerie een Drentse vertaler erbij had gehaald. Maar achteraf is alles makkelijker dan wanneer je ergens middenin zit.

Na de pauze was het overduidelijk dat Moszkowicz zijn houding meer had aangepast aan de omgeving en deed hij niet meer zo uit de hoogte. Ik vermoedde dat iemand iets in zijn oor gefluisterd had. Maar de toon was gezet die ochtend, en de irritatie was duidelijk voelbaar op de publieke tribune. De mensen die het meegemaakt hebben, zullen nu zeker niet zo snel meer tips over foute zaken doorgeven. Ze zullen eerder hun hoofd omdraaien, om dit soort verhoren te voorkomen. Ik begrijp deze mensen volledig en kan niet anders dan ze gelijk geven!

Later zou er een reactie in de *Meppeler Courant* staan van een lezer (toen was er nog sprake van een hoger beroep), die de verhoortechniek van Bram Moszkowicz onder andere als volgt omschreef:

Ik hoop voor die dappere getuigen dat ze in hoger beroep net zo sterk kunnen zijn als in die afmattende uren in Assen, want ik bedenk me wel tien keer voordat ik me als getuige meld. Zij werden geestelijk bijna afgetuigd en haast als dader behandeld; ik werd er onpasselijk van!

Moszkowicz veegde de vloer aan met de getuigen en liet ze alle hoeken van de zaal zien. Hij 'verhoorde' de getuigen op een zeer professionele manier, maar dit was voor de mensen in Drenthe erg moeilijk. Deze ervaring zouden de getuigen niet snel vergeten. Hij liet geen spaan van ze heel.

In de middag had Moszkowicz de zoveelste getuige op een harde manier onderuit gehaald en in de pauze vroeg ik aan Marcel Wolters, of hij niet een keer bezwaar zou moeten maken tegen deze manier van ondervraging. 'Nee hoor, dat komt allemaal goed, ik verwerk dat in mijn pleidooi.'

O? nou, dan zal het wel goed komen, ik heb er natuurlijk ook geen verstand van, dacht ik. Maar toch was ik er niet tevreden over en Roelof ook niet. Het leek wel of Marcel Wolters een beetje bang was voor Moszkowicz, want hij had ook gezegd dat hij Bram Moszkowicz goed kende. Vond hij soms dat vriendjes blijven belangrijker was? Ik hoopte toch werkelijk dat dát niet aan de orde was.

Maanden na de rechtszaak kwam een van de getuigen nog bij me, hij zat helemaal in de knoop, en ik raadde hem aan om hulp te zoeken. (Wat hij gelukkig ook gedaan heeft). Ook hoorde ik dat er meerdere getuigen totaal in de knoop waren geraakt door de manier van ondervragen door Moszkowicz. In Drenthe zijn de mensen nog rustig, gevoelig en gemakkelijk te intimideren, en lang niet zo hard als in het westen van ons land. Deze mensen houden niet van de poeha die Moszkowicz hier liet zien. Moszkowicz walste met gemak over de getuigen heen. Een getuige zei regelmatig: 'Ja, zeg 't mar', waarop Moszkowicz meteen antwoordde: 'Nee, zegt U het maar.' Maar meneer Moszkowicz, dit is de Drentse taal, en het betekent: 'Ik weet het niet.' Dit zeggen veel mensen uit Drenthe en is dus heel herkenbaar. Voor deze getuige was het een stopwoordje, als hij niet meer wist wat hij moest zeggen. Dat was klip en klaar voor elke Drent, maar niet voor Moszkowicz. Toen dezelfde verdachte zei dat Richard 'zo dronk'n as 'n bolle (stier) was' en Moszkowicz herhaalde dat 'Richard zo dronken als een bolle (tonnetje) was', hoorde ik iemand minachtend in de zaal fluisteren: 'Die sukkel weet gewoon niet waar de man het over heeft.' Ik vrat me op, en begreep dat het helemaal niet goed ging. Was dit onze kroongetuige? Jemig, dat was een onhaalbare kaart. Deze man was beslist niet opgewassen tegen de felle ondervraging van Moszkowicz. Maar wie wel? Het werd nog erger voor me toen Peter R. de Vries zich naar ons omdraaide en vertelde dat het er slecht uit zag. Hij had sterke twijfels over een veroordeling van Richard en als justitie geen hardere bewijzen had, moesten we er terdege rekening mee houden dat er geen veroordeling zou komen. Ik keek hem geschrokken aan, dat kón toch niet? Richard was toch de dader? Dat hadden ze toch telkens weer tegen ons gezegd? Dit alles flitste door mijn hoofd. Maar Peter wist waar hij het over had. Hij had dit al zo vaak meegemaakt, hij had ervaring met rechtszaken, met daders, met bewijsmateriaal. Hij had best wel inzicht, maar hij kon het ook wel een keer fout hebben, toch? Ik raakte helemaal in de war. Dit kon niet, iedereen had tegen ons gezegd dat Richard de dader zou zijn. Dit was te moeilijk voor me, ik kon niet meteen omschakelen dat Richard niet veroordeeld zou kunnen worden. Het kwam vast nog wel goed in de rechtszaal.

De eerste dag van de rechtszaak ging de rechtbank door tot 's avonds 11 uur. We waren gesloopt, hondsmoe, onzeker en ik had een barstende koppijn van alle spanning.

In een van de volgende procesdagen werd de moeder van Richard opgeroepen voor verhoor, maar de vrouw beriep zich op haar zwijgrecht. Hier begrepen we helemaal niets van. Hoe kon dat nou? Hoe kon een moeder, van wie haar zoon werd verdacht van zo'n ernstig delict, haar mond houden? Wij waren ervan overtuigd dat een moeder zich zou doodvechten om de wereld te laten weten dat haar zoon niets, maar dan ook niets met die zaak te maken zou hebben. Het was aannemelijker als ze het van de daken zou willen schreeuwen dat haar zoon onschuldig was. We vonden het onvoorstelbaar en ongelooflijk. Wat was hiervan de oorzaak? Had Moszkowicz het haar afgeraden? Pas veel later hoorden we dat ze medicijnen had geslikt voor haar zenuwen. Dat maakte het voor ons een stuk begrijpelijker, maar dat was pas weken na de rechtszaak.

Moszkowicz

Om mezelf door de rechtszaak heen te slepen, bleef ik geloven – tegen beter weten in – dat Richard misschien toch wel veroordeeld zou worden. Ik probeerde de moed erin te houden. Wij zouden ook verhoord worden, maar kregen de keus om het zonder publiek te mogen doen. Roelof zweette peentjes en raakte in paniek. Hij wilde er geen publiek bij, dus kozen we daarvoor.

De pers vroeg of ze me later vragen mochten stellen en ik stemde daar mee in. Ik had altijd goed met de pers kunnen opschieten, dus waarom niet?

Toen het zover was, en het publiek weg liep uit de zaal, kon Roelof zich ontspannen en zei hij opeens: 'Het kan me eigenlijk ook niks meer schelen als het publiek erbij is. Ik heb niks te verbergen.'

'Ja, dat is nu te laat', antwoordde ik.

Moszkowicz was aardiger voor ons dan voor de getuigen, hij hield er rekening mee dat het om onze dochter ging. Eerst was Roelof aan de beurt, waar ik niet bij mocht zijn. Daarna was ik aan de beurt en Roelof mocht erbij blijven. Op een gegeven moment gebruikte Moszkowicz een woord dat ik niet kende.

'Wat betekent dat woord? Ik ken het niet.' zei ik.

'Ach ja, we zijn hier in Assen. Ik leer hier veel Assense woorden. Misschien leert u hier ook veel andere woorden', antwoordde hij met een minzaam lachje. Hoezo arrogant!

Richard zat voor ons met de rug naar ons toe, en de voorzitter van de rechtbank vroeg of hij nog iets wilde zeggen. Richard knikte. Ja, hij wilde nog wel wat zeggen. Hij draaide zich om en zei voor het eerst: 'Roelof, Lammi, sorry, maar ik heb het niet gedaan, ik ben niet in het bos geweest. Echt, ik heb er niets mee te maken.'

We keken hem woedend aan, waarom zouden we hem nu geloven, nu hij dit in de oren gefluisterd kreeg van zijn advocaat? Dit had hij maanden eerder tegen ons moeten zeggen, verdorie. Hij had er anderhalf jaar de tijd voor gehad nota bene. Voor ons was hij op dat moment niet meer geloofwaardig. Maar goed, hij had het gezegd, en al was dit laat, beter laat dan nooit.

De voorzitter van de rechtbank vroeg of wij hier op wilden reageren. Ik schudde mijn hoofd, maar Roelof zei: 'Ja, hier wil ik nog wel even op reageren!'

Hij kookte van jarenlange woede.

'Nee Roelof, niet nu', beet ik hem toe.

'Eh nee, ik wil hier dus niet op reageren', zei Roelof gelukkig.

De voorzitter van de rechtbank zei toen: 'Het lijkt me inderdaad beter dat u hier nu niet op reageert.'

Roelof zei later dat het goed was dat ik hem gestopt had. Het was beslist niet goed gegaan als hij zijn mond open had gedaan. Zijn emoties hadden de regie overgenomen, dat wisten we beiden zeker.

Na ons verhoor kwam er een kleine pauze en toen we de zaal uitliepen, stond de pers me op te wachten. Och ja, dat was ik alweer vergeten, ik zou de journalisten nog een reactie geven.

Later die dag zei Moszkowicz tegen de pers met een sneer naar mij, dat we geen publiek wilden bij het verhoor, maar dat mevrouw Luten na het verhoor zo snel als ze kon 'naar de pers rende' om haar verhaal te doen.

O, tuurlijk joh, dat was vast heel belangrijk voor me. Beloofd is beloofd en daar houden sommige mensen zich aan. Simpel. Het komt niet eens in hem op om te kunnen bedenken dat Roelof de meest belangrijke persoon voor mij is en ik voor hem door het vuur ga. Hij wist niet dat Roelof eerst veel problemen met het publiek erbij had, dat hij dicht zou klappen. Moszkowicz deed zijn werk uitstekend, hij verdedigde zijn cliënt zelfs op deze manier.

Ik was al geïrriteerd door Moszkowicz, en dat werd er

door deze opmerking niet beter op. Het had er niets mee te maken dat andere mensen niet mochten horen wat we zeiden. Het ging erom dat Roelof het eerst niet aan kon om voor zoveel mensen antwoorden te moeten geven op de vragen van Moszkowicz. Een advocaat heeft geen boodschap aan gevoelens, die gaat alleen voor de feiten. En dat begreep ik. Maar Roelof moest wel zichzelf kunnen zijn, zonder dat hij emotioneel in de problemen zou komen. Als ik dat zou kunnen voorkomen, zou ik dat altijd doen, ongeacht wat daar voor nodig was.

Ik had al jaren geen hoge pet op van advocaten en dit deed er zeker geen goed aan. Bah, wat een nare man vond ik Moszkowicz. Zonder twijfel een van de beste advocaten, maar ook een man die waarschijnlijk nog meer van het licht van de schijnwerpers en de aandacht van de media hield.

In de pauzes vroeg ik andere mensen, onder meer van de pers, hun mening over deze advocaat, en ik was niet verbaasd dat ze er net zo over dachten als ik. Ik was dus beslist niet de enige. Een steengoede advocaat, maar ook een arrogante man. Iemand die op deze manier zijn centen wil verdienen, door een show op te voeren die letterlijk over de lijken van andere mensen gaat, daar kan ik geen waardering voor opbrengen. Maar het was hem misschien met de paplepel ingegoten. Hij was tenslotte wel in de voetsporen van zijn vader getreden, die ook een succesvol advocaat was geweest. Later bleek dat Bram Moszkowicz toch niet zo'n goede advocaat was als hij wilde doen voorkomen. Hij is in april 2013 definitief uit zijn ambt gezet. Het Hof van Discipline in Den Bosch had in hoger beroep het besluit van de Raad van Discipline bekrachtigd. Het hof kwam in een samenvatting van zes zaken tegen Moszkowicz tot een vernietigend oordeel. Moszkowicz was vanaf dat moment geen advocaat meer. Hoogmoed komt voor de val.

Gelukkig had ik een heel andere jeugd gehad, waarin succes mooi was, maar ondergeschikt aan medeleven en begrip voor je medemens. Dat was veel belangrijker dan welk succes ook.

Advocaat Van Steen uit Hoogeveen was van een heel ander kaliber. Hij had mijn eerste boek gelezen, en ook de passage[2] waar ik hem een veeg uit de pan had gegeven. Deze advocaat liet wel merken dat hij over gevoel beschikte. Hij had na het lezen van mijn boek contact met ons opgenomen en ons uitgenodigd voor een gesprek. Het werd een boeiend en plezierig gesprek. We mochten alles vragen wat we wilden weten en hij heeft ons meerdere keren uitgelegd waarom hij advocaat was geworden. We konden merken dat hij met veel plezier en inzet zijn werk deed. Hij legde geduldig uit waarom een advocaat vaak niet eens wil weten of iemand schuldig is of niet. Het gaat erom dat de cliënt zo goed mogelijk wordt verdedigd. Dus de vraag of iemand schuldig is, is dan niet aan de orde en kan zelfs negatief werken voor de inzet van de advocaat. En dat is nou precies de moeilijkheid, waar ik steeds tegenaan loop. Ik ga volledig voor de waarheid, en de rechtbank wil de waarheid weten om te kunnen bepalen wie er schuldig is of niet. Zo hoort het toch ook te gaan? Waarom moet een advocaat dan niet voor de waarheid gaan? Het zou verplicht moeten zijn. Nu gaat de advocaat in alle gevallen voor het zo goed mogelijk vrijpleiten van schuld van zijn cliënt. Dat is voor mij onbegrijpelijk. Fout is fout, klaar. En als je fout bent geweest, moet je boeten. Zo moeilijk hoeft dat dus niet te zijn volgens mij. Soms lijkt het wel of ik, wat dit betreft, in een sprookjeswereld leef. En Moszkowicz voerde zijn show op, in een plattelandsstadje als Assen. Met als inzet, een moordzaak uit een 'Swiebertjesdorp' in Drenthe, zoals hij Ruinen noemde in de *Panorama*.[3]

Er waren in eerste instantie vier dagen voor de rechtszaak uitgetrokken: 5, 9, 12 en 15 augustus. Later werden het vijf dagen. Op de laatste dag, 19 augustus, kwamen de slot-

---

[2] Zie *Thuiskomen, leven na de dood van Andrea*, blz. 210 en 211
[3] Nr. 18, jaargang 2003

pleidooien van het Openbaar Ministerie en van de advocaat. Pagina na pagina werd voorgelezen, ik begreep niet hoe de rechtbank hier de hele tijd goed en alert naar kon blijven luisteren. Pfff, ik had grote moeite om mijn aandacht erbij te houden. Marcel Wolters, de aanklager, benoemde inderdaad dat Moszkowicz nogal van leer was getrokken, maar of dat indruk maakte? Nee, beslist niet. Het had meer indruk gemaakt als hij bezwaar had gemaakt tijdens de verhoren van Moszkowicz, dat was voor mij wel duidelijk.

De eis van het Openbaar Ministerie was acht jaar voor de moord op Andrea. De hoogte van de straf was minder belangrijk voor ons, het ging er ons om dat we wisten hoe het gebeurd was. Wij wilden het verhaal horen. Wat was er de laatste minuten van haar leven gebeurd? Maar zoals het er nu uitzag, kregen we dat niet te horen. Er was immers nog steeds geen bekentenis.

We moesten nog bijna twee weken wachten op de uitspraak, die op 30 augustus 2002 zou zijn. We waren blij dat de rechtszaak achter de rug was, maar hadden weinig hoop op een veroordeling.

Vriend

Op een avond in het weekend kwam er een vriend van Richard naar me toe. Deze vriend – Bert – was een van de weinigen die rotsvast in de onschuld van Richard was blijven geloven. De rest van de vriendenkring was of in totale verwarring, of ze wilden niks meer van hem weten omdat ze ook dachten dat hij het gedaan had.

Bert wilde een praatje maken en had duidelijk wat op zijn lever zo te zien.

'Hey Lammi, hoe is 't?'

'Ja, gaat wel. En jij?'

'Ja, ook wel goed. Nou, wat denk je? Hoe zal het gaan?'

Gatver, daar was ik al bang voor, daar had ik nou net geen

zin in om over te praten.

'Afwachten Bert, ik weet het niet.'

'Ja, het kan alle kanten op, denk ik. Ik geloof niet dat hij het gedaan heeft.'

'Ja, dat weet ik, en dat is je goed recht om daar in te geloven. Het is ook je vriend, dus je kent hem goed en ik snap dat je geloven wilt dat hij er niets mee te maken heeft.'

'Stel nou dat hij vrijgesproken wordt, hè. Wil je me dan belov...'

Verder kwam hij niet, ik ontplofte!

Ik keek hem woedend aan en voelde hoe het bloed uit mijn gezicht trok, ik flipte totaal.

Ik wist precies wat ik hem moest 'beloven'. Aan m'n hoela, dat ging mooi niet door.

'Wát zeg je?!' viel ik hem hard in de rede. 'Wát moet ik je beloven? Ik beloof je helemaal niks... nada... gvd! Wie denk je wel dat je bent om me dat te durven vragen, idioot. Onze dochter Andrea is vermoord door een of andere imbeciel, een of andere gek en ik moet je beloven dat ik de persoon, van wie ik nu denk dat hij het gedaan heeft, niks aan doe? Hoe krijg je het in je hoofd man!' knalde ik boven de muziek uit.

De mensen die in de buurt stonden, keken ons verschrikt aan, maar dat interesseerde me geen zier. Bert schrok zich kapot, en haalde zijn handen bezwerend omhoog om te proberen om me weer rustig te krijgen. Hij bood meteen zijn excuses aan voor de 'foute woorden' die hij had gebruikt. Hij had geen foute woorden gebruikt, hij had simpel gevraagd naar iets waar hij zekerheid over wilde hebben. Maar deze zekerheid kon ik hem niet geven, tenminste, voorlopig niet. Het was het verkeerde moment om dit aan me te vragen. Ik stond strak van de spanning.

'Pas op Bert, ik heb heel veel woede in mijn lijf zitten die niet voor jou bestemd is, maar die je wel over je heen kunt krijgen. Tot nu toe verdenk ik Richard er wél van en dat weet je ook donders goed. Het zal gauw bekend worden of hij er voor veroordeeld wordt of niet', zei ik ietwat rustiger, maar ik was nog steeds door het lint. Mijn woede zakte al snel weer, omdat ik heel goed begreep waarom hij deze vraag had gesteld. We konden nog een poosje verder praten over de impact die de moord op Andrea veroorzaakt had in het dorp en hoe het de mensen enorm bezig hield, maar het dorp ook in twee kampen verscheurde. Het leek wel of het dorp bestond uit een 'kamp Luten' en een 'kamp Richard K'. Totaal overbodig, maar wel begrijpelijk. Ik zou willen dat dit niet nodig was allemaal.

Op 19 augustus maakte de krant *Dagblad van het Noorden* ook twee lijsten naar aanleiding van de procesgang. De ene lijst bevatte vijfentwintig punten van belastend bewijs, de andere lijst bevatte achttien punten van ontlastend bewijs. In het verleden had ik ook twee lijsten gemaakt, met punten waarom Richard wel of niet de dader zou kunnen zijn, maar mijn lijstjes hadden meer punten en waren even lang geweest.

Vrijspraak

Op 30 augustus 2002 werd Richard vrijgesproken bij gebrek aan bewijs. Er was te weinig hard bewijsmateriaal om voor een veroordeling te zorgen. Moszkowicz had zijn werk goed gedaan.

Richard werd wél veroordeeld voor de mishandeling van zijn ex-vriendin. Dit feit werd naderhand door de meeste mensen al snel vergeten. Richard had meerdere vriendinnen bij de keel gegrepen, maar er was maar één vriendin die aangifte durfde te doen van mishandeling. De straf die hij hiervoor kreeg stond gelijk aan de tijd dat hij in voorarrest had gezeten. Vanaf het moment van de uitspraak was Richard vrij man.

Richard werd dus niet verantwoordelijk gehouden voor de moord op Andrea. Op dat moment voelden wij het anders, we waren nog steeds niet overtuigd van zijn onschuld. Hij was vrijgesproken bij gebrek aan bewijs, maar dat betekende – nog – niet dat hij het niet gedaan had. We voelden ons verslagen, en belazerd door het rechtssysteem. Ik nam me toen heilig voor dat als er ooit nog iets gebeurde in ons leven, ik het 'probleem' zelf wel zou gaan oplossen. Ik ging liever een poosje zitten, dan het nog een keer overlaten aan de rechtsgang in Nederland. Die stelde voor mij – op dat moment – niet veel voor.

Pas veel later kwam voor ons de zekerheid dat Moszkowicz een uitstekende advocaat was geweest door aan te tonen dat Richard inderdaad onschuldig was aan de moord op Andrea. Hij had voorkomen dat Richard voor jaren onschuldig achter de tralies was verdwenen. Hij had voorkomen dat er een gerechtelijke dwaling had plaatsgevonden. We wilden zeker geen onschuldige man achter de tralies. Dat was wel het laatste waar wij op zaten te wachten. Toen bleek dat Richard werkelijk onschuldig was, begrepen we dat deze periode ook voor hem erg moeilijk moet zijn geweest.

Officier van justitie

We hadden een gesprek met Marcel Wolters, de officier van justitie, en we vroegen hem waarom hij, tijdens de rechtszaak en later in zijn pleidooi, niet feller van leer getrokken was tegen Moszkowicz. Volgens Marcel Wolters had dat geen enkele zin, omdat de rechtbank hier doorheen zou prikken. Hier in de provincie houdt de rechtbank niet van die komedie, maar in het westen is dat normaal. Daarom had Moszkowicz ook hier die show opgevoerd.

Ze kenden elkaar en het wel of niet feller van leer trekken of reageren bij een verhoor, zou geen invloed op de rechtszaak of rechtbank gehad hebben volgens Marcel Wolters. Wij hadden zo onze bedenkingen hierover, maar hij wist ons te overtuigen van zijn gelijk.

Tijdens het gesprek hield hij ons haarscherp in de gaten,

merkte ik. Tenslotte waren wij natuurlijk ook volkomen leken op het gebied van de rechtsgang. Wat wisten wij daar nu van? Nou ja, laat dan maar, het zou wel goed zijn. Alles was nu immers toch al te laat.

Maar toen we later naar huis reden, werd ik met de minuut chagrijniger en kreeg ik steeds meer het gevoel dat er iets 'niet klopte'. Alleen kon ik er de vinger niet op leggen. Het Openbaar Ministerie had al aangekondigd dat er een hoger beroep aan zou komen. Dat zou dan in Leeuwarden moeten plaatsvinden. Dat was voor nu nog de enige mogelijkheid om iets te kunnen ondernemen. Maar naarmate de tijd vorderde, ging justitie de andere kant op. Ze hadden steeds minder vertrouwen in een goede afloop van een eventueel hoger beroep.

Op 3 december 2002 hadden we een gesprek in Assen met de officier van justitie en de advocaat-generaal erbij, waar ons verteld werd dat ze geen hoger beroep aan gingen tekenen. Het zou volgens het Openbaar Ministerie weer een afgang worden en hoogstwaarschijnlijk weer een vrijspraak. Ze durfden dit risico niet nog een keer te nemen.

'O, dus dan is het nu klaar met Richard K?'

'Ja, hij is vanaf nu vrij van elke verdenking.'

Twee dagen later hadden we weer een gesprek in Assen. Deze keer met de officier van justitie en de hoofdofficier van justitie, waarin ons precies uitgelegd werd waarom het hoger beroep ingetrokken werd.

Oké, dit was het dus. Richard K. was vrij man en wij stonden weer met lege handen. Na de uitspraak was er weer heel veel contact met de media. Elke dag had ik wel een interview of een opname voor radio of televisie. Iedereen wilde heel graag weten hoe we hierover dachten en hoe we verder zouden gaan.

Sommige persmensen vroegen zich af hoe het mogelijk was dat we zo rustig konden reageren. Maar als een beslissing waar je niets over te zeggen hebt, al is gevallen, dan staat dat vast. Het heeft geen enkele zin om je er dan nog druk om te maken, het zal toch niet veranderen. Daarbij komt dat de rechtszaak een zaak is tussen de staat en de verdachte. Wij, als nabestaanden, hebben er geen deel aan. Wij zijn eigenlijk alleen maar toeschouwers. Hoe raar dat ook klinkt. Je kunt verontwaardigd zijn en boos, en misschien uit je dak gaan van woede, maar ook dát zal niet helpen. Je kunt het niet veranderen, al wil je het nog zo graag anders zien. Het is zoals het is, punt.

Je zult het moeten accepteren, of je het nou leuk vindt of niet. Daarna ga je naar huis, berustend en gelaten, en ja, ook vervelend, chagrijnig en moe. Dan is het alleen nog zaak om zo snel mogelijk met deze situatie om te leren gaan. Dat heeft tijd nodig en tijd kan heel veel doen met een mens.

Hoe nu verder?

Richard was vrij man en kon gaan en staan waar hij wilde. Dat betekende ook dat hij zomaar bij ons het café binnen zou kunnen lopen. We hoopten allebei dat hij daar het lef niet voor had, want dan zou waarschijnlijk de hel losbarsten. Zijn vrienden hadden hem wel zo goed bijgepraat dat hij dat gelukkig toch niet aandurfde. Hij was bang voor Roelof. Prima, laat hem dan maar lekker bang blijven.

Hij woonde voorlopig bij zijn broer Bert in Leeuwarden, omdat het voor hem onmogelijk was geworden om nog in Zuidwolde te wonen. Al snel stond er een bord met 'te koop' in de tuin bij zijn woning in Zuidwolde. Natuurlijk merkte hij ook wel dat er heel veel mensen zijn bloed wel konden drinken en veel mensen dachten ook nog steeds dat hij wél verantwoordelijk was.

Zou hij echt onschuldig zijn aan de moord op Andrea, dan was het nog een vreemde snuiter die niet te vertrouwen was. Zo dachten veel mensen erover. De mensen wilden hem zeker niet bij hun dochter in de buurt zien.

Zijn huis in Zuidwolde was beklad met het woord 'moordenaar' en hij zei dat hij bedreigd was. Dat zou heel goed kunnen, omdat op dat moment eigenlijk niemand wist hoe het nu werkelijk in elkaar stak. De meeste mensen waren in verwarring. Het was voor ons een rottijd, maar voor hem was het ook zeker niet de beste tijd.

Alleen het verschil zat erin dat wij er niet om gevraagd hadden. Richard had er ook niet om gevraagd, maar kreeg nu de rekening van zijn eigen gedrag gepresenteerd. Hij had zijn eigen hel geschapen. Maar hoe moest iemand, die – onterecht – verdachte was geweest in een geruchtmakende moordzaak zijn gewone leventje weer oppakken? Eerlijk gezegd: ik had geen idee. Maar moeilijk zou het zeker zijn.

Omdat hij zijn vrienden in Ruinen had wonen, ging hij nu ook in de weekenden met hen stappen. We hoorden regelmatig dat hij de mensen in een ander café uitdaagde om ze te dwingen te vertellen hoe zij over hem dachten: was hij wel of niet schuldig in hun ogen? Dat gebeurde als hij weer een potje bier op had, dan ging hij op een agressieve manier zijn vragen stellen.

'Denk jij soms ook dat ik de moordenaar van Andrea ben? Of ben je te laf om dat te zeggen?'

Ook deinsde Richard er niet voor terug om iemand bij zijn overhemd te pakken ter hoogte van zijn borst, om hem dwingend te vragen of hij soms ook dacht dat hij de moordenaar van Andrea was.

Tjonge jonge zeg, had hij er dan helemaal niets van geleerd? Natuurlijk gebeurde dit weer met een beste slok op. Datzelfde gebeurde ook in de discotheek in Ruinerwold. We begrepen dat Richard zich zat af te reageren, maar we begrepen niet altijd dat de mensen dit gedrag van hem pikten.

De mensen waren bang om hem tegen te spreken en ze hielden daarom hun mond of ze hielden zich op de vlakte en gaven niet hun mening. Ze wilden geen gezeur en de meesten liepen met een boog om hem heen als ze hem zagen. Ik heb in al die tijd niet gehoord dat er ook maar iemand is geweest die tegen hem inging. De mensen die toch twijfelden aan zijn onschuld, dachten soms: ja, ik kan wel tegen hem ingaan, maar dan zit ik misschien wel ruzie te maken met een moordenaar, toch maar liever niet! De dorpelingen wisten niet hoe ze hier mee om moesten gaan en de meningen waren verdeeld. In feite waren er maar twee meningen: schuldig of onschuldig. Lastig. Voor ons was maar één ding belangrijk: wij wilden niet met hem geconfronteerd worden. Het was ondenkbaar dat hij bij ons binnen zou komen en hij moest ons niet voor de voeten lopen. Als dat niet gebeurde, dan zou het best wel goed gaan. We moesten alle gebeurtenissen eerst laten bezinken.

We hadden nu tijd nodig om te bepalen hoe we er over een paar maanden mee om zouden gaan. Wat de rest van het dorp deed, was niet aan ons. Het kon ons eigenlijk ook niets schelen. Ooit zouden we elkaar tegenkomen, maar ik hoopte dat dát nog een tijdje zou duren. Hoe langer dat zou duren, hoe beter het zou zijn. Voor ons, maar ook voor hem. We hadden nu eerst rust nodig om bij te komen én om te accepteren dat de situatie was zoals die was. Uiteindelijk waren we weer terug bij af.

Jaren later, toen ik de rechtbankverslagen nog eens door las, begreep ik eindelijk beter hoe alles in elkaar zat. Roelof en ik kenden alleen de verslagen van de politie. Wat hun onderzoeken aan het licht hadden gebracht en wat hun conclusies waren op dat moment. Het was toentertijd een enorme warboel aan getuigenissen van heel veel mensen. Eén ding was zeker, alle betrokken politieagenten waren stuk voor stuk zeer gemotiveerd om deze moordzaak op te lossen.

Wij wilden maar één ding: de ware moordenaar van onze dochter vinden. Na vele jaren zag en begreep ik ook pas dat Moszcowicz heel goed zijn werk had gedaan. Hij had de rammelende verklaringen van diverse mensen terecht onderuit gehaald. Alleen de manier waaróp, daar zet ik nog steeds vraagtekens bij. Dat had een beetje minder hard gekund. Nu begreep ik ook pas waarom Richard K.

Moszcowicz als advocaat in de arm had genomen. Het was een terechte keuze geweest. Richard zat in een heel lastig parket en wilde op het meest belangrijke moment van zijn leven dat iemand hem bijstond die in staat was om zijn onschuld aan te tonen. Als dit niet goed aangepakt zou zijn, was hij voor jaren onschuldig de cel ingegaan. Op het moment van de rechtszaak kon ik dat zo niet zien of ervaren, maar pas jaren later kon ik dit wel begrijpen. Ondanks dat Richard zich in die tijd als een losgeslagen puber zonder enige verantwoordelijkheid kon gedragen, mocht dit niet gebeuren. Gelukkig kan ik nu zeggen dat hij een harde les heeft geleerd om op het rechte pad terug te komen. Voor zover ik weet, is hem dat gelukt.

Drukte

Juist in deze hectische tijd moest mijn moeder naar het ziekenhuis voor een knieoperatie. Dat kwam heel ongelukkig uit en ik wist soms niet wat ik het eerst of het laatst moest doen. Op vrijdag kreeg ik te horen dat ik haar de volgende dag tussen 11 en 12 uur kon ophalen. Dat was een lastige dag voor me en zeker veel te vroeg op zaterdag. Vrijdag was al een lange dag; ik werkte dan tot diep in de nacht in het café. Ik had ook mijn rust nodig en kon dus onmogelijk voor 12 uur in het ziekenhuis zijn. Ik probeerde om te overleggen of ik haar in de middag mocht komen ophalen. Maar in de ziekenhuizen hebben ze natuurlijk zo hun eigen regels.

'Helaas, ik kan haar niet in de ochtend komen halen, dat gaat niet. Kan ik haar niet rond een uur of 2 komen ophalen?' vroeg ik aan de verpleegster.

'Nee mevrouw, dat kan niet. We moeten haar plaats en bed klaarmaken voor de volgende patiënt.'

Na wat gesteggel, haalde ze de hoofdzuster erbij. Ik legde weer uit dat ik onmogelijk op die tijd mijn moeder kon ophalen, dat ging gewoonweg niet.

'Kan iemand anders uw moeder niet ophalen?' vroeg ze.

'Nee, we hebben geen grote familie en de afspraak is dat ik voor mijn moeder zorg, en iedereen heeft zo zijn werk en plannen, dus dat gaat niet. Ik zou niet weten wie ik nu daarvoor nog zou kunnen vragen.'

'Ja, maar wij hebben de plek van uw moeder voor de volgende patiënt nodig', kreeg ik weer te horen.

'Jullie hebben dat bed maandag pas nodig. Vandaag en morgen komen er geen nieuwe kniepatiënten meer, dus ze zit wat dat betreft jullie niet in de weg. Ik kán mijn moeder echt niet op die tijd ophalen.'

Beide zusters keken me aan en zo te zien waren ze niet bereid om een uitzondering van een paar uur voor mij te maken. Jemig, waarom moest dat nou zo moeilijk zijn? Ik vroeg niets wat onmogelijk was.

Ik hakte de knoop door en zei: 'Weet je wat? Ik kom zo snel mogelijk, maar houd er rekening mee dat het zeker na de middag wordt. Ze heeft dat bed niet meer nodig, ze kan wel in een luie stoel op me wachten. Mijn moeder kan ook heerlijk dommelen in een makkelijke stoel. En anders zie maar wat je doet. Zet haar in een taxi voor mijn part, maar vertel de chauffeur dat hij haar IN huis moet afzetten. En houd er rekening mee, dat jullie verantwoordelijk zijn voor haar zolang ik haar niet opgehaald heb. Ik beloof jullie dat dat in ieder geval voor morgenavond zal zijn'.

De beide verpleegsters keken me met grote ogen aan en zeiden niks meer. Zo, ik was er helemaal klaar mee. Zoek het allemaal maar uit. Kijk maar wat je doet. Nederland heeft toch zo'n goede zorgverlening? Ja, tot de tijd erop zit, dan moet je wegwezen.

Is de wereld gek geworden of zo? Met een beetje goede wil is overal wel een mouw aan te passen. Ik kon onmogelijk op twee plaatsen tegelijk zijn, dus iemand moest er geduld hebben zonder al te veel gedoe. Dat was deze keer het ziekenhuis en mijn moeder, die er overigens totaal geen problemen mee had.

Als ik niet goed voor mezelf kon zorgen, kon ik onmogelijk goed voor mijn moeder zorgen. De meest belangrijke persoon in mijn leven, ben ik zelf. Als ik goed voor mezelf zorg, kan ik optimaal voor andere mensen zorgen. Het is geen egoïsme, maar zelfbehoud. Dus eerst moest ik voldoende nachtrust hebben, voordat ik goed voor haar kon zorgen. Mijn moeder zat de volgende dag om 2 uur rustig in haar bed te wachten tot ik bij haar kwam om haar mee te nemen naar haar huis. Niks nieuwe patiënten: de kamer was gevuld met lege bedden.

Kerst 2002

De decembermaand maakte ik altijd zo gezellig mogelijk. Dan versierde ik het café en spoot de ramen vol met spuitsneeuw. Het gaf een winters tintje en onze jonge klanten vonden het prachtig. Je kon alleen niet zo goed meer door de ramen kijken, maar niemand die zich daaraan stoorde.

In de weekenden reden er taxibusjes heen en weer tussen de verschillende cafés en discotheken bij ons in de buurt. Toen er een taxibusje bij ons stopte, stond er net een meisje voor het raam te kijken. Ik stond achter de bar en keek stomverbaasd, toen ze met een noodgang naar de wc rende. Wat was hier nu aan de hand?

Toen ze terug kwam, keek ik haar aan en vroeg of ze ziek of misselijk was.

'Nee, er is niks aan de hand. Maar eh, ik zag net dat Richard buiten stond.' zei ze.

'Hoezo buiten stond? Wat bedoel je?'

'Nou, er stopte net een taxibus en Richard kwam er ook uit stappen. Hij liep naar de deur en wilde binnenkomen. Toen schrok ik zo, ik wil daar niet bij zijn. Ik was doodsbang dat hij hier echt binnen zou komen. Ik weet dat hier dan de pleuris uitbreekt.' Ze keek schichtig om zich heen.

Ik schoot naar het raam, maar er was natuurlijk niemand meer te zien. Hij had allang de benen genomen. Daarop ging ik naar buiten en keek door de straat, waar ik ook niemand meer zag. De adrenaline vloog weer door mijn lijf. Hij had toch zeker niet het lef om tóch nog binnen te komen? Dan maakte ik kans om met de kerst ergens in een klein kamertje te zitten.

Even later hoorde ik van andere klanten dat Richard – weer – dronken ons had zitten provoceren. Hij had met bravoure zitten vertellen in de taxibus dat hij bij de Lute (ons café) binnen kon stappen wanneer hij maar wilde. 'Wat zouden zij daar tegen moeten doen?' zo riep hij naar anderen. 'Ik ben een vrij man, dus ik kan gaan en staan waar ik wil.'

Toen was hij bij ons voor de deur uit de taxi gestapt en had heel brutaal door de ramen naar binnen gekeken. Daarna deed hij net of hij naar binnen wilde gaan, waarop het meisje in paniek naar de wc was gevlucht.

Zo, dus Richard wilde de zaken op de spits drijven? Geen goed plan. Hij was de laatste tijd erg bezig om te bewijzen dat hij inderdaad een vervelend jong was, die alleen lef had als hij een stevige pot bier op had. Als hij dit volhield, dan zou het een keer fout lopen, dat was zeker.

De volgende middag, toen Roelof weer wakker was van een nacht lang werken, vertelde ik pas wat er voorgevallen was. Ik had geen zin gehad om het die avond of nacht tegen hem te zeggen. Het zou de sfeer alleen maar gespannen maken en daar had ik, zeker met de kerstdagen, geen zin in. Natuurlijk gaf het nu toch wel de nodige spanning en we hielden telkens goed in de gaten wie er binnen kwam. We wisten wel dat er veel klanten waren die er ook niet op zaten te wachten dat Richard met zijn bezopen kop binnen zou komen.

Diezelfde avond – Tweede Kerstdag – zat ik met mijn moeder in het ziekenhuis, omdat haar been niet goed doorbloedde en de artsen bang waren voor afsterven van haar been. Dus: paniek!

Na een paar uur in het ziekenhuis, en nadat mijn moeder was opgenomen, kon ik weer naar huis. Roelof zat al een poos op mij te wachten, dus ik schoot meteen achter de bar, zodat hij even kon rusten voordat hij de laatste uren nog moest werken.

Na een aantal dagen in het ziekenhuis gelegen te hebben, mocht mijn moeder weer naar huis. Het been was weer normaal van kleur en deed geen pijn meer. Het waren een paar bijzonder drukke kerstdagen voor ons geweest met werk en andere bezigheden.

Confrontatie

Een paar dagen later in het weekend na de kerstdagen, was het erg gezellig op de zaterdagavond. Het was vlak voor het nieuwe jaar 2003. We hadden een leuke en drukke avond en nacht gehad en ik ging tevreden naar bed. Roelof werkte de laatste uurtjes alleen en zou afsluiten zoals gewoonlijk. Roelof had die nacht precies de juiste personen bij zich in de kleine uurtjes, want het bleef gezellig en het werd laat.

Toen in de ochtend de laatste klant vertrok, besloot Roelof om met de hond naar het natuurgebied in Havelte te gaan om een lange wandeling te maken voordat hij naar bed ging. Hij pakte de auto en wilde binnendoor naar Havelte. Daarbij kwam hij langs het huis van de ouders van Richard.

Op het moment dat hij daar langs reed, zag hij Richard achteruit rijden van het erf van zijn ouders. Roelof zag alleen Richard nog maar. Hij gooide het stuur om en zette de voorkant van zijn auto op tien centimeter van de achterkant van de auto van Richard en stapte uit.

Richard was inmiddels ook uitgestapt en Roelof flipte totaal. Hij ontplofte en alle woede en frustraties kwamen naar buiten stromen als een onstuitbare rivier.

Schreeuwend ging hij tegen Richard tekeer: 'Jij moet ophouden met mensen uit te dagen. Jij zit ze te treiteren en te sarren, klootzak. Nu voel jij je een hele vent, omdat je vrijgekomen bent, maar wel bij gebrek aan bewijs, vergeet dat niet. Want dat zegt niks over jouw onschuld, iedereen weet dat je een klootzak bent die meisjes bij de keel grijpt. Durf je wel joh, idioot. Probeer het dan bij mij te doen als je lef hebt, maar dat heb je niet he? Je bent nog een schijterd ook, een dikke lafbek!'

Ze stonden vlak bij elkaar, bijna met de neuzen tegen elkaar aan, maar Roelof raakte hem niet aan. De vader van Richard kwam op het lawaai af en wilde zich er ook mee bemoeien.

'Bek houden. Ik heb niks met jou te maken. Rot jij maar op. We weten allemaal wel dat jij een lekkere zoon hebt die voor geen meter deugt. Het is een klootzak en dat zal hij ook altijd wel blijven. Donder op.'

Waarop de man stokstijf bleef staan, niks meer durfde te zeggen en alleen nog maar toekeek. Roelof tierde verder en vervolgens kwam de moeder van Richard ook naar buiten.

'En jij daar, jij had je bek in de rechtszaal open moeten doen. Wat ben jij nou voor een moeder die zich beroept op haar zwijgrecht, stomme trut. Een moeder die overtuigd is van de onschuld van haar zoon, zou het van de daken schreeuwen. Dus hou hem dan nu ook maar dicht.'

Nadat hij zijn gal had gespuwd, stapte Roelof totaal over zijn toeren in de auto en vertrok.

Ik werd wakker van de telefoon. 'John', hoorde ik. 'Ben je wakker Lammi?'

'Ja, eh, ja, nu dus wel. Ik werd wakker van de telefoon. Alles goed?' vroeg ik.

Ik ontdekte dat Roelof nog niet in bed lag. Waarom belde John op dit uur van de dag? En waarom pakte Roelof dan de telefoon niet op? Als hij nu nog beneden in het café met mensen zat, zou hij toch de telefoon kunnen aannemen?

Alsof hij mijn gedachten kon raden, zei John tegen me: 'Roelof is hier, hoor. Dan hoef je je niet ongerust te maken.'

'O? Oké, is alles goed met hem?'

'Ja, nu wel. Hij was erg overstuur, maar nu is hij al een stuk rustiger. Ik kom hem straks wel thuisbrengen.'

'Oké, dat vind ik fijn. Ik zie jullie straks wel.'

John en zijn vrouw Dieneke woonden in Heino en waren al jaren goede vrienden van ons. Ik stapte uit bed. Ik zou later het hele verhaal wel horen wat er voorgevallen was. Ondertussen kon ik beginnen met het schoonmaken van het café. Een paar uur later kwamen John en Dieneke, die Roelof én de auto terugbrachten.

Roelof was met hoge snelheid naar John gereden toen hij vertrok bij het huis van de ouders van Richard. Hij was huilend binnen komen stappen en had zijn hart gelucht bij zijn vriend die voor hem klaar stond toen hij hem hard nodig had. Ik was blij dat Roelof weer thuis was, maar ik was vooral erg opgelucht dat er niets ernstigs gebeurd was. Ook was ik blij dat hij naar vrienden toegegaan was die hem begrepen.

Het was zondag 29 december 2002. De maandag daarop bracht Richard zijn advocaat op de hoogte en deed aangifte bij de politie. Wij hebben daar nooit meer iets van gehoord. In Nederland moet er eerst bloed vloeien voor de politie mag ingrijpen, dat weten we allemaal.

Maar Roelof had hem met geen vinger aangeraakt, alleen zijn mening toegeschreeuwd. Ik had groot respect voor de zelfbeheersing van Roelof, dat hij zijn handen thuis had kunnen houden. Richard liet ook nu weer zien wat voor man hij was. Iedereen uitdagen en het vuur aan de schenen leggen, maar als puntje bij paaltje komt snel even aangifte doen bij de politie.

Niet gelukt, Richard

In januari kwam ik thuis, nadat ik bij mijn moeder was geweest. Het was rond een uur of half vijf. Roelof vertelde dat een journalist van *De Telegraaf* had gebeld. Ik was meteen op mijn hoede, ik wist en voelde instinctief dat er iets aan de hand was.

'Waarom heeft hij gebeld, en welke journalist was dat?'

'Dat weet ik niet, ik weet zijn naam niet. Nou, dat ging over dat akkefietje met Richard laatst.'

'Dat je hem de waarheid hebt verteld op die zondagmorgen?'

'Ja.'

'Heb je ook verteld waardóór dat kwam? Dat Richard de boel zat te jennen?'

'Nee, waarom? Daar vroeg hij niet naar.'

'O jeetje Roelof. Dat had je moeten vertellen man. Nu heeft hij een heel eenzijdig verhaal gehoord, en jij bent zo meteen de boosdoener, omdat hij de reden niet weet. Jij wordt straks in de krant neergezet als die wraakzuchtige, zielige vader. Verdorie.'

'Dat maakt me niks uit. Richard weet het en dat is voldoende.'

'Nou, dat is niet voldoende voor mij. Als jij fout bent, oké, maar hij heeft het zelf uitgelokt en daar neem ik op deze manier geen genoegen mee.'

Roelof vertrok naar boven. Ik moest eigenlijk eten koken, maar ik pakte *De Telegraaf* en ging zoeken waar ik het telefoonnummer van de redactie zou kunnen vinden. Ik moest opschieten, omdat het al kwart voor vijf was. De meeste kantoren gaan dicht rond vijf uur. Na enig zoeken had ik gevonden wat ik zocht en ik pakte de telefoon om te bellen. Ik wist geen naam, maar legde uit waar het om ging en na een paar keer doorverbonden te zijn, kreeg ik de desbetreffende journalist tóch nog aan de telefoon.

'Heeft u vanmiddag een gesprek gehad met mijn man?'

'Ja, dat klopt mevrouw Luten.' Ik voelde meteen hoe de journalist op zijn hoede was.

'Dat ging zeker over de aanvaring met Richard K. eind december?'

'Ja.'

Tjonge, wat was de man mededeelzaam. Ik moest de antwoorden er bijna uittrekken.

'Wilt u me daar iets meer over vertellen? Mag ik weten wat u in het artikel gaat zetten?'

'Dat leest u morgen vanzelf wel in de krant mevrouw Luten, ' zei hij beleefd, maar afstandelijk.

Ik voelde dat ik kwaad werd en moest mijn best doen om rustig te blijven praten.

'Oké, ik begrijp het. Ik vind het prima dat u dat verhaal plaatst. Maar weet u ook waarom Roelof toen door het lint ging en Richard de waarheid heeft verteld? Het is niet zomaar gebeurd er was een reden voor, er zijn dingen aan vooraf gegaan, is u dat ook verteld?'

'Eh nee, ik weet alleen wat er vlak voor oud en nieuw is voorgevallen.'

'Nou, dan zal IK u vertellen wat er aan de hand is en hoe het zover heeft kunnen komen.'

Ik vertelde de journalist dat Richard al weken aan het zieken was in andere cafés en in de discotheek in Ruinerwold. Dat hij de mensen keer op keer uitdaagde, ruzie zocht en zijn gelijk zocht op een agressieve manier. Dat hij tijdens de kerstdagen bij ons door de ramen had gekeken en net deed of hij naar binnen zou gaan. Dat hij het leuk vond om mensen bang te maken. Ook vertelde ik dat Roelof hem niet speciaal had opgezocht, maar toevallig tegengekomen was toen hij naar Havelte wilde gaan voor een wandeling met de hond door de natuur.

'Zo, nu kent u het hele verhaal. Als u het nu nog wilt plaatsen is dat prima, maar dan wel het hele verhaal en niet de helft.'

'Ik begrijp het mevrouw Luten.' Hij was nu niet meer zo afstandelijk en ik voelde dat ik wat meer toegang kreeg tot de journalist.

'Mag ik u iets vragen?'

'Jazeker. Wat wilt u weten?'

'Heeft u Richard K. gebeld of heeft hij u gebeld?'

'Richard heeft mij gebeld, mevrouw Luten.' Mooi, ik wist genoeg.

Ik wist het. Dat was Richard ten voeten uit. De journalist heeft het verhaal nooit in de krant laten plaatsen. Dat zegt genoeg. Zo, ik was blij dat ik nog net de man te pakken had kunnen krijgen voordat de krant gedrukt zou worden.

Dit was een laffe streek van Richard, maar ik had het net kunnen voorkomen. Ik snapte heus wel dat hij zich belazerd voelde door het rechtssysteem van Nederland en dat hij ons misschien wel verantwoordelijk hield voor zijn verziekte leven.

Maar het is veel makkelijker om een ander de schuld te geven, nietwaar? Jammer joh, deze keer ging het niet door. Gewoon eerlijk zijn, dat is veel belangrijker dan leugens die toch een keer zullen uitkomen. Ik laat Roelof niet in de min drukken door jouw wraakgevoelens, *never*, nooit.

Na dit akkefietje werd het rustiger met Richard K. Hij woonde nog steeds bij zijn broer in Leeuwarden en dat vonden wij prima, maar ook veel dorpsgenoten vonden het best. In het dorp keerde op die manier de rust weer meer terug. Af en toe hoorden we wel dat hij in Ruinen was, op een verjaardagsfeestje, of tijdens het jaarlijkse dorpsfeest. Dan was er altijd wel iemand die ons daarover inlichtte. Natuurlijk hoorden we dat altijd van iemand die aan onze kant stond. Van het 'kamp Luten'.

Er was nog steeds een duidelijke tweedeling in het dorp. Zolang we Richard niet tegen het lijf zouden lopen, konden we ontspannen en gewoon ons ding doen. De afgelopen jaren waren erg vermoeiend geweest, geestelijk en emotioneel. Nu moesten we accepteren dat Richard onschuldig was. De rechtbank had geoordeeld en hem onschuldig bevonden. Klaar.

Tijd kan veel doen met een mens en zeker als het om acceptatie gaat van nare gebeurtenissen. We begonnen langzaam maar zeker te twijfelen. Had hij echt niets met de dood van Andrea te maken? Als dat waar was, dan was zijn leven de laatste jaren onterecht op zijn kop gezet. Dan was deze tijd een harde les voor Richard geworden. Het leven bestond niet alleen uit feesten en alcohol. Ook in de puberteit – of misschien juist in de puberteit – moet je leren om verantwoording af te leggen. Ik hoopte dat hij dit snel door zou hebben zodat hij zijn leven weer op de rails zou krijgen.

Niemand weet van tevoren hoe zijn leven zal verlopen. En niemand heeft gezegd dat het leven gemakkelijk zou zijn. Het was gegaan zoals het was gegaan en daar moesten wij, maar ook Richard het mee doen. Basta.

Ik ben er altijd van overtuigd geweest dat een mens voor een groot deel zelf verantwoordelijk is voor zijn of haar leven. Natuurlijk overkomen je dingen waar je geen invloed op hebt, maar je kunt er wel weer voor kiezen hoe je daarmee omgaat. In mijn ogen had Richard te veel verkeerde keuzes gemaakt. Misschien dacht hij te gemakkelijk over het leven, dat het één groot feest kon zijn, zonder verantwoording af te moeten leggen. Niets is minder waar. Iedereen heeft zijn verantwoordelijkheden in dit leven. Niemand uitgezonderd, ook Richard niet. Hij had de rekening gekregen van zijn eigen handelen en nu had hij alsnog verantwoording af moeten leggen voor zijn daden.

Achteraf was het duidelijk geworden dat hij onterecht was beschuldigd van verdenking van de moord op Andrea. Dat is natuurlijk vreselijk en gun je niemand, laat dat duidelijk zijn. Maar hij was terecht schuldig bevonden en veroordeeld voor mishandeling van zijn ex-vriendin(nen). De oorzaak van deze verdenking en veroordeling lag toch echt bij hem zelf. Dat kon hij niemand anders in de schoenen schuiven. Na verloop van tijd konden we beter accepteren dat Richard onschuldig was en was vrijgesproken. We kregen nu de rust en de tijd om er goed over na te denken.

Ouders

Van onze ouders leefden alleen mijn moeder en de vader van Roelof nog. De vader van Roelof kon er niet over praten. De man sloeg helemaal dicht als er weer wat in de kranten stond. We praatten over van alles en nog wat, behalve over Andrea. Mijn moeder wilde er juist wel over praten, maar kon er beslist niet mee omgaan. Ze vroeg me keer op keer of Richard echt niet de dader was en wat ik er van vond. Hoe ik erover dacht, was voor haar erg belangrijk.

In het begin zei ik heel eerlijk tegen haar dat ik het niet meer wist, dat ik twijfelde. Later kon ik zeggen dat ik ook dacht dat hij er niets mee te maken had gehad.

Dan keek ze me ontzet aan en zei ze heel beslist: 'Nee hoor. Voor mij is ie het. Hij moet het gedaan hebben. Hoe bestaat het dat ze hem hebben laten lopen. In wat voor land leven we toch.'

Ik wist niet wat ik dan moest antwoorden. Mijn moedertje kon niet accepteren dat er voor de zoveelste keer een verdachte op vrije voeten was gekomen. Zelfs na een rechtszaak nog wel. Ze had zo gehoopt dat de dader nu eindelijk gepakt was dat ze de mogelijkheid van vrijspraak niet aan kon. Ik liet het maar zo en zei dat ze best mocht denken dat hij wel de dader was.

Mijn moeder was inmiddels 83 jaar. Het bleef erg moeilijk voor me om hier met haar over te praten, ik voelde me keer op keer shit. Ik reed regelmatig naar huis terwijl de tranen over mijn wangen biggelden.

Dossier en foto's

Ik had in het verleden al een paar keer gevraagd of ik inzage in het dossier mocht hebben. Elke keer werd dat steevast geweigerd, omdat het onderzoek naar de moord nog steeds in gang was. Daarom mocht ik geen inzage hebben en die reden kon ik accepteren.

Tijdens het onderzoek naar Richard K. ergerde ik me dood aan het feit dat hij gewoon mappen met informatie in huis had, die hij te allen tijde kon bekijken. Hij was verdachte en ik was de moeder van Andrea, verdorie. Het ging om onze dochter, en hij – een verdachte – mocht zomaar alles inzien? Ja ja, ik weet het, hij moet zichzelf kunnen vrijpleiten en daarom mag hij al die mappen met informatie bekijken. Maar waarom mag ik dat dan niet? Het was voor mij erg frustrerend, maar ik wist ook dat ik er geen barst aan kon veranderen. Nu was de rechtszaak achter de rug en ik probeerde het nog maar eens. De politie gaf toe, en vroeg me wat ik precies wilde zien. Eh, alles eigenlijk. Dat was niet mogelijk, het was een enorm dossier in de loop van de jaren geworden en om alles in te kijken zou ik misschien een paar jaar bezig zijn. Een kamer vol met mappen over de zaak Andrea Luten kun je niet zomaar even doornemen. Dat begreep ik. Dan wilde ik in ieder geval de foto's van Andrea zien, zoals ze gevonden was. Daar gingen ze mee akkoord en we maakten een afspraak wanneer ik in Assen zou komen om ze te bekijken.

Op 15 januari 2003 gingen Roelof en ik samen naar Assen, naar het politiebureau. Daar kreeg ik een map met foto's van Andrea en het sectierapport. Roelof zat met de agente te praten, terwijl ik de foto's bekeek en het sectierapport doornam. Ik wilde weten hoe ze konden zien wat de doodsoorzaak was geweest. Waardoor had de patholoog-anatoom de conclusie getrokken dat ze door verwurging om het leven was gekomen?

Ik had me goed voorbereid en kon daardoor mijn gevoel totaal uitschakelen. Het was een kwestie van 'de knop omzetten', wat ik inmiddels goed onder de knie had. Op dat moment was het net of ik naar 'zomaar iemand' zat te kijken. Ik kon me niet veroorloven om maar één seconde te denken dat het meisje op de foto, dat lichaam, mijn dochter was geweest. Dan zou ik meteen breken en de emoties zouden zonder pardon absoluut de overhand nemen. Dan zou ik ook niet meer in staat zijn om ze onder controle te krijgen, daar was ik me heel goed van bewust. Wat er ook gebeurde, ik zou mezelf goed onder controle houden. Later zou er tijd genoeg zijn om er nog eens over na te denken, en dan met emoties. Die tijd was voor mezelf, als er niemand in de buurt zou zijn, zelfs Roelof niet. Het was goed dat ik de foto's gezien had, het gaf weer een stukje rust en de absolute zekerheid dat het over en uit was. Het was zoals de agenten ons gezegd hadden, het klopte.

Met de belofte dat ik ze altijd nog een keer mocht zien, vertrokken we weer richting huis. Ik wist zeker dat ik ze ooit nog een keer zou bekijken. Wanneer? Geen idee. Ik zou vanzelf voelen als het zover zou komen.

Bovendonk

In januari 2003 ging ik op uitnodiging van drs. van Dijck drie dagen naar Hoeven in Brabant. Ik was uitgenodigd met nog een aantal andere families om een paar dagen te gaan brainstormen en ervaringen uit te wisselen over 'de rol van justitie in het rouwproces van ouders van vermoorde kinderen'.

We waren met een groep van ongeveer tien personen. Al deze families hadden een kind verloren door geweld en de meeste waren uitvoerig door de media gevolgd en beschreven. Roelof bleef thuis, maar vond het prima dat ik alleen daar naartoe zou gaan. De familie Vaatstra was ook uitgenodigd en na overleg met hen, nam ik ze vanaf ons huis mee naar Hoeven in Brabant. Het zou onzin zijn om met twee auto's helemaal naar Brabant toe te rijden.

Bovendonk is een voormalig klooster en ik keek mijn ogen uit. Wat een prachtig gebouw. Tegenwoordig is het een conferentiecentrum, hotel en restaurant. Het is een schitterende locatie en ik heb die paar dagen volop genoten. Die dagen waren er geen andere groepen, alleen onze groep was er en dat vond ik wel prettig. Het gaf me het gevoel dat we alle tijd en ruimte hadden voor onszelf.

Er was een deskundige gespreksleidster, die gewend was om met heftige emoties om te gaan. Al snel maakte ze ons duidelijk dat we allemaal ons eigen verhaal, ons eigen verdriet en pijn hadden en dat er geen erg, erger of ergst bestond in dit verband. Al deze mensen hadden een kind door geweld verloren, en dat was erg. Dat was een heel goede regel. Iedereen knikte instemmend en was het met haar eens.

De inleiding van het thema – de rol van justitie in het rouwproces van ouders van vermoorde kinderen – werd verzorgd door professor mr. Steijn-Franken. We kregen duidelijk op papier hoe het straf(proces)recht in Nederland in elkaar zit en hoe de regels daarvan toegepast worden. Al deze families hadden er al mee te maken gehad of zouden dat hoogstwaarschijnlijk – ooit – nog een keer meemaken. Wij hadden er een klein half jaar geleden ook mee te maken gekregen. Wetten en regels zijn voor de doorsnee mens taaie en moeilijk te lezen en te begrijpen kost, maar het was voor ons juist heel belangrijk om deze regels en wetten te kunnen begrijpen. Ik heb al de grootste moeite met het lezen van een verzekeringspolis, die gooi ik al zo aan de kant. Maar dit was voor ons allemaal erg belangrijke materie. Nu kregen we een duidelijke uitleg wat het verschil was tussen moord, doodslag, zware mishandeling die de dood tot gevolg heeft, dood door schuld en de mogelijke gevolgen daarvan. Ook werd duidelijk wat de taak van de politie is, waar het Openbaar Ministerie voor dient en wat een officier van justitie doet. Daarnaast werd er verteld wat een advocaat voor een dader of voor ons zou kunnen betekenen. Professor mr. Steijn-Franken nam het punt voor punt met ons door. Hij vertelde het op een rustige en kalme manier zodat het voor ons gemakkelijk te begrijpen werd.

Tussendoor was er gelegenheid om ook de ervaringen te vertellen van de verschillende mensen die al met het strafrecht te maken hadden gehad. Daarna nam de gespreksleidster het over en er kwamen verschillende onderwerpen aan bod. Soms ging dat met heftige emoties gepaard, maar dan kreeg de persoon de tijd en ruimte die hij of zij nodig had om weer tot rust te komen.

Het was voor ons geen probleem als iemand even stuk ging, omdat het allemaal heel herkenbaar was. De pijnlijke momenten delen met een ander, je woede, je onmacht en je verdriet. Wij wisten allemaal hoe het voelde en we wisten ook dat er even tijd nodig was om jezelf weer tot de orde te roepen. Iedereen begreep de reacties, de verontwaardiging en de onmacht als iemand zijn verhaal vertelde. Doordat we allemaal hetzelfde hadden meegemaakt, voelden we ons verbonden met elkaar.

In de pauzes gingen we naar buiten om een sigaret te roken. We hadden geluk dat het mooi weer was en het was beslist geen straf om buiten in de kou, maar wel in de zon, te zitten. Toen het de gespreksleidster opviel dat iedereen elke keer snel naar buiten ging, zei ze tegen Van Dijck: 'Er wordt wel veel gerookt, hè?'

Waarop hij haar wat schuin aankeek en antwoordde: 'Ja... Gek, hè?' En hij liep glimlachend naar ons groepje toe om ook een sigaret te roken. Ook hij had een kind verloren. Het kwartje viel, hij hoefde verder niet uit te leggen waarom er zoveel gerookt werd. We hadden allemaal, stuk voor stuk, een heel goede reden om te roken.

De contacten tussen justitie en de nabestaanden waren erg verschillend. Sommigen hadden goede ervaringen, maar anderen hadden heel slechte ervaringen met justitie. Daarom liepen de verhalen nogal uiteen en dat bracht ook de nodige emoties met zich mee. Gelukkig was er ook tijd voor ontspanning. Er was een prachtige binnentuin waar we van konden genieten en we hebben ook een mooie wandeling gemaakt in de omgeving.

Zaterdags om 4 uur in de middag werd het afgesloten met een kring van kaarsjes voor onze verloren kinderen met een minuut stilte. Daarna ging ik met de familie Vaatstra weer terug naar Drenthe. Het weekend stond voor de deur; dat hield in dat er een lange nacht werken voor de boeg stond voor mij. Deze paar dagen hadden me goed gedaan en ik begreep dat we langzaam maar zeker beter en sterker in het leven waren komen te staan.

Gram halen

Nu de rechtszaak een paar maanden achter de rug was, ging Richard K. in de verdediging. Hij ging zijn gram halen door allerlei interviews te geven. Ik kon dat volledig begrijpen, omdat hij nu de kans kreeg om zijn verhaal en zijn gevoel weer te geven. Zijn interviews waren doorspekt met zelfmedelijden, geen enkel moment vroeg hij zich af wat de reden was dat hij als verdachte werd opgepakt.

Het lag allemaal aan de rechercheurs die de zaak onderzochten; hij was er ingeluisd omdat de politie een dader moést hebben volgens hem. Het gevolg was – volgens hem – dat hij bedreigd was met de dood, niet meer naar zijn geboortedorp kon terug keren, zijn huis moest verkopen en zijn baan kwijtraakte.

In de interviews stond niets, maar dan ook niets over zijn gedrag van de afgelopen jaren waardoor hij zelf de verdenking op zich richtte. Het was voornamelijk door zijn eigen houding na de rechtszaak dat de inwoners van Ruinen hem op een afstand hielden. Zijn getreiter in de verschillende cafés en het uitdagende gedrag met kerstmis waren niet onopgemerkt gebleven voor de dorpsbewoners. Daardoor hielden de mensen afstand en voelde Richard zich niet meer welkom in zijn geboortedorp.

Er werd alleen maar gesproken over de – onterechte – verdenking van de moord op Andrea, waarvan hij werd vrijgesproken door gebrek aan bewijs. En voor het gemak werd er niet over gesproken dat hij wel veroordeeld was voor mishandeling van zijn ex-vriendin. Van Richard K. kon ik dat nog een keer begrijpen, ik snapte wel dat hij geen nadelige verhalen over zichzelf zou gaan vertellen, maar wat was er aan de hand met de media? Slordige journalistiek? Of gewoon een 'lekker sappig verhaal' schrijven?

Zo las ik in een artikel in de *Panorama* [4] dat hij 'af en toe

---

[4] Nr. 18, jaargang 2003

wel eens een glaasje te veel op had'. Ronduit slordig geschreven door Martine ter Horst, omdat meneer elk weekend een sloot drank op had; zelden of nooit kwam hij nuchter ons café binnen. Hij zat of stomdronken aan de bar, of hij lag binnen een halfuur zijn roes uit te slapen op een stoel. Wat nou 'af en toe een glaasje te veel op'?

Elke jongeman is wel eens een poosje het richtinggevoel kwijt en daardoor dwars of opstandig. Maar niet elke jongeman had dan zo weinig verantwoordelijkheidsgevoel als Richard K. Ook wil het niet zeggen dat elke uit de koers geraakte jongeman zijn vriendin behandelt als een stuk vuil. Mannen die op deze manier met vrouwen omgaan, zijn voor mij geen knip voor de neus waard. Al dan niet onder invloed van drank. Laat duidelijk zijn dat drank geen excuus hiervoor is.

Richard was hardleers, zeker wat de alcohol betrof. Deze paar jaren zullen ongetwijfeld een grote invloed op zijn leven hebben gehad.

Schadeclaim en vergoeding

Advocaat S. Jansen hielp Richard om een schadeclaim in te dienen voor het onterecht vastzitten en de schade die hem dat opgeleverd had. Deze keer geen Bram Moszkowicz. Hij eiste in april een schadevergoeding van 134.000 euro, waarvan 12.000 euro voor Moszkowicz. Twee weken later werd hem een bedrag van bijna 50.000 euro toegekend.

Richard had in totaal 129 dagen vastgezeten, waarvan 42 dagen in afzondering. Het dagtarief was toentertijd 95 euro voor het vastzitten met beperking en 70 euro voor het vastzitten zonder beperking. De rechtbank vergoedde hem deze dagen drie keer het normale tarief. De rest van het bedrag dat hij kreeg was voor inkomstenderving en advocaatkosten. Toch een leuk bedrag voor 129 dagen, ruim vier maanden. Maar natuurlijk is het niet fijn om dat op deze manier te ontvangen, dat kan iedereen snappen. Daarom is het ook terecht dat hij dit bedrag ontvangen heeft.

De heer S. Jansen had in een interview gezegd dat Roelof Richard een 'paar maal klem gereden' had. Niet een paar maal, precies op de kop af één keer, meneer Jansen. Dat was het weekend tussen kerst en oud en nieuw van 2002. Raar dat de advocaat van Richard dit soort uitspraken deed. Je mag toch wel een beetje correctheid van een advocaat verwachten? Hij was duidelijk niet op de hoogte. Of hij sloeg er maar een slag naar om indruk te maken of om op deze manier meer geld eruit te kunnen slepen? Slordig van de advocaat. Of was dit een slim plannetje van hem?

Herdenking

Vriend en collega Klaas Frens Luning had al vaker aangegeven dat hij heel graag iets wilde organiseren ter nagedachtenis aan Andrea. Hij had haar goed gekend en vond haar een spontane en levenslustige meid die aan het begin van haar leven stond. Tot dan toe hadden we zijn wens telkens afgewezen, ondanks dat we zijn idee om Andrea te herdenken erg konden waarderen.

Nu was het tijd om eraan toe te geven. Het was tien jaar geleden dat Andrea vermoord was. Klaas Frens kwam bij ons en legde ons wat ideeën voor om iets te organiseren. Zo opperde hij het idee om een stille tocht te organiseren.

Roelof en ik wilden dit niet, omdat we bang waren dat dit gevolgen zou kunnen hebben voor de inwoners van Ruinen. Ik zag het al voor me, mensen die zouden kijken wie er mee zou lopen in de stille tocht. De mensen die mee zouden lopen, waren dan natuurlijk voor het 'kamp Luten'. Zouden ze niet meelopen, dan zouden ze voor het 'kamp Richard K.' zijn. Een stille tocht zou veroordelingen bij de bevolking van Ruinen kunnen geven en dat moesten we zien te voorkomen. Ogenschijnlijk waren de gemoederen in het dorp rustig geworden, maar de onrust sluimerde aan de oppervlakte en dat wilden we niet naar boven halen.

We wilden niet dat de mensen het gevoel zouden krijgen dat ze een keus zouden moeten maken; we wilden de zaak niet laten escaleren. Daar zat niemand op te wachten. Klaas Frens was blij dat we er nu – na tien jaar – voor open stonden om iets moois door hem te laten regelen. Uiteindelijk heeft hij een heel waardige en sobere herdenking georganiseerd.

Dat jaar vielen 10 en 11 mei op zaterdag en zondag en het was prachtig weer. Klaas Frens had een grote foto van een lachende Andrea op vlagdoek laten drukken. Dat kwam in een raamwerk op de Brink te staan, omgeven door fakkels. Er werden bloembakken en vuurkorven op de Brink neergezet en er lag een gedenkboek waar mensen hun naam in konden zetten of waar ze een klein berichtje in konden schrijven.

Vanaf 1993 waren 10 en 11 mei dagen dat we ons café gesloten hielden. We zouden nooit meer op die dagen kunnen werken, dat was voorgoed voorbij. Die twee dagen trokken we ons terug, wilden we geen bezoek ontvangen en konden we geen leuke dingen doen. We brachten bloemen naar de urnenmuur en legden bloemen in het bos waar Andrea gevonden was.

Ook dit jaar bleven we in huis en gingen pas in de avond, toen het al donker was, naar de Brink. We konden niet eerder gaan, omdat het een herdenking voor Andrea was. Als wij erbij zouden zijn, zou de belangstelling – heel waarschijnlijk – naar ons uitgaan en dat wilden we beslist niet. Deze dagen waren alleen voor Andrea bedoeld, zij verdiende alle aandacht.

Op beide avonden speelde er een paar uur een doedelzakspeler zijn lied over de Brink. De grote foto van Andrea, een zee van witte rozen die in bakken stonden of op de grond voor de foto lagen, de brandende fakkels en vuurkorven, de klanken van de doedelzak. Het was adembenemend. We werden er stil van. Mijn nichtje Saskia zei: 'Dit is kippenvel, echt.' Wat een eerbetoon, wat een respect sprak hier uit. Geweldig. Dit was een ongelooflijk respectvol gebeuren en dat allemaal voor onze lieve dochter Andrea. Het kostte me veel moeite om mijn tranen in bedwang te houden. Klaas Frens was terecht trots; hij had hier zijn hart en ziel in gelegd en het was een indrukwekkende herdenking geworden. Doordat het die beide dagen prachtig weer was, kwamen er veel mensen speciaal naar Ruinen om stil te staan bij de herdenking van Andrea. Bijna tweeduizend mensen hebben dat weekend de Brink bezocht, witte rozen neergelegd of in het gedenkboek geschreven. De aangrijpende stukjes tekst, hartverwarmende woorden vanuit het hele land, deden ons erg goed. Nu, na zoveel jaren, kost het me nog heel veel moeite om deze berichtjes te kunnen lezen zonder een traan te vergieten.

Rechtenstudent

In augustus 2003 begon Richard K. aan zijn studie rechten in Groningen. Hij had inmiddels ook in Groningen zijn woonplaats gevonden. Richard kwam er eerlijk voor uit dat wraak een van zijn drijfveren was om aan deze studie te beginnen.

Volgens een artikel in *Dagblad van het Noorden* was hij ervan overtuigd dat er valsheid in geschrifte was gepleegd, dat er ontlastend bewijs was achtergehouden en dat er getuigen waren beïnvloed. Hij wilde dat soort praktijken een halt toe roepen. Als dat de werkelijke reden was, dan had hij een belangrijk doel voor ogen waar veel mensen bij gebaat zouden zijn als hij dat zou kunnen bereiken. Hij wilde ook de opgedane kennis gebruiken in zijn juridische strijd tegen de twee rechercheurs die samen het cold case team in de zaak Luten vormden. Hij wilde op een nette manier aantonen dat hij niet zo lang in voorarrest zou hebben gezeten als zij de waarheid op papier hadden gezet. Dat was zijn mening, maar het was een goed initiatief van Richard K. Ik wist zeker dat hij geschikt was om advocaat te worden. Hij had er de hersens voor en de juiste mentaliteit. Ik hoop vooral dat hem duidelijk is geworden dat hij zelf verantwoordelijk is voor het grootste deel van zijn leven. De juiste keuzes maken en eerlijk handelen kunnen je uiteindelijk veel ellende besparen. Ik hoopte dat hij door deze studie zijn leven wat meer richting zou kunnen geven. In 2012 heeft hij zijn studie met succes afgerond en hij is momenteel werkzaam als advocaat. Ik hoop dat hij zijn ervaring als verdachte in een moordzaak achter zich kan laten en misschien zelfs kan gebruiken in zijn verdere loopbaan als advocaat.

Een stapje verder

In diezelfde maand – augustus 2003 – besefte ik opeens dat ik niet meer elke week naar de urnenmuur hoefde te gaan. Al die voorgaande jaren voelde ik de drang om op die manier als het ware toch nog 'voor Andrea te zorgen' en ik had het gevoel dichter bij haar te zijn. Het was geen kwestie van naar de urnenmuur te wíllen gaan. Nee, ik moést daar naartoe. Elke week ging ik daarom verse bloemen brengen. Het gaf me troost en rust.

Toen ik daar weer een keer was om bloemen te brengen, besefte ik opeens dat er wat was veranderd. Andrea zat in mijn hart en in mijn hoofd. Er ging nog steeds geen dag voorbij zonder dat ik aan haar dacht. Niemand zou dat kunnen veranderen. Maar ik hoefde niet meer elke week naar haar urn toe. Als ik dit nog twintig jaar zou volhouden, zou het een blok aan mijn been worden en dat hoefde niet. Ik hoefde mezelf niet die 'plicht' op te leggen, ik zou mezelf tekort doen en belemmeren in mijn leven en dat was nergens voor nodig. IK was de baas over mijn eigen leven, over mijn tijd en invulling, zonder verplichtingen aan het verleden.

Het voelde als weer een stukje vrijheid dat ik had veroverd. Ik besefte opnieuw dat ik zelf de regie over mijn leven had, dat ik niet aan het verleden vast hoefde te houden door de angst om 'te vergeten'. Ik zou mijn meisje nooit kunnen vergeten. Ik kon haar weer een stukje loslaten zonder me schuldig te voelen. De acceptatie van het verlies van Andrea was weer een stukje gegroeid. Ik kreeg weer een stukje van mijn leven terug en het voelde goed.

In oktober 2003 overleed plotseling de vader van Roelof. Hij werd dood op zijn bed gevonden door de zus van Roelof. Ook mijn schoonvader heeft niet meegemaakt dat de moord op Andrea werd opgelost.

Knop om

Ongeveer een maand later zat ik even rustig in het café naar het nieuws te kijken. Roelof was aan het werk achter de bar en zat te praten met een paar klanten. Ergens in Brabant was er weer een jongen doodgeschopt op straat, na een avondje stappen. Op dat moment ging er een knop om bij me. Ik had het helemaal gehad met al dat geweld. Weer een onschuldige tiener die om het leven werd gebracht door een stelletje onnadenkende pubers die last hadden van een hoop frustratie. Weer een familie in de ellende voor de rest van hun leven. Weer een stille tocht. Het leek wel of het steeds vaker gebeurde. Of lag dat aan het feit dat de media er steeds meer aandacht aan besteedden. Dat was ook niet belangrijk. Wat veel belangrijker was, was het feit dat er weer iemand onnodig was vermoord.

'Ik ga wel weg uit dit rotland. Bah, de wereld is groot genoeg en bestaat niet alleen uit Nederland', zei ik boos. Roelof en de klanten keken me verwonderd aan, maar zeiden niets. Ik ging naar boven en startte de computer op. Ik begon me te verdiepen in een leven in een ander land, in wat een ander land ons kon bieden. Een oud-collega en vriendin was getrouwd met een Spanjaard en woonde inmiddels al jaren in Spanje met haar gezin. In december 1993 waren we min of meer gevlucht naar haar om daar de jaarwisseling door te brengen. Ik had haar al verschillende keren opgezocht wanneer ik op vakantie was. Ik kende een beetje Spaans en kon me zodoende redelijk redden met de taal.

Het was eind 2003 en er was nog geen sprake van een crisis. De prijzen van de huizen in Spanje waren schrikbarend hoog, dus ik was daar snel uitgekeken. Spanje kon ik vergeten, dat was niet haalbaar voor ons. Portugal misschien, maar daar had ik verder niet zoveel mee. En ook daar was ik na een paar weken op uitgekeken. Dat zou niks worden.

Roelof dacht eerst dat het met een paar dagen over zou zijn bij mij, maar na een tijdje begreep hij dat het menens was. Hij gaf toen aan dat hij in ieder geval naar een land wilde waar een warmer klimaat heerst dan in Nederland. Hij wilde niet naar de noordelijke landen waar ze lange winters en korte zomers hadden. De dagen waren daar te kort en de nachten te lang.

Ondertussen was ik in mijn zoektocht aangekomen bij Midden-Amerika. Ik kreeg contact met een Nederlands echtpaar dat daar al jaren een bed & breakfast runde in Costa Rica. We mailden een tijdlang en ik kreeg allerlei nuttige informatie, aanvullend op wat ik kon vinden op het internet. Uiteindelijk werd het niks, omdat ik het toch te ver weg vond en vliegen beslist niet mijn hobby is. Als ik naar een ander land wilde, moest het wel het liefst bereikbaar zijn met de auto. Maar ik gaf niet op, ik ging gewoon verder zoeken in andere landen in Europa.

In februari was justitie weer van alles aan het omgooien. Het Landelijk Team Kindermoorden – dat ruim drie jaar had gefunctioneerd – werd opgeheven. Daarvoor in de plaats kwam nu een landelijk officier van justitie voor onopgeloste moordzaken. Deze nieuwe aanklager zou zich bezig gaan houden met de coördinatie van de cold cases, de onopgeloste moordzaken die bijna verjaard waren, en hij zou nauw gaan samenwerken met de politie en het Nederlands Forensisch Instituut in Rijswijk.

Op 26 april kregen we bezoek van de politie, die ons vertelde dat de politie van Friesland nu het tactische deel van het onderzoek voor haar rekening nam en de Groningse politie zou het technische gedeelte voor haar rekening nemen. Er zouden weer nieuwe mensen naar alle onderzoeken gaan kijken, een zogenaamde *review*, om mogelijke fouten uit te sluiten en nieuwe aanknopingspunten te kunnen ontdekken. Het was natuurlijk prima dat ze ons dat kwamen vertellen, maar ik deed er verder niets mee. Ik kón er ook niets mee, ik hoorde het als een mededeling aan. Ik vond het allemaal goed, maar ik kreeg het gevoel dat half Nederland al bezig was geweest met het onderzoek naar de moord. De man die Andrea vermoord had, was nog steeds niet in zicht. Waar zat die *creep?*! Waarom liep hij nog steeds niet tegen de lamp?

Ik zou hem ook nog steeds zomaar tegen kunnen komen. Ergens op straat, of in een winkel, of bij een feestje. Hij kon gewoon zijn leven leiden. Alles doen waar hij zin in had, niemand die hem een strobreed in de weg legde. Zou hij inderdaad zomaar zijn leven kunnen leiden? Zou hij niet elke dag aan Andrea moeten denken? Aan wat hij aangericht had op 10 mei 1993? Het was om horendol van te worden. Ik haatte die vent tot in mijn tenen.

Gelukkig lag het dossier van Andrea niet ergens in een vergeten hoekje. Nog steeds probeerde de politie om de werkelijke dader te vinden. Ooit moest dat toch een keer lukken?

De paragnosten hadden allemaal zonder twijfel gezegd dat het een keer opgelost zou worden, maar ook dat de oplossing als een donderslag bij heldere hemel zou komen. Andrea had me keer op keer gezegd dat ik geduldig moest zijn. En ook: 'Oma komt eerst.' Dat was een heel dubbele gedachte.

Ik wilde graag mijn moeder nog jaren bij me houden, maar aan de andere kant wilde ik ook dolgraag dat de moord eindelijk eens opgelost zou worden. Als ik deze gedachten in mijn hoofd kreeg, kwam ik in de knel. Als ik graag wilde dat de moord op Andrea opgelost zou worden, dan moest eerst mijn moeder sterven. Ik blokte meteen die gedachten, want het voelde dan alsof ik wenste dat mijn moeder zou sterven. Moeilijk, moeilijk... Wat een dilemma. Ik moest wel geduld hebben en het leven op zijn beloop laten.

Dus heren van de politie, ga opnieuw aan de slag en zoek de man die dit allemaal op zijn geweten heeft. Geef ons de oplossing het liefst voordat mijn moeder ons alleen zou moeten laten. Bewijs alsjeblieft dat jullie het kunnen.

DNA

Na ruim elf jaar was de ontwikkeling van DNA zo ver gevorderd dat de politie nu het DNA van vijftig mannen wilde onderzoeken die in de onmiddellijke nabijheid van Andrea waren geweest. In de eerste week van september 2004 werd begonnen met dit DNA-onderzoek. Ook het DNA van Roelof werd afgenomen. Wij vonden het niet meer dan logisch en hadden er geen enkele moeite mee.

Veel klanten van het café vertelden ons dat ze opgeroepen waren om vrijwillig DNA af te staan en ook zij hadden er geen moeite mee. Nee natuurlijk niet, waarom zou je daar moeite mee moeten hebben? Alleen mensen die iets op hun kerfstok hebben, zijn bang voor afname van hun

DNA. Hebben die mensen soms wat te verbergen? Waar zijn ze zo bang voor?

Het onderwerp DNA kwam regelmatig aan bod op de televisie. In de praatprogramma's had iedereen daar zo zijn mening wel over. Diegenen die het hardst schreeuwden, haalden er allerlei – in mijn ogen – domme argumenten bij, om maar vooral duidelijk te maken dat DNA inbreuk op hun privacy was.

Stel je voor dat iemand een haar van je zou pakken en daarna een moord zou gaan plegen. Tjonge jonge zeg, dan heb je toch wel een grote fantasie. Dan schoot ik bijna in de lach. Wat nou privacy?

Mobiele telefoons, bankpassen, navigatiesystemen. Allemaal apparatuur waar je privacy dagelijks mee 'geschonden' wordt. Maar ja, daar zit natuurlijk een heel stuk eigenbelang bij. Stel je voor dat je je telefoontje moet inleveren, dat is pas lastig. Of je moet opeens vanuit Drenthe naar de binnenstad van Rotterdam zonder navigatiesysteem. Oei, ook niet zo handig. Dan moet je eerst weer een wegenkaart kopen en aan mensen naar de weg vragen. Kom zeg, waar gaat dit over? Alleen egoïstische of foute mensen hebben hier moeite mee. Normaal denkende mensen begrijpen tenminste waar het over gaat en werken zonder problemen mee. En dan te bedenken dat ze het afgenomen DNA alleen maar gebruiken voor vergelijking met het DNA dat gevonden is op het lichaam van het slachtoffer, in dit geval dus Andrea. Nergens anders voor. Het wordt niet in een DNA-databank opgeslagen. Was het maar waar!

Ik stel voor dat bij elke baby die geboren wordt, meteen het DNA vastgesteld wordt. Nu krijgen alle baby's toch al een hielprikje als ze geboren zijn, dan kan het DNA ook meteen mooi vastgesteld worden. Het kost een beetje extra en kan alleen maar voordeel opleveren, lijkt me. Het scheelt een hoop gezeur en het kan misschien veel mensen behoeden voor misstappen. Ze zullen wel uitkijken om rottigheid uit te halen, omdat met één druk op de knop hun DNA-profiel zichtbaar zal worden. Het zou nu in ieder geval veel onopgeloste misdrijven kunnen oplossen. Dat is zeker. Misschien is dit een goede oplossing om de stijgende misdaadcijfers naar beneden te krijgen. Van mij mag het. Iedereen wil graag dat het veiliger wordt, maar met de huidige manier van werken loopt de politie telkens twee stappen achter de vooruitgang van de misdaad aan. Dat schiet dus niet op. Toch ben ik ervan overtuigd dat binnen afzienbare tijd iets dergelijks als normaal gezien gaat worden.

De tijd begon voor ons te dringen, als het op 'doodslag' zou uitdraaien, dan hadden we nu nog ongeveer vier jaar de tijd om de moordenaar van Andrea te vinden. Daarna zou het verjaard zijn. Op dat moment was de verjaringstermijn voor doodslag vijftien jaar, en voor moord achttien jaar. Als het bewezen kon worden dat ze vermoord was, dan hadden we nog iets meer tijd. Ik werd knap onrustig van dit soort gedachten en hoopte vurig dat de dader op tijd gevonden zou worden, of dat de verjaringstermijn voor deze misdaden afgeschaft zou worden.

Király-Tér

In november 2004 kwam Roelof zijn maatje Tjacco enthousiast binnen, en vertelde dat zijn zus in Hongarije een huis had gekocht.

'Daar moet je eens gaan kijken Lammi, daar zijn de huizen goedkoop', zei hij.

'Dat moet je tegen hem zeggen, ik weet dat wel', en ik wees naar Roelof.

Tjacco en Roelof bleven met z'n tweeën doorpraten en fantaseren over Hongarije en na een paar uur stelde ik voor dat ze er maar eens moesten gaan kijken. Dat leek hen een goed plan.

Begin januari 2005 gingen Roelof, Tjacco en Geert – de vriend van Roelof – voor een paar dagen huizen kijken in

Hongarije. Ik had ondertussen een afspraak gemaakt met een Nederlandse makelaar die daar werkte. De eerste dag reed de makelaar met hen rond, maar de tweede dag moest hij voor een kleinigheid naar het ziekenhuis en de mannen gingen kaarten in het hotel bij gebrek aan vervoer. De vrouw van de makelaar kwam binnen en stelde voor dat ze haar thuis zouden brengen, dan zouden de mannen met haar auto zelf kunnen gaan kijken in de omgeving. Zo gezegd, zo gedaan.

Toen ze bij het huis van de makelaar aankwamen, keken Roelof en zijn vrienden hun ogen uit. Het was een prachtig landgoed, zelfs in de winter en met mistig weer. De vrouw van de makelaar liet hen haar huis zien en ook de twee gastenhuizen die op het terrein stonden. Na de rondleiding vertelde ze dat het te koop was. Voor de prijs moest hij bij haar man zijn, maar ja, die lag in het ziekenhuis in een stad 30 km verderop. Dat was geen probleem, de drie Nederlanders gingen op zoek naar een ziekenhuis en vroegen in het Engels of de makelaar daar was. Nee dus. Maar er waren meer ziekenhuizen in de stad en bij het volgende ziekenhuis was het raak. De makelaar was stomverbaasd toen hij de mannen binnen zag komen. Hij noemde de prijs die hij voor het landgoed wilde hebben en Roelof overlegde met hem dat hij misschien terug zou komen samen met mij.

Toen ik ze ophaalde van de trein, kon Tjacco het niet meer voor zich houden en liet me een folder zien.

'Hé, hoe vind je dit? Misschien ga jij daar wel wonen', zei hij tegen me. Ja hoor natuurlijk, dacht ik.

Thuis vertelde Roelof hoe het in elkaar zat en wat ze meegemaakt hadden. Het zag er heel mooi uit en het was financieel ook haalbaar voor ons. Dit wilde ik wel even beter bekijken.

Daarom vertrokken we op 31 januari in onze auto - automaat en met zomerbanden - naar Hongarije. Ik was bang voor sneeuw onderweg, ook omdat we met zomerbanden reden. Het ging goed, tot we in Hongarije kwamen. Toen begon het licht te sneeuwen en we moesten nog 250 kilometer. Toen we Boedapest voorbij waren, werd het pas echt vervelend. De weg was nu helemaal besneeuwd en de auto was nauwelijks nog bestuurbaar. Na een paar uur kwamen we eindelijk bij het hotel aan in Cegléd. De volgende ochtend gingen we naar het landgoed Király-Tér. De wegen waren nu redelijk schoon, het zonnetje scheen en er lag een hoop sneeuw. Het was een prachtig winters plaatje. Ik was ondertussen razend nieuwsgierig hoe het er uit zou zien. Király-Tér lag 120 meter van de verharde weg en in de bossen.

Het zag er prachtig uit, nog mooier dan op de folder die ik had gezien. Nadat we de huizen bezichtigd hadden, ging ik eens rustig 'voelen' wat deze plek bij me deed. Het voelde goed. Hier zou ik best kunnen wennen en kunnen wonen. Het moest maar doorgaan. Ik hoefde niet meer te zoeken naar een mooi plekje in een ander land waar we een aantal jaren zouden willen verblijven. We hadden onze plek gevonden. We kwamen tot een overeenkomst en we gingen met een tevreden gevoel weer richting Nederland. Deze keer ook weer met sneeuwbuien.

Tegen de tijd dat we de boel geregeld hadden om de koop te bevestigen, was het al bijna mei. Door allerlei omstandigheden kregen we het niet eerder voor elkaar dan op dinsdag 10 mei – precies twaalf jaar na het overlijden van Andrea – de handtekening te zetten in Hongarije. Zoiets kun je onmogelijk verzinnen, maar ik vond het wel heel bijzonder dat het zo ging.

Vanaf die dag gingen we elke zomer, zo vaak als het mogelijk was, voor een week ernaartoe. In het begin reden we na het werk op de zondag meteen richting Hongarije. Roelof had dan al uren geslapen en was fit genoeg om te kunnen rijden.

Als we in Hongarije waren, hadden we veel te doen. Er was een grote tuin bij die onderhouden moest worden en in de huizen moest natuurlijk ook nog veel gebeuren.

Op vrijdag stapten we dan al weer vroeg in de auto om richting Nederland te gaan, omdat we diezelfde avond weer in het café gingen werken. Tjacco deed in die week het werk in het café, hij vond het prachtig om een poosje voor kastelein te spelen. De klanten vonden het ook een goede oplossing, dus iedereen was tevreden.

Later gingen we van maandag tot de vrijdag van de week daarop naar Hongarije. Het was minder hectisch en het gaf ons meer tijd om de klussen in Hongarije te kunnen doen. Tjacco vond het helemaal mooi dat hij nu ook een heel weekend achter de bar mocht staan. Het was een prima regeling, voor ons en voor Tjacco. Op die manier konden we toch vier of vijf keer anderhalve week in Hongarije bivakkeren. Ik was vooral heel veel bezig met het onkruid wieden, maar het was heerlijk om de hele dag in de buitenlucht te werken. Roelof ontdekte dat het Hongaarse klimaat bijzonder goed voor zijn reuma was. Hij had minder pijn en kon meer dingen doen. Het klimaat beviel ons beiden zeer goed. De manier van leven was totaal anders dan in Nederland. Het leek wel of de mensen hier meer tijd hadden. Niemand scheen zich druk te maken om wat dan ook. Een heel verschil met de hectiek en stress van Nederland. Het was dan ook bijzonder prettig om in Hongarije te zijn, we konden ons daar goed ontspannen.

Mijn moeder wilde het huis ook graag zien en na overleg met haar arts kreeg ze toestemming om te gaan. Ik moest wel om de twee uur tien minuten lopen met haar. In september 2005 zijn we vertrokken, en we deden er twee dagen over om er te komen. Mijn moeder vond het prachtig, voelde zich erg goed en genoot met volle teugen. Ook zij had minder last van haar kwaaltjes. Het was de enige keer dat ze op Király-Tér is geweest. Maar nu wist ze in ieder geval wel waar ik het over had in de gesprekken met haar. Ze had het gezien en begreep heel goed dat we daar graag naartoe gingen.

Opnieuw DNA en verjaringstermijn

In september 2005 kwam er nog een DNA-onderzoek naar de moord op Andrea. Precies een jaar daarvoor, in september 2004, hadden ze vijftig mannen opgeroepen om vrijwillig deel te nemen aan een DNA-onderzoek. Eerst konden ze maar vier zogenaamde merkers van het DNA identificeren, nu waren ze zover dat ze al veertien merkers konden identificeren. Een hele vooruitgang om een goede match te krijgen.

Nu ging het om ongeveer driehonderd mannen van wie ze het DNA wilden onderzoeken. Wij vonden het prima, hoe meer hoe liever. Hoe groter de kring van onderzoek, hoe meer kans op een DNA-match. Er kwam weer wat hoop op een treffer, maar deze hoop was van korte duur. Er zat weer geen treffer bij. Dat leverde mij weer een rotdag op.

Maar op 6 september 2005, kwam er een goed bericht binnen. De verjaringstermijn voor moord en andere ernstige misdrijven waarop een levenslange gevangenisstraf stond, zou worden afgeschaft. Yes! Eindelijk, nu hadden we meer tijd.

Tot dan toe kon iemand die een moord gepleegd had, na achttien jaar niet meer vervolgd worden. Voor doodslag was dat vijftien jaar. En we vermoedden dat de moord op Andrea ook onder doodslag zou kunnen vallen. Na de achttien of vijftien jaar zou de moordenaar vrijuit gaan en niet meer veroordeeld kunnen worden. Het was inmiddels al twaalfenhalf jaar geleden dat Andrea was vermoord, dus de tijd begon te dringen. Nu hoefden we ons daar tenminste geen zorgen meer om te maken. Zou het nu eindelijk eens wat meezitten?

November 2005

Hallo Lammi,

Je wilt een streep onder de "geschiedenis" zetten?
Er zijn kennelijk nog mensen die het niet opgeven, jij wel?
http://wievermoordeandrea.punt.nl

Met vriendelijke groeten,
Geert.

Dit mailtje met als afzender 'Geert Aalders' en als onderwerp 'geschiedenis' zag ik in mijn postvak zitten toen ik de computer aanzette op dinsdag 22 november 2005. Wie was in vredesnaam Geert Aalders? Kende ik hem? Ik pijnigde mijn hersenen om te bedenken of ik die persoon in mijn leven ontmoet had en waar misschien. Er waren zoveel mensen die ik ontmoet had in de afgelopen jaren en er was zoveel gebeurd, ik wist het niet.
Uiteindelijk ging ik ervan uit dat ik Geert Aalders ergens wel een keer gesproken zou hebben en ik bekeek de site die hij noemde. Ik had het beter hierbij kunnen laten, en het was nog beter geweest als ik helemaal niks meer van me had laten horen. Het was een provocerend stukje op die site en het was ondertekend met: 'broertje van'.
Het was het begin van een *hate site*, waar ik tot dan toe nog nooit van had gehoord. Maar ik reageerde wel en gaf Geert Aalders dus antwoord:

Hoi Geert,

Ken ik jou? (ben niet zo goed in het onthouden van namen en gezichten, sorry)
Ik heb het gelezen en mijn mond valt open van verbazing...
Weet jij wie dit gemaakt heeft?
Zou wel even willen babbelen met deze persoon.

En om te antwoorden op jouw vraag... NEE, IK GEEF HET OOK NIET OP!!!

101

Ik zal hem even een mailtje sturen.
Bedankt voor de tip!

vr.gr. Lammi.

De weblog – wievermoordandrea.punt.nl – begint met: 'Ruinen heeft het opgegeven lijkt het. De politie heeft het onderzoek naar de moord op Andrea definitief afgesloten. De ouders, Roelof en Lammi, hebben het opgegeven. Hoe kun je ooit opgeven als je dochter is vermoord. Heel veel moorden worden gepleegd door een naast familielid, een vriend of op zijn minst een bekende van het slachtoffer. Wie gaat met mij de uitdaging aan om Roelof en Lammi uit te sluiten als daders?'

Dit was het begin van een lange en smerige discussie op het internet. Ik begreep al snel dat ik met open ogen in de val was getrapt, die de maker van deze site had opgezet. Het was namelijk de bedoeling dat ik zou reageren.

Het geplaatste stuk op de weblog was ondertekend met 'broertje van'. Ik daagde 'broertje van' uit om voor de dag te komen en te vertellen wie hij was en waarom hij deze site begonnen was. Natuurlijk kreeg ik daar geen antwoord op. 'Broertje van' deed voorkomen of hij werkelijk was geïnteresseerd in wie Andrea vermoord had. Maar hij liet doorschemeren dat hij wist wie de dader zou zijn. Het maakte me woedend.

Maar 'broertje van' ging gewoon door met zijn verdachtmakingen. Hij schreef onder andere met de verwijzing naar Roelof en mij: 'Ik ben kwaad omdat de politie weigert deze mensen uit te sluiten als dader, terwijl heel veel aanwijzingen in hun richting wijzen'.

'Broertje van' was goed in verdachtmakingen, maar met harde bewijzen aankomen deed hij niet. Elke keer vroeg ik hem om te bewijzen dat wat hij zei waar was, maar natuurlijk deed hij dat niet, doodgewoon omdat er geen harde bewijzen waren! Als iemand rechtstreeks het gevecht met me aangaat, prima. Liever niet, want wat heb je er uiteindelijk aan. Maar als het moet, dan moet dat maar, en dat ga ik niet uit de weg. Maar dit was zoiets als tegen een onzichtbare vijand strijden en ook nog op een voor mij totaal onbekend terrein! Al snel liet ik uit pure frustratie mijn internet contacten weten wat er aan de hand was. Dat had een sneeuwbaleffect. En wel op een manier die ik nooit voorzien had. In no-time kwamen er van alle kanten reacties op de site te staan, en iedereen had zo zijn mening. Ik was niet de enige die zich afvroeg wie hier achter zat, en menigeen vroeg rechtstreeks aan 'broertje van' om zich bekend te maken.

'Broertje van' trok onze onschuld in twijfel. Vooral Roelof probeerde hij in een kwaad daglicht te stellen. Ik werd er behoorlijk nijdig om en ik kon er geen afstand van nemen. Elke keer ging hij een stapje verder, en de reacties waren niet van de lucht.

'Broertje van' vond het ook heel verdacht dat Roelof op 10 mei 1993 – de dag dat Andrea vermoord werd – niet te bereiken was. Misschien was Roelof tóch niet zo onschuldig als wij altijd deden geloven. Hij wist er vast meer van.

Hij beschuldigde Roelof – nog – niet openlijk daar keek hij wel voor uit, maar suggereerde dat hij er vast wel mee te maken zou hebben. In 1993 waren er nog lang geen mobieltjes, dus als je geen vast plan had, was je inderdaad niet te bereiken. Dat was normaal in die tijd. Het was de vrije dag van Roelof, dus hij had alle tijd van de wereld om zijn eigen dochter om te brengen volgens 'broertje van'.

Wat had hij die dag gedaan? Waar was hij geweest? Tja, vraag het even aan de politie. Misschien dat wij diegenen waren waarvan de politie het allereerst wist hoe onze dag eruit had gezien? Tot in detail?

Er kwam een stortvloed aan reacties van mensen die ons steunden, maar ook van onbekenden die dachten dat 'broertje van' wel eens gelijk kon hebben met zijn onruststokerij. Elke dag was er een hele reeks van meldingen op de site wievermoordeandrea.punt.nl.

Ik zat me op te vreten, wat zijn dit voor mensen die dit organiseren? Wie verzint zoiets? Ik kon er met mijn verstand niet bij dat er mensen waren die dit 'voor de lol' zouden kunnen doen. Het werd een idiote toestand, maar omdat 'broertje van' onze onschuld – en met name die van Roelof – in twijfel trok, kon ik het niet negeren. Ik voelde zoveel woede, maar vooral ook heel veel onmacht. Toen ik Roelof van deze dingen op de hoogte bracht, haalde hij zijn schouders op en zei: 'Ze bekijken het maar. Maak je er niet druk om, laat ze toch.'

Natuurlijk had hij gelijk, maar ik kon niet verdragen dat er iemand, op internet nota bene, wat iedereen kon lezen, Roelof beschuldigde van een eventuele medeplichtigheid aan de moord op onze dochter Andrea. Wie dacht 'broertje van' eigenlijk wel dat-ie was? Wat hij over mij te vertellen had, vond ik minder belangrijk. De meeste mensen dachten dat 'broertje van' Richard K. was. Ik dacht dat in het begin ook. Richard K. werd door anderen rechtstreeks gevraagd of hij de maker van de site was. Richard, en zijn broer Bert, gaven duidelijk aan dat zij hier niets mee te maken hadden. Ik was daar blij om; het zou heel vervelend zijn als zij er wel bij betrokken waren.

Ik ben een leek op het gebied van computers en had geen idee wat er allemaal mogelijk was. Maar opeens kreeg ik hulp uit onverwachte hoek. Er gingen zich mensen mee bemoeien die wél verstand van computers hadden en die mogelijkheden hadden om bepaalde dingen uit te zoeken. Ik kende die mensen niet, maar was dolblij met hun hulp. Zo was er Jacob, die een kei was in dingen uitzoeken en mensen natrekken. En *Undercover* was ongetwijfeld de belangrijkste hulp. Het was een man die absoluut onbekend wenste te blijven, maar hij was een goochelaar met computers. En dat kwam goed van pas.

Het mooie was dat ze prima konden samenwerken; het maakte dat ze een perfect team waren om 'broertje van' tegenstand te bieden. Deze twee mannen, mijn vriendin Ivanka, Mieke – ook een moeder die haar dochter door moord had verloren – en ikzelf werden met z'n vijven een hecht team dat probeerde weerstand te bieden aan de golf van beschuldigingen en verdachtmakingen op het internet.

Op de weblog werd het meer en meer met modder gooien. De toon werd beledigend, kwetsend en soms beschuldigend. De toon werd harder. Mensen die nog nooit van de moord op Andrea hadden gehoord, hadden opeens een haarscherpe mening. Ongelooflijk, hoe dom kun je zijn? Omdat iemand zomaar wat in het wilde weg roept zonder enig bewijs, geloof je dat? Waar is op dat moment het nuchtere en heldere verstand van zo iemand gebleven? Zorg er eerst eens voor dat je van de feiten op de hoogte bent, voordat je laat zien dat je over een laag IQ beschikt.

Bertus de Vries was ook iemand die berichten ging plaatsen op de site. Hij ging mijn boek uitgebreid 'ontleden'. Maar dan wel op een negatieve manier. Een van zijn eerste reacties:

> Stel je voor, je dochter is vermist sinds 16.00 uur die middag, de politie is al ingeschakeld (nee, pas 's avonds Bertus, je hebt niet goed gelezen) je bent radeloos, je bent verschrikkelijk bezorgd, je loopt al rond met de gedachte dat je dochter misschien dood is en je weet niet waar je het zoeken moet. Wat doen die ouders dan tot mijn verbijstering? Ze gaan slapen...??!! U mag gerust weten dat ik bijna uit mijn luie stoel viel toen ik dit even op mij in liet werken (...) Je dochter is spoorloos van de aardbodem verdwenen en je gaat slapen!! Dit deugt niet!!

Dit soort mensen moeten gewoon heel blij zijn dat ze zelf niet in zo'n situatie zitten. En ook hier weer: niet goed gelezen Bertus, anders zou je weten dat we allebei totaal kapot waren, doodop van de spanning. En nog wat: Andrea was vrij van school om 16.00 uur, dus ze was pas vermist rond een uur of vijf. Ze moest nog een eind fietsen namelijk.

Ook Bertus zette grote vraagtekens bij de vrije dag van Roelof. Waar was hij, wat had hij gedaan en waren er mensen die konden bevestigen wat hij gedaan had die dag? Hij haalde ook hele passages uit mijn boek aan, waaruit – volgens hem – bleek dat Andrea niet mijn kind zou zijn. Ik was niet haar biologische moeder.

Op dat moment wist ik nog niet dat Bertus en 'broertje van' een en dezelfde persoon waren. Het was niet zo dat Bertus zei dat de mogelijkheid bestond dat ik niet haar biologische moeder zou zijn. Nee, hij stelde gewoon vast dat ik niet de biologische moeder van haar was. Tuurlijk joh, jij was zeker aanwezig bij de geboorte van Andrea. Nou, dacht het niet. Dit schoot een van mijn vriendinnen in het verkeerde keelgat en ze vroeg welke arts bij de bevalling was geweest. Ze heeft de betreffende arts opgebeld en zette vervolgens haar verhaal op de site.

Maar Bertus de Vries had nog meer noten op zijn zang. Hij kon bijvoorbeeld ook beslist niet begrijpen waarom Roelof altijd maar op de achtergrond bleef. Dat was toch wel erg verdacht in zijn ogen. Weer een punt waardoor Roelof de verdenking op zich richtte volgens Bertus. Hij moest er toch wel meer vanaf weten. Ik was verbijsterd. Ik had al zoveel prijs gegeven in mijn boek. Ons leven had geen geheimen en dat was terug te lezen in mijn boek.

Wat moest ik nu nog meer doen om duidelijk te maken dat ik de waarheid had geschreven? Waarom moest ik hier nog meer uitleg over geven? Ik wilde helemaal niet in de verdediging gaan, maar omdat Roelof aangevallen werd, kon ik niet anders. Had ik zo onduidelijk ons hele leven verteld in mijn boek? Stik toch vent, je bent niet goed bij je hoofd, dacht ik. Had ik maar nooit op die rottige e-mail gereageerd verdorie.

Ik stelde voor om Bertus te ontmoeten, om persoonlijk antwoord op zijn 'vragen' te geven. In eerste instantie ging hij daarmee akkoord, maar wel op een anonieme plaats. Prima, daar had ik geen enkel probleem mee. Maar Bertus liet het – na enig nadenken waarschijnlijk – afweten, hij durfde het niet aan. Hij was doodsbang dat ik andere mensen mee zou nemen om hem een lesje te leren.

Tjonge jonge, aan de ene kant doet hij net of hij mij heel erg goed kent, gezien zijn reacties op de *hate site*, maar aan de andere kant kent hij mij zo slecht dat hij bang is dat ik andere mensen mee zou nemen om hem te grazen te nemen. Uiteindelijk trok hij de hakken in de wal, met andere woorden: hij zag af van een ontmoeting met mij. Het was nog een laffe man ook. Een schijtlijster.

Ik was erg blij met de hulp van Jacob en *Undercover*, en ze hadden in no-time allerlei informatie over bijvoorbeeld de anonieme reacties die geplaatst werden. IP-nummers, ik had er nog nooit van gehoord, maar ik leerde snel. Het is een soort van handtekening van de computer die iemand had gebruikt om een reactie te plaatsen. Door middel van een IP-nummer is te achterhalen op welke computer een bepaalde reactie is geplaatst. Zo ontdekten ze ook dat bepaalde mensen soms met hun naam een reactie gaven en andere keren anoniem een reactie plaatsten. Bertus deed dit dus regelmatig.

Aan de hand van het IP-nummer van de computer kon *Undercover* dat controleren. Op deze manier hadden *Undercover* en Jacob ook al snel achterhaald wie Bertus de Vries was. Andere gegevens over deze man waren ook al snel gevonden. Hij woonde in Zwaagwesteinde, adres en telefoonnummer waren zo gevonden. We kwamen te weten dat hij werkeloos was, waar hij goed in was, waar hij moeite mee had en wat zijn hobby's waren. Alles werd bekend.

Er werd me aangeboden om hem eens een lesje te leren, maar ondanks dat ik Bertus dat wel gunde liet ik het maar over aan de persoon zelf en bedankte ik vriendelijk voor dit verleidelijke aanbod.

Maar Bertus was niet alleen. Hij werkte samen met nog een man uit Friesland. Dat was Marinus van der Wal, uit Kollumerzwaag. Marinus woonde nu in Kollumerzwaag, maar kwam ook uit Zwaagwesteinde, dus de mannen kenden elkaar goed. Marinus plaatste ook veel anonieme reacties, maar ook reacties met ondertekening van M.M.Hofman. Zelfs via het buitenland een reactie plaatsen was voor Marinus geen probleem.

Marinus van der Wal was en is software-ontwikkelaar en wist dus heel goed hoe computers werken en wat je er zoal mee kunt doen. Zoals een *hate site* opzetten. Waar ik maar niet achter kwam, was de reden waarom deze mensen dit deden. Hadden ze een hekel aan ons? Maar waarom dan, we kenden deze mensen niet. Stond ons gezicht hen niet aan? Waren we te dom, of te slim, of reageerden we niet goed, of anders dan andere ouders die een kind verloren waren door moord? Of waren ze zelf gefrustreerd om de een of andere reden en moesten ze dit kwijt? Hadden ze ruzie met hun vrouw of vriendin, waren ze teleurgesteld in het leven, moesten ze dit afreageren op een laffe, anonieme manier op andere mensen? Ik kon niet begrijpen waarom mensen zoiets walgelijks andere mensen kunnen aandoen.

Toen ontdekten we dat deze twee mensen de ontwerpers waren van de Marianne Vaatstra-site. Dat gegeven raakte me pas echt goed. Ik was verbijsterd. Deze twee mensen wisten hoeveel pijn en verdriet het geeft als een dochter door moord om het leven komt. Hoe kon dit? Waarom in vredesnaam?! En hoe zat dat dan met de familie Vaatstra?

Na enige tijd kwam *Undercover* erachter dat er nog iemand bij betrokken was en dat was Otto Wicherts. Otto Wicherts was een bovenmatig intelligente man, die zich met allerlei complottheorieën bezig hield. Hij zou een geniale man hebben kunnen zijn, als hij zich meer met positieve dingen bezig had gehouden in zijn leven. Op de een of andere manier had hij Marinus en Bertus kunnen motiveren tot deze actie.

Otto was veel slimmer dan Bertus of Marinus, slim genoeg om beide mannen voor zijn karretje te spannen, zoals we later ontdekten. Ook Otto had berichten geplaatst met de naam M.M. Hofman. Deze drie heren zaten onrust te stoken op internet en zo te zien hadden ze er nogal plezier in. Ze losten elkaar af met allerlei beschuldigingen, verwijten en klinkklare onzin. We hadden ondertussen zoveel gegevens verzameld over Otto, Marinus en Bertus dat het tijd werd om aangifte te doen bij de politie.

Aangifte

Op 1 december 2005 hebben we aangifte gedaan van ernstige bedreigingen en smaad via internet. Dat was het enige wat we konden doen. De weblogeigenaar van punt.nl – Henkjan de Krijger – voelde zich niet verantwoordelijk voor de *hate site* en zegt in een interview 'dat voor hem vrijheid van meningsuiting hoog in het vaandel staat.' Ja, natuurlijk, dat is een belangrijk onderdeel van een democratie. En Nederland is gelukkig een democratie. Maar hoort dit er ook bij? Een *hate site*? Zou Henkjan de Krijger 's avonds in die periode tevreden in de spiegel hebben kunnen kijken zonder schuldgevoel? Dat vraag ik me wel af.

Ik kreeg een agent toegewezen die mijn contactpersoon zou worden. Jan heette hij, Jan zou zich met deze ellende bezig gaan houden. Het was een aardige man, maar verstand van computers? Totaal niet. Ik stuurde vanaf die dag alle informatie door naar Jan. Alle IP-nummers van Bertus de Vries, Marinus van der Wal, en ook van Otto Wicherts, die het brein van het hele gebeuren bleek te zijn. Ook de beschuldigingen, adressen en verdere informatie gaf ik door. En ook IP-nummers van mensen die beledigende teksten, beschuldigingen of vuile opmerkingen maakten op de weblog, gaf ik door aan Jan.

Op een dag had ik een mail met informatie gestuurd naar Jan en wachtte op een antwoord van hem. Het duurde en het duurde, maar er kwam geen antwoord terug. Toen ik hem eindelijk opbelde, bleek dat hij mij al lang een mail had teruggestuurd, maar deze was op 'onverklaarbare wijze' bij een collega terechtgekomen.

De collega kon blijkbaar ook niet goed nadenken en liet het maar voor wat het was... Jemig, Jan was een alleraardigste vent, maar hij begreep gewoon niks van computers. Nog veel minder dan ik ervan snapte. Jan wist net hoe een computer aan en uit moest. Zucht. Dit werd niks natuurlijk. Moest ik van déze man hulp verwachten? Jan verontschuldigde zich een paar keer, maar het was voor mij zo belangrijk dat de politie actie zou ondernemen dat het voor mij niet voldoende was. Uiteindelijk werd er besloten dat ik alle informatie naar Assen zou doorsturen. Daar zaten agenten die meer verstand van computers hadden. Weer stuurde ik allerlei informatie door, maar ik kreeg geen enkel antwoord. Geen bedankje en zelfs niet een bevestiging van ontvangst. IP-nummers, namen en adressen alles mailde ik door naar Assen. Als ik geen antwoord of bevestiging kreeg, ging ik zeuren.

Goedemorgen heren, zou u willen bevestigen dat ik deze mail met informatie heb doorgestuurd?

Geen antwoord. Oké, dan wat anders proberen.

Heeft u mijn mail die ik gisteren gestuurd heb, al ontvangen en gelezen? Graag bevestiging svp!

Nog niks.

Hallo, zijn jullie wakker daar in Assen? Hoeveel moeite kost het om even te zeggen dat je mijn mail hebt ontvangen? Kunnen jullie hier wat mee en doen jullie hier wat mee?

Hè hè, eindelijk een antwoord:

Mail goed ontvangen.

Tjonge jonge zeg, wat kostte dat een moeite. Ik werd meer en meer chagrijnig door deze houding. Wat een vervelende en arrogante lui daar achter die computers in Assen. In plaats van dat ze dankbaar waren voor alle informatie, gingen ze de macho uithangen, zo leek het wel. We wilden toch allemaal dat dit zou ophouden? Of maakte het hen niet uit? Was het wel boeiend voor hen?

Ik kreeg sterk de indruk dat ze niet wisten wat ze hiermee aan moesten. Bij de wet waren er in die tijd nog geen gedragsregels vastgesteld voor laster of smaad via internet, dus eigenlijk konden ze niks beginnen. Ik snapte dat heus wel, maar de onbeleefdheid om niet te reageren vond ik ver beneden peil en zeker onprofessioneel.

Een bevestiging van ontvangst had niets te maken met de wettelijke mogelijkheden om iets te kunnen ondernemen. Het was gewoon een kwestie van fatsoen en beleefdheid. *Undercover* bleef me ondertussen heel veel informatie toespelen.

Marinus, Otto en Bertus gaven via andere landen reacties op de *hate site*, maar de politie in Assen, deed er helemaal niets mee. Ronduit belachelijk.

Zoals altijd ging ook met het internet het misbruik van de mogelijkheden veel sneller dan de wetgeving om dit te voorkomen. Eén-nul voor Otto, Marinus en Bertus.

Terwijl de politie alles op een presenteerblaadje kreeg aangereikt, kon ze er maar weinig tegen doen. Maar waarom zeiden de agenten dat dan niet gewoon tegen me? Waarom deden ze niet hun mond open om te laten weten dat ze wettelijk niets konden ondernemen om dit te stoppen? Dat zou tenminste duidelijkheid geven bij mij. Alleen de openlijke beschuldigingen vielen onder het kopje smaad en daar was wel tegen te handelen. Maar dat waren er niet veel, het waren meer de verdachtmakingen zonder duidelijke beschuldigingen. En daar gingen andere mensen weer mee aan de haal. Er was goed over nagedacht.

Ik drong aan op een verhoor van Bertus en Marinus, en warempel, op een dag gebeurde dit ook. De volgende dag ging ik naar het politiebureau in Hoogeveen om met Jan te praten over dit verhoor. Hij had met een collega Bertus de Vries ondervraagd. Bertus had alles ontkend, natuurlijk, dat weet je van tevoren dat dit antwoord zou komen. Ik had niet anders verwacht.

'Heb je ook gevraagd wie op dit onzalige idee is gekomen?' vroeg ik Jan.

'Nee...'

'Waarom niet? Dat is toch belangrijk?'

'Ja, dat is ook zo, maar ik heb het niet gevraagd.'

'Oké. Maar waarom hadden ze dan het idee dat Roelof de dader zou zijn?'

'Eh ja, dat weet ik niet. Dat heb ik ook niet gevraagd.'

De schrik sloeg me om het hart. Waarom hadden ze niet dit soort vragen gesteld? Daar ging het toch om? Ik vond het ongelooflijk. Bertus had alles ontkend en ik kreeg de indruk dat het verhoor min of meer een bakkie koffiedrinken was geweest. Bertus had met 'de beste bedoelingen' vragen gesteld over zaken, die – volgens hem – niet duidelijk waren, om zodoende te proberen om de moord op Andrea op te lossen. Ja ja, droom lekker verder. Hij liegt dat-ie barst man.

'Ging dit echt om het vinden van de dader van de moord op Andrea of is er een ander belang dat een rol speelt?'

'Eh, dat weet ik ook niet. Jeetje, we hadden jou beter mee kunnen nemen bij dat verhoor,' zei Jan.

'Ja, inderdaad! Hád me maar meegenomen. Dan had ik hem het vuur na aan de schenen gelegd. Waarom heb je dit soort dingen niet gevraagd verdorie?' antwoordde ik nogal bits en gefrustreerd.

Dit was om horendol van te worden. Moest ik de politie nu nog vertellen hoe ze moesten ondervragen? Het moest niet gekker worden. Ondertussen had ik haarscherp door dat de politie mij expres een man had toegewezen die niets van internet zou moeten afweten. Iemand die er totaal geen verstand van had en dan maar hopen dat het vanzelf zou 'doodbloeden'. Ik was blijkbaar te lastig voor hen op dit gebied. Ik baalde als een stekker, maar begreep ook dat ik hier niets aan kon veranderen. Bah.

Teleurgesteld reed ik naar huis en begreep ik dat ik van de kant van de politie niks hoefde te verwachten. Ik probeerde het nog een keer via Peter R. de Vries, maar die hield zich op de vlakte. Pas veel later hoorde ik dat hij zich hier woedend om had gemaakt. Maar hij zag geen kans om de makers van de *hate site* aan te pakken. Het was een smerig zaakje, en het lag ook veel te gevoelig, zeker omdat de webmasters van 'Marianne Vaatstra' erbij betrokken waren. Dat begreep ik heel goed, maar het maakte ook dat ik een pesthumeur kreeg en spijt had dat ik niet had toegezegd dat ze die Bertus en Marinus maar eens even tegen de muur moesten zetten. Wat een toestand, hoe was ik hier nu weer in terecht gekomen.

De volgende ochtend was ik weer een stuk rustiger geworden. Ik begreep de houding van de politie, van Jan, en van Peter R. de Vries wel. Eigenlijk was het een asociale scheldpartij via het internet geworden. Maar waarom dan? Dat begreep ik nog steeds niet. Wat was de aanleiding of reden dat Otto, Bertus en Marinus dit ons aandeden? We kenden al die mensen helemaal niet, hadden nog nooit met hen te maken gehad.

Het makkelijkste – en beste – was geweest als ik nooit gereageerd had op die mail. Maar dat had ik dus wel gedaan. Oké Lammi, je hebt weer een goede les geleerd. Niet meer reageren op dit soort achterlijke mailtjes. Klaar. Dit zijn gewoon zielige mensen die blijkbaar niets beters te doen hebben dan andere mensen het leven zuur te maken. Is het gewone, gelukkige leven misschien te saai voor jullie? Stik er toch in wat mij betreft, ik ben klaar met jullie!

Undercover en Jacob bleven zich inzetten en verzamelden meer en meer informatie over deze mensen. Ik kreeg te horen hoe hun leven eruit zag, wat ze deden en waar ze van hielden. Het ging niet zo goed met Bertus de Vries, hij was werkeloos, hield te veel van de smaak van alcohol en had moeite met geldzaken. Zo kwam *Undercover* er ook achter dat de mailtjes die we in juli en augustus hadden gekregen met doodsbedreigingen, van een computer waren verstuurd van een mevrouw op de Nederlandse Antillen. Deze mevrouw wist nergens van.

Marinus van der Wal, de software-ontwikkelaar, wist heel goed wat *e-mail spoofing* en *IP-spoofing* was, en hoe dit werkte. *Spoofing* is het versturen van berichten via andere computers in andere landen, zoals Korea, Japan, Amerika. *E-mail spoofing* is ook een veelgebruikte techniek voor het versturen van spam. Dat was voor Marinus van der Wal een peulenschil.

De politie had Marinus hier ook over gehoord, maar natuurlijk ontkende hij dit in alle talen. Ja dat snap ik ook nog, omdat *spoofing* illegaal en strafbaar is. Uiteindelijk werd het minder en minder, ook omdat alle smerige dingen al gezegd waren die er gezegd konden worden. Ik daagde Bertus, Marinus en Otto nog één keer uit om voor de dag te komen met bewijzen.

@ Bertus de Vries, Marinus van der Wal en Otto Wicherts.

Heren,

Zullen we nu eens het puntje op de i zetten?

U heeft alle drie uitlatingen gedaan dat Roelof Luten, mijn man, iets met de moord op onze dochter Andrea Luten te maken zou hebben.
Sterker nog, u heeft alle drie beweringen gedaan tegenover anderen (!) dat hij zelfs de moord zou hebben gepleegd.. Alsof dat nog niet erg genoeg was, durft u ook nog te beweren dat Roelof ook verantwoordelijk zou zijn voor de moord op Marianne Vaatstra. Ook schijnt u ervan overtuigd te zijn dat ik niet de biologische moeder van Andrea zou zijn.

Het is nogal wat wat u drieën durft te zeggen.
Dan moet u toch behoorlijk zeker van uw zaak zijn lijkt me.
Ik ben toch wel erg nieuwsgierig of u daar bewijzen heeft voor deze vreemde 'verhalen' en hoe deze bewijzen er dan uit zien.

Ik KAN dit niet zomaar naast me neer leggen. Waarom niet? Dat zal ik even uitleggen voor diegene die het misschien niet kán begrijpen. Niet iedereen is even slim, en domheid kun je een mens niet kwalijk nemen.
Roelof is een wijs man, hij vindt het ver beneden zijn peil om op uw beschuldigingen in te gaan.
Mede daarom heb ik een groot respect voor hem.
Hij weet wat hij wel of niet gedaan heeft en ziet geen enkele reden om u daar enige uitleg over te geven.
Daarbij komt dat iemand hem al genoeg pijn heeft gedaan door Andrea van het leven te beroven.
Geen van allen bent u in staat om hem nog te kunnen raken.

Ik zou ook zo verstandig als Roelof moeten zijn door me er totaal niet in te verdiepen wat u allemaal beweert.
Kon ik dit maar. Maar ik weiger om mijn man zo af te laten schilderen als u drieën durft te doen.
Maar als u zo zeker van uw uitspraken bent, kom dan ook met bewijzen. Ik heb ze nog niet gehoord, dus vraag ik er nu heel direct om. Ik denk dat ik daar onderhand wel recht op heb, al heb ik weinig vertrouwen in een antwoord hierop.
Tot nu toe heb ik, en de rest van de mensen die dit volgen, nog helemaal niets zinnigs gehoord wat betreft bewijzen van deze beschuldigingen. Heeft u geen bewijzen? Of ontbreekt u de moed om deze te overleggen?

Bertus, ik kan me bijna niet voorstellen dat u dit alleen heeft opgezet. Wie heeft u dit in uw oor gefluisterd? Was Marinus van der Wal diegene, of was het Otto Wicherts...
Een tijd geleden hebben we gemaild. U wilde uitleg over bepaalde passages van mijn boek die u niet begreep. Dat kan, al is het op een manier geschreven dat werkelijk iedereen het kan begrijpen, maar goed.
Op mijn voorstel om eens rond de tafel te gaan zitten, wilde u eerst wel ingaan (op een neutrale plaats uiteraard).
Later durfde u dit niet meer. Raar, waarom bent u zo bang voor mij? Ik begrijp niet waarom u wel publiekelijk allerlei uitspraken durft te doen over Roelof, maar blijkbaar bang bent om mij te ontmoeten. Ik kan maar één reden bedenken en dat is dat u een laffe man bent. Misschien bent u wel iemand die van een afstand staat te schelden en als er dan beweging in komt, snel de benen neemt. Bent u zo'n iemand Bertus? Een laffe man die met modder van een afstand durft te gooien? Flink zeg, u kunt trots op uzelf zijn.

En Marinus, hoe zit het met u? Waarom denkt u dat Roelof zijn eigen kind vermoord zou kunnen hebben? Ook van u heb ik nog geen enkel bewijs gezien. Uit hetzelfde hout gesneden misschien? Of last van een verwrongen geest?

En wat heeft Otto Wicherts met dit verhaal te maken?
Otto, wat is uw mening hierover? Ik heb begrepen dat ook u deze uitspraken over Roelof heeft gedaan. Vertel me dan eens hoe u daarbij komt. Of zijn het verhalen die ontstaan zijn door een psychotische periode.

Allemaal in dezelfde klas gezeten?
Het zou mooi zijn als één van u de moed heeft om eens duidelijkheid te verschaffen. Ik vermoed dat ik geen aanneembare verklaring zal krijgen. Niet van Bertus, niet van Marinus en ook niet van Otto vrees ik. Alle drie te laf. Wel een grote mond, maar als het op bewijzen aankomt, ho maar. Dan zijn de heren niet thuis vermoed ik. U kunt allemaal trots op uzelf zijn als u in de spiegel kijkt...

gr.LammiLuten

Er werd alleen door Otto Wicherts op gereageerd met een lang verhaal van bizarre gedachten van hem. Bijna geen zinnig woord kwam eruit. Om enig idee te geven hoe bizar Otto Wicherts zich kon uitdrukken, hier een voorbeeld van een reactie van Otto op de Deventer Moordzaak, een brief aan de broer van de vermoorde weduwe Wittenberg uit Deventer in 1999.

Aan de heer K. Willemen,

Hoe gruwelijk en lotsbepalend kan een 'therapeutische' bijna 'familiaire' relatie
uiteindelijk worden ?
Toen ik bij uw zuster aanbelde wist ik niet dat de dokter al dood was. Na meer dan 40
jaar als een verwarde zonderling geleefd te hebben, was ik tijdelijk naar Holland
teruggekeerd om definitief verhaal te zoeken bij degenen die door mensonterende
gedragingen jegens een onschuldige jongeling de kans op een menselijk bestaan
onmogelijk hadden gemaakt.
De ontboezemingen van uw zuster gingen niet alleen over de dokter maar ook over
uw familie. Dus ook over u, maar vooral over uw vader en moeder en de
gebeurtenissen in het verleden die uw zuster zelfs die avond nog zo emotioneerden.
Dat u op grond van dat verleden nooit als mogelijke verdachte in beeld bent
gekomen, heeft mij nogal verbaasd. De complexiteit van mogelijke motieven en
drijfveren zijn ook bij u direct aan te tonen. In die zin eten we uit dezelfde ruif.
Verontrustender is echter het naakte feit dat u van de schuld van die Ernest
overtuigd bent. Dat is een intellectueel onwaardig.
Dat de moord op uw zuster in de loop der jaren zo'n commotie had veroorzaakt en
als de 'Deventer moordzaak' werd aangeduid was mij niet bekend. Feitelijk doet het
er ook niet toe omdat de kans dat ik, gezien mijn toenmalige en huidige situatie, ooit
ontmaskerd zou of kon worden, toentertijd al te verwaarlozen was.
Ook ik kende die Ernest niet,al viel zijn voornaam wel toen Jaqueline die avond,dat ik
daar was blijkbaar door diezelfde persoon gebeld werd.
Dat deze man in de justitiële draaimolen is terechtgekomen is tragisch. Dat u in zijn
veroordeling een vreemde rol speelde, is zoals ik al zei, onverteerbaar op grond van
mijn eigen persoonlijke geschiedenis.
Wat zijn uw drijfveren die aan uw gedragingen in deze zaak ten grondslag liggen ?
Zal de veroordeling van een onschuldige man u gemoedsrust schenken ?
Nu ik meer van u weet dan u misschien lief is, verzoek ik u deze brief aan de
advocaat van die Ernest te overhandigen of aan de Hoge raad toe te sturen als zijnde
een novum, zodat hij voorgoed kan worden vrijgelaten.
Dat uw zuster mij die avond zelfs contant geld offreerde als ik zou zwijgen over
datgene wat mij was aangedaan, maakte in mij veel onvermoede woede los.
Natuurlijk was Jaqueline een slachtoffer als we haar jeugdjaren in beschouwing
nemen. Dat ze in mijn zaak, net als de dokter, ook dader was, zal u niet verbazen.
Mocht alles een andere onverhoopte wending nemen, dan zal ik de betrokken
autoriteiten van details op de hoogte stellen die de raadselen in deze zaak
zullen veranderen in een logische aaneenschakeling van feitelijkheden ten tijde van
de ultieme wraakneming. De enscenering na de verwurging was, zoals u zelf nog niet
in de krant verkondigde, een perfecte moord. Dat toeval daar een grote rol in
speelde lijdt achteraf gezien, geen twijfel.
Het was onontkoombaar of zoals u wilt onvermijdelijk dat ook uw zuster moest
sterven. Nu ook uw moeder is overleden, zijn, behalve uzelf, alle hoofdrolspelers
dood. Dat is maar goed ook. Het maakte, even afgezien van de rechterlijke dwaling,
alles eindelijk draaglijker. Die werking had ik niet voor mogelijk gehouden.

Bla, bla, bla. Niet te volgen, complete onzin allemaal. Ongelooflijk dat dit toentertijd zelfs als belangrijk werd gezien en ook nog werd geplaatst in een krant.

Na mijn uitdaging van Bertus, Marinus en Otto,heb ik
hen een afscheidsbrief geschreven. Het was een van de
laatste reacties op de *hate site*:

@ Bertus de Vries, Marinus van der Wal en Otto Wicherts.

Zoals ik al dacht, is mijn vermoeden dus uitgekomen. (zie topic: even de puntjes op de i zetten)

Bertus, om maar eens met u te beginnen.

U heeft onderhand alle tijd gehad om te reageren, maar u heeft niet van de gelegenheid gebruik gemaakt.
Dat betekent dat ik gelijk heb.
U bewijst in deze dat u een laffe man bent die wel iets durft te roepen, maar niet KAN waarmaken.
Omdat u niets heeft ondernomen zoals bewijzen aandragen voor dat wat u beweert, durf ik te stellen dat u klinkklare onzin zit te roepen. U durft niet eens te reageren, laat staan dat u ook maar iets kunt bewijzen.
Het is zelfs zo dat u het ook nog niet eens durft te ontkennen.
Dat bewijst dat u wel degelijk met de hatesite te maken heeft!
U bewijst hiermee dat u inderdaad die laffe man bent, wat ik al eerder vermoedde.

Naar de directe omgeving denkt u de schijn op te kunnen houden door de familie Vaatstra te helpen met haar computer en site, en in een bandje te spelen van een gospelgroep. Denkt u nu werkelijk dat u zich op die manier kunt profileren als een 'goed mens'? Iemand die om andere mensen geeft?
Daar is meer voor nodig Bertus. Het gaat om het totaalplaatje.
De manier hoe u mijn man en mij de afgelopen maanden hebt behandeld, getuigt niet erg van iemand die het goed voorheeft met andere mensen. Verre van dat!
U bent een nobody, die een dubbelleven leidt, een nietsnut waar de mensheid niet bepaald op zit te wachten, maar waar we noodgedwongen mee zitten opgescheept. Maar weet u, u heeft zelf voor deze manier van leven gekozen. Voor dit hondenbestaan.
Doe Riemke een plezier: kruip uw mand in en... koest! We hebben al dertig jaar honden, ik weet hoe er mee om te gaan.

Marinus van der Wal
Ook van u heb ik niets gehoord of gelezen. Ook geen enkele reactie.
Waarom niet? Toch maar bedacht dat u het misschien fout

had? Ook geen bewijzen kunnen vinden? Moet u toch nog de hakken in de wal trekken. Tja, wel slim met computers, maar niet slim in het bewust benadelen van andere mensen. Lullig zeg.

Marinus ook u kunt niet alles in huis hebben, maar u bent wel ongelooflijk stom dat u ook aan deze actie hebt meegedaan. Zeker voor iemand die toch niet bepaald als dom bekend staat. U had u beter met uw kwaliteiten bezig kunnen houden. Als pester slaat u werkelijk een modderfiguur. Of heeft u misschien de verkeerde uitgekozen, een verkeerd gokje gewaagd... gokken doe je in een casino Marinus, niet met mensen. Dat zou u toch moeten weten, u bent ook geen puber meer.

Ook u hebt niet de moed om de confrontatie met mij aan te gaan. Nog een laffe kerel die niet staat voor wat ie zegt.

Een kerel zonder ruggengraat. Zoekt u steun bij elkaar of zo, om nog iets voor te stellen misschien? Thuis niet de bekende broek aan?

Tjonge, jonge wat een stelletje druiloren. Bertus en Marinus, oftewel Jut en Jul uit Friesland.

'Broertjes van' elkaar?

Otto Wicherts

U bent de enige die de moeite heeft genomen om te reageren. Compliment!

Als ik onderhand niet meer informatie over u had gekregen van andere mensen, zou ik geneigd zijn om uw reactie te geloven. U kunt uitstekend verwoorden wat u kwijt wilt. Alhoewel ik ook epistels heb gelezen waarvan ik dacht: die is de weg even kwijt. Niet te volgen, bla, bla, bla. Last van hoogmoed?

Ik ben maar een simpel mens. Maar als ik zie - en ervaar - hoe u met uw grijze massa omgaat, ben ik heel blij dat ik mijn grijze massa op een betere manier kan gebruiken dan u. Mijn beloning is dat ik een heel stel fijne mensen om me heen heb. Mensen waar ik op kan bouwen en die me graag zien komen. U daarentegen hebt meer mensen die u heel graag zien gaan. Het liefst naar een andere wereld. Hoe voelt dat eigenlijk, dat er zoveel mensen zijn die u het liefst uit hun leven bannen? Hoe voelt u zich als u zich weer eens op een moord stort en daar andere mensen mee lastig valt? Onder het mom van het slachtoffer te zijn van laster en getreiter, juist de aanstichter van veel ellende blijkt te zijn?

Ook u hebt Roelof beschuldigd van moord op onze dochter.
Even niets beters te doen die dag zeker.
U bent van hetzelfde kaliber als de bovenstaande heren. Weinig tot niets constructief bijdragend aan deze maatschappij. Het liefst profiteren van andere mensen. U ligt er ook niet wakker van als u andere mensen te gronde zou richten om er zelf beter van te worden.
Het enige waar u plezier aan kunt beleven is aandacht... Ik zou maar voorzichtig zijn als ik u was. U kunt ook teveel aandacht op u richten, zodat u van de verkeerde personen aandacht krijgt. Het zou wel eens als een boemerang kunnen gaan werken, zodat u alle negativiteit terug krijgt... misschien wel in een vorm die u niet na kunt vertellen.
Het zal mij een zorg zijn, mensen zoals u zijn er altijd teveel.

Drie mannen die alle drie uit hun nek kletsen, onder het mom van: kijk eens hoe slim ik ben, ik weet wie de dader van de moord op Andrea Luten is. Zonder enig bewijs n.b.!
Drie mannen die een lafhartige manier van het treiteren van mensen hebben uitgevonden. Stelletje kleuters.
Moeilijk om een vent te zijn denk ik.
Een beetje vent heeft het lef om de confrontatie aan te gaan.
Dus bij deze een waarschuwing: heb het hart niet om mij of Roelof ooit nog eens lastig te vallen. Dit was een eenmalige actie.
Dit is geen bedreiging, maar een belofte.

Als u ooit nog eens wat wilt, ga dan varkens hoeden, wie weet voelt u zich wel thuis bij deze - slimme - beesten.
En anders kunt u altijd nog uw vrouw, vriendin of mâitresse verwennen, dan doet u tenminste nog iets nuttigs.

U bent niet van mijn nivo, dus ik kap ermee.
Ik heb besloten om me niet langer door u mijn kostbare tijd te laten ontnemen.
Ik zou me maar in de verleiding laten brengen door op dezelfde lage manier van leven te begeven.
See you in hell... kan ik niet zeggen, want die is voor u drieën bestemd.

Gegroet, Lammi Luten

De drie heren op een rijtje:

Otto Wicherts   Bertus de Vries   Marinus van der Wal

Daarna was het snel gebeurd met de *hate site*. Undercover wist op wonderbaarlijke wijze de site op woensdag 21 december, te 'stelen' van Bertus de Vries toen hij een keer ging inloggen. Misschien net een glaasje te veel op en toen niet voorzichtig of snel genoeg geweest Bertus? Daarna stuurde *Undercover* de hele site naar mij en was hij van internet verdwenen. Zo, dat was klaar. Eindelijk.

En de eigenaar van de weblog punt.nl, Henkjan de Krijger? In een interview van 22 december zegt hij dat 'de beheerder van een site 'met een druk op de knop' de site met alle gegevens kan vernietigen. Dat is ook met deze site gebeurd.' In een later interview van 19 mei 2006, benadrukt (!) Henkjan de Krijger dat hijzelf uiteindelijk de gewraakte site uit de lucht heeft gehaald. Nee, Henkjan de Krijger, zo is het dus niet gegaan, beslist niet.

Gelukkig had ik hulp van goede mensen en die hebben er voor gezorgd dat de site uit de lucht ging. Niet dankzij Henkjan de Krijger, die was alleen maar blij dat hij er nu niet meer op aangesproken kon worden. Henkjan de Krijger verzaakte door niet in te grijpen, hij vond het blijkbaar allemaal wel best. Waarom nam hij niet zijn verantwoordelijkheid? Waren de centjes belangrijker? En een paar maanden later gewoon durven zeggen dat hij ervoor gezorgd heeft dat het stopte? Beetje raar meneer de Krijger. U koos ultieme vrijheid van meningsuiting boven het fatsoen.

Deze idioterie had precies één maand geduurd. Vier weken en twee dagen lang waren de meest smerige en vuile aantijgingen op het internet te lezen. En daarna ook al snel in de kranten, omdat de media er natuurlijk ook lucht van gekregen hadden. Heel Nederland had mee kunnen 'smullen' met deze onsmakelijke vertoning. De mannen die hier verantwoordelijk voor waren, werden – of konden – niet door de politie worden aangepakt, ondanks dat de politie alles op een presenteerblaadje kreeg aangereikt.

Het onderzoek naar de *hate site* en de beslissing van het Openbaar Ministerie waren half mei 2006 afgerond. Er zou geen vervolging plaatsvinden van Otto, Marinus en Bertus. Ze hebben een 'tik op de vingers' gekregen van justitie. Halleluja! En een excuus van de heren? Dat zou netjes zijn geweest, maar het is er niet van gekomen.

Otto Wicherts is inmiddels in de 'andere wereld' aangekomen. Hij is overleden. Hij ging zwemmen zonder een zwemdiploma. Ik zei het toch al: hoogmoed komt voor de val. Dat gold ook voor Otto Wicherts. Maar was hij met het idee aangekomen bij iemand? En bij wie dan? Marinus van der Wal, Bertus de Vries of misschien bij Bauke Vaatstra? Bertus en Marinus waren de werkmannen die het moesten uitvoeren. Dat was al snel duidelijk. Marinus is softwareontwikkelaar, dus hij had er geen enkele moeite mee om die *hate site* op te zetten. Marinus en Bertus waren de webmasters van de Marianne Vaatstra-site.

Maar hoe zat dat dan met de familie Vaatstra? Maaike – de ex-vrouw van Bauke – had een keer een smeekbede 'om er alsjeblieft mee te stoppen', op de site geplaatst, waar Bauke niet blij mee was. Ook Maaike vond het verschrikkelijk wat er allemaal gebeurde. En Bauke zelf dan? Zou Bauke Vaatstra er echt niets van af geweten hebben? Of was er misschien meer aan de hand? Er waren ook vreemde reacties vanaf de computer van de familie Vaatstra geplaatst. Dan moest Bauke er wel meer vanaf weten. Of waren Bertus en Marinus hier verantwoordelijk voor. Bauke was wel een man die desnoods wild maaiend om zich heen en koste wat kost zou proberen om de dader van zijn vermoorde dochter Marianne te vinden. Als hij daarbij andere mensen zou beschadigen, zou dat jammer zijn, maar waarschijnlijk ook niet meer dan dat.

Bauke heeft jarenlang geroepen dat het heel waarschijnlijk een asielzoeker moest zijn die zijn dochter Marianne om het leven had gebracht. Vanaf het begin lag het asielzoekerscentrum in Kollum onder vuur. Tot in de wijde omgeving gonsde het van de geruchten dat een asielzoeker de dader zou zijn en zelfs vanaf de kansel werd geprobeerd om die geruchten de kop in te drukken. Wat overigens niet lukte.

Een half jaar na de moord op Marianne was er een informatieavond over het asielzoekerscentrum die uitliep op een complete rel. De burgemeester werd zelfs bekogeld met eieren. Jaren na die tijd geloofde Bauke nog steeds dat de oplossing bij de asielzoekers moest liggen. *Undercover* en Jacob hadden veel bewijzen verzameld over deze mensen en vertelden me hoe het in elkaar zat. Ik had nogal moeite om met hun verhaal mee te gaan. Ik kon het me haast niet voorstellen dat Bauke Vaatstra hier mee te maken kon hebben. Maar als ik dat allemaal zo eens overdacht, zou het best zo kunnen zijn dat Otto en Bauke samenwerkten en dat Marinus en Bertus de uitvoerders van hun plannen waren.

Dit allemaal om hoe dan ook de moordenaar van Marianne te vinden. Ik begreep die gedrevenheid om de moordenaar van zijn dochter te vinden als geen ander, o zeker! Maar het gaat veel te ver om zomaar andere mensen klakkeloos te beschuldigen via internet. Roelof van moord beschuldigen op zijn eigen dochter en ook nog van de moord op Marianne. Een *hate site* beginnen die werkelijk iedereen zomaar kan lezen. Het heet niet voor niks: *hate site*. Het woord zegt het al.

Maar Bauke is een gelovig mens, gaat regelmatig naar de kerk. Daar word je geleerd om andere mensen te behandelen zoals je zelf behandeld wilt worden. Als hij naar het Schrift van de Heer zou leven, kan het niet zo zijn dat Bauke erbij betrokken was. Toch worden de meeste oorlogen gevoerd over het geloof. Wat is waar? Waar ligt de waarheid? Ik sta nergens meer raar van te kijken.

Het meest ongelooflijke gebeurt regelmatig, dus ik kan niet zeggen dat dit niet zo gebeurd zou kunnen zijn. Alles is mogelijk. Wat ik wel weet is dat het leven als een boemerang werkt. Wat je de wereld in gooit, krijg je op een dag terug.

2006. Een zedendelinquent

In oktober 2006 kwam de 41-jarige Peter H., een zedendelinquent, in beeld. Hij zat in voorarrest voor de moord op de 15-jarige Melanie Sijbers uit Geldrop en hij had de moord inmiddels bekend. Peter H. zat sinds eind jaren tachtig vast voor drie gewelddadige verkrachtingen. In 1993 was hij op vrije voeten door zijn ontsnapping uit het Forensisch Psychiatrisch Centrum Dr. S. van Mesdag in Groningen. De politie wilde – en moest – grondig nagaan of hij ook in aanmerking kwam als dader voor de moord op Andrea. En dat vond ik terecht.

De ochtend van 18 oktober had de politie ons ingelicht over deze man en hun onderzoek. Diezelfde middag ging ik naar mijn moeder, ze wilde graag dat ik de groenten uit de tuin ging halen, en de boel daar ging opruimen. Ik schakelde voor de zekerheid de telefoon door naar mijn mobiele nummer. Dat bleek een goed besluit te zijn. De media doken er bovenop en 's middags toen ik in de tuin bezig was, ging de telefoon onophoudelijk.

Het was prachtig weer en het was niet erg om af en toe rechtop te gaan staan om de telefoon aan te nemen. Het was nogal vermoeiend om de hele tijd krom in de tuin te werken. Alle journalisten vroegen wat ik ervan vond en ik voelde gewoon de verwachting tussen de vragen van de journalisten door: zou deze man misschien de moord op Andrea op zijn geweten hebben?

Tja, ik vond er eigenlijk niet zoveel van. Ik had er helemaal geen gevoel bij dat deze foute man ook maar iets met Andrea te maken zou kunnen hebben. En het leek me niet meer dan normaal dat ze deze mogelijkheid gingen onderzoeken. Ze moesten wel, al was het alleen al om hem als dader van de moord op Andrea uit te sluiten. Peter H. was een tbs-klant aan wie de meeste Nederlanders een bloedhekel hebben. Hij was een man die telkens weer in de fout ging, regelmatig wist te ontsnappen en daardoor levensgevaarlijk werd voor de maatschappij. Dit soort mensen heeft geen gevoel of geweten. Ze doen maar waar ze zin in hebben. Of zoals ze zelf vaak zeggen: ze moeten dit doen, al of niet door stemmen in hun hoofd. Dit soort mensen is niet meer te redden of te socialiseren. Van mij mogen ze zo'n man de rest van zijn leven opsluiten. Ze zijn totaal verknipt en levensgevaarlijk voor andere mensen. Ik wil in ieder geval dit soort mensen niet graag tegenkomen. Weg ermee.

Ik weet dat er mensen bestaan die vinden dat levenslang opsluiten onmenselijk is. Nou ja, diegene die het onmenselijk vindt – onder andere advocaat Anker – heeft misschien wel een kamertje over in zijn eigen huis. En als er misschien nog een kind in de buurt is, heeft de man het helemaal naar de zin. Er is vast niemand die bezwaar maakt als u een poging doet om hem een beter leven te geven. Veel succes in uw poging om zo'n zedendelinquent te resocialiseren. Misschien wil de staat zelfs nog wel subsidie toekennen voor zo'n goede daad. Niet klagen als het niet meteen lukt, maar ik ben bang dat het verspilde moeite wordt.

Mijn moeder raakte in de war van al die aandacht van de media, omdat ze niet meer wist wat ze moest geloven. Later, toen het werk in de tuin klaar was, hebben we er een tijd samen over gepraat. Ik wist haar te kalmeren voor ik weer naar huis ging. Het was zo moeilijk voor haar om telkens weer geconfronteerd te worden met haar verdriet. Zeker op haar leeftijd, over een week zou ze 87 jaar worden.

Een maand later werd bekend dat Peter H. de moord op Andrea niet gepleegd kon hebben. Het bleek allemaal een storm in een glas water te zijn. Het werd weer rustig.

Zoekgeraakt

Op een dag kwam Lambert Veen van de politie nog een keer om een paar kledingstukken van Andrea op te halen. Dit omdat ze het opnieuw wilden laten onderzoeken op DNA-sporen. Ze konden nu veel meer met minimale sporen doen dan ooit tevoren. Ik moest handschoenen aan en de kleding moest in plastic zakken gestopt worden.

'Maar ik heb die kleding wel aangeraakt in de afgelopen jaren, dat werkt toch zo niet?'

'Dat weten we, maar ze zijn nu al zover met dat DNA, dat we deze kans niet voorbij willen laten gaan. We willen alles proberen wat mogelijk is en bij het Nederlands Forensisch Instituut (NFI) houden ze er rekening mee dat jij de kleding in handen hebt gehad.'

Nou goed, misschien levert het inderdaad wat op. Je weet het maar nooit. Dus ging Lambert met de zakken kleding naar het NFI. Dat moet ongeveer in de nazomer van 2004 zijn geweest.

Het NFI was druk bezig met de verhuizing van Rijswijk naar Ypenburg in Den Haag, wat in oktober zou plaatsvinden. Toen er geen berichten kwamen over de resultaten van het onderzoek naar de kleding van Andrea, ging de recherche maar eens informeren. Het NFI zei toen dat zij de kleding nooit ontvangen had. Paniek, iedereen ging zoeken, nadenken en weer zoeken, maar de kleding bleef onvindbaar. Ik schrok eerst behoorlijk en ik was boos. Verdorie, hoe kon dat nou? Hoe konden ze zo onzorgvuldig met de laatst gedragen kleding van Andrea omgaan? Gelukkig hadden ze niet alle kleding meegenomen die Andrea voor het laatst gedragen had.

Ik snapte heus wel dat het niet expres gebeurd was. Het

was heel vervelend, maar het feit lag er dat de kleding zoek was. De politie en het NFI hadden gezocht en gezocht, maar de kleiding was nergens meer te vinden. Lambert vroeg me nog of ik kon bevestigen dat hij het meegenomen had in een plastic zak. Jazeker, dat wist ik nog wel. Ik zuchtte een keer, maar als het weg was, was het weg. Dan kon niemand er meer wat aan doen. Nou ja, het is tenslotte 'maar' kleding, probeerde ik mezelf te troosten. Wat moest ik anders? Was het nog erg belangrijk? Nee, voor mij was het feitelijk niet meer belangrijk, maar emotioneel nog wel.

Het was al zo lang geleden allemaal. Andrea zou nooit meer die kleding dragen. Uiteindelijk zou ik het op een dag toch weg doen. En dat was nu dan eigenlijk al gebeurd. Klaar. Ik maakte er geen probleem meer van, ik kon er nu afstand van doen. Nu kon ik de emotie die betrekking had op haar kleding, gewoon uitschakelen. Wat veel erger was, was dat er misschien een kleine kans was dat er nog DNA-sporen op konden zitten. De mogelijkheid om dat te ontdekken en te onderzoeken, was nu voorgoed weg.

Het NFI zei dat ze de kleding teruggestuurd hadden of niet ontvangen hadden. De politie zei dat het afgeleverd was en niet teruggestuurd door het NFI. Ik weet alleen zeker dat Lambert de kleding in een plastic zak heeft opgehaald. Ik heb altijd mijn mond gehouden over het zoekraken van de kleding, ik vond het niet nodig om het aan de grote klok te hangen. Ik ben hier wel een poos erg kwaad om geweest. Maar het was een feit, er was niks meer aan te doen. Natuurlijk begreep ik wel dat niemand dit expres had gedaan, maar dit soort fouten, verdorie, ze mogen niet gemaakt worden.

Jaren later, op 3 juni 2009 kwamen de media erachter en kwam het alsnog in de krant te staan. Ook in de Puttense moordzaak was op die manier bewijsmateriaal verdwenen bij het NFI. Was dat misschien ook in dezelfde periode zoek geraakt? Ook tijdens de verhuizing? Het gaf nogal wat ophef, zelfs de Tweede Kamer eiste nieuwe en harde garanties dat sporen en potentieel bewijsmateriaal in onopgeloste moordzaken niet opnieuw zoek zou kunnen raken. Het zijn heel erge fouten die niet gemaakt mogen worden, maar het gebeurt van tijd tot tijd. Waar mensen werken, worden fouten gemaakt, dat zal zo blijven. Daar kan niemand iets aan doen, je kunt hooguit proberen om nog zorgvuldiger met bewijsmateriaal om te gaan. Ik legde me ook bij deze tegenslag vrij snel neer. Het heeft toch geen zin om je hier blijvend kwaad over te maken. Het lost niets op.

Ik was er nog steeds van overtuigd dat er een dag zou aanbreken dat de moordenaar van Andrea tevoorschijn zou komen. Dat hadden de paragnosten jaren geleden allemaal gezegd.

Ik geloofde hen, maar ook wat Andrea zo vaak tegen me gezegd had: 'Geduld mama, geduld. Het wordt opgelost!'

Als het de bedoeling zou zijn dat het opgelost zou worden, dan gebeurde dat beslist. Zo niet? Tja, dan moest ik ook verder leven en misschien ooit sterven zonder dat ik zou weten wie de dader was. Het had geen zin om me daar druk om te maken, omdat ik ook hierin het leven op zijn beloop zou moeten laten. Dat wil niet zeggen dat je alles maar klakkeloos moet laten gebeuren, zeker niet. Natuurlijk heb je keuzes om te handelen, en vaak hebben die keuzes invloed op een verloop van een gebeurtenis. Daar ben ik van overtuigd.

Maar toch gebeuren er dingen waar je geen vat op kunt krijgen, dan moet dat blijkbaar zo zijn. Dan ga ik vanuit de nieuw ontstane situatie verder met de keus die ik dán heb om er het beste van te maken. Achterom kijken naar ellende is zo zinloos, alleen de goede herinneringen zijn dierbaar en kostbaar. En die koester ik. Dus ik 'vergat' zo snel mogelijk deze onmogelijke misser. Wie daar verantwoordelijk voor was, vond ik onbelangrijk. Het zij zo.

Vragen

We gingen begin januari weer even een paar dagen naar Hongarije. Béla, een Hongaar die ons huis beheerde als wij er niet waren, kwam ons ophalen van de luchthaven in Boedapest. Béla kan redelijk Nederlands en dus konden we onderweg ook een praatje maken.

Opeens vroeg hij: 'Hoe jouw naam: Roelof of Rudolf?'

'Het is Roelof, Béla, geen Rudolf.'

'Alleen Roelof? Niet twee namen?'

'Nee, alleen Roelof, niets meer.'

Ik vond het een beetje vreemd dat hij daarover begon, hij wist toch dat het Roelof was? Hij hielp ons ook altijd met allerlei papieren, dus kwam hij vaak de naam van Roelof tegen. Hij zou moeten weten dat het alleen maar Roelof was. We praatten verder over wat andere dingen, maar Béla begon er nog een keer over.

'Roelof, ook paspoort alleen Roelof?'

'Ja, Béla. Ik heb maar één naam en dat is Roelof, ik heb niet meer namen.'

Wij keken elkaar aan met een verwonderd gezicht.

Toen we in huis kwamen, brandde de kachel gelukkig. Het was nog steeds koud in huis, maar in de woonkamer was het al lekker warm. Béla vertelde dat hij al een paar dagen aan het stoken was om de ergste kou te verdrijven. Midden op de dag vroor het 7 graden en 's nachts een graad of 15. Ik maakte snel wat koffie klaar en dacht ondertussen na over zijn vragen over de naam van Roelof. Het zat me toch niet helemaal lekker.

Daarom vroeg ik aan Béla: 'Waarom vraag je hoe Roelof heet, dat weet je toch? Waarom vraag je dat, wat is er aan de hand?'

Béla keek me aan en vertelde toen waarom hij dat zo precies wilde weten. Hij was vorige week opgebeld door de politie in Boedapest en ze wilden dat hij even langs zou komen op het politiebureau. Op zich is dat niet raar, omdat de politie vaak aan Béla vraagt om te helpen als het om informatie over Nederlanders gaat. Hij kent veel Nederlanders, omdat hij de beheerder van hun onroerend goed is in Hongarije. Béla is ook jarenlang bij de reservepolitie geweest, dus hij is ook bekend in dat wereldje. De politie in Boedapest had vragen over ene Rudolf Luten. 'Maar niet probleem nu. Jouw naam Roelof, dus niet probleem. Boedapest politie moet weten waar Rudolf Luten is. Jij Roelof, ik weet.'

'Wat is er aan de hand met die Rudolf Luten? Is dat ook een Nederlander of komt hij uit een ander land?'

'Slechte man Rudolf. Politie zoeken hem.'

Mijn nieuwsgierigheid was gewekt. 'Maar Béla, hoe ziet die Rudolf er dan uit? Roelof is erg lang en heeft lang haar, is die man ook erg lang dan? En hoe oud is die man, hij zal toch niet van dezelfde leeftijd zijn denk ik.'

'Ik foto gezien. Man lang, ook lang haar, zelfde oud als Roelof. Daarom ik vragen: hoe jouw naam. Belangrijk. Maar jij niet Rudolf, dus niet probleem.'

'Waarom zoeken ze die man, die Rudolf? Wat heeft hij gedaan dat de politie in Boedapest hem zoekt?'

'Nederland politie vragen aan Boedapest politie, waar Rudolf Luten. Moet Hongarije zijn. Is Duitse man, Nederland gewoond maar nu Duitse man. Is moordenaar.'

Wat? Ik schrok me kapot. Wat gebeurde er? Wat was dit voor ongein? Ik moest natuurlijk meteen weer aan die *hate site* denken. Dit zou er toch niets mee te maken hebben? Béla zag natuurlijk dat we erg schrokken van zijn verhaal en probeerde ons gerust te stellen.

'Niet probleem. Jij Roelof, niet Rudolf, Roelof Nederland, niet Duitsland. Politie moet Rudolf uit Duitsland. Is klaar nu, ik weet.'

Ik hoopte dat hij gelijk had. Béla had veel invloed bij de politie. Als hij zei dat Roelof niet de man was die ze zochten, dan was het voor hen klaar. Ik was blij dat Béla ons nu al jaren kende en wist wie en wat we waren. Gelukkig bleef het hierbij en hebben we er nooit meer iets van gehoord.

Geert

Het was kerst 2007. We hadden het altijd druk met de kerstdagen, maar dat vonden we prima. Het gaf ons een hoop afleiding om aan het werk te zijn. We waren op die bijzondere dagen het liefst hard en vooral lang aan het werk. Ook de beide kerstdagen van 2007 gingen lekker. We hadden het druk en er was een gezellige sfeer. Het was midden in de nacht toen de telefoon ging. Roelof pakte op en kwam even later verdwaasd naar me toe.

'Geert is dood', zei hij tegen me met een verslagen gezicht.

'Hé? Welke Geert?' vroeg ik terwijl ik stopte met het klaarmaken van de bestelling.

'Geert Kisteman', antwoordde hij, terwijl hij tranen in zijn ogen kreeg.

Ik stond als aan de grond genageld, het duurde even voor het goed tot me doordrong. We keken elkaar verschrikt aan en meteen draaide Roelof zich om en ging naar boven. Oei, dat ging niet goed. Geert, de beste vriend van Roelof, was na het werk in zijn horecabedrijf nog een kopje koffie aan het drinken met zijn personeel, toen hij gewoon omviel. Geert was letterlijk dood neergevallen.

Roelof ging al meer dan dertig jaar met hem om, elke maandag gingen ze de hort op en later in de week zagen ze elkaar ook meestal nog wel ergens. De twee mannen konden uitstekend met elkaar overweg. Veel collega's in Drenthe, Overijssel en Friesland wisten dat ze vaak samen op stap gingen. Het overlijden van Geert, zou ongetwijfeld heel hard aankomen bij Roelof. Het sloeg in als een bom. Na een kwartiertje kwam Roelof weer naar beneden en had zichzelf weer een beetje onder controle. De rest van de nacht waren we veel in gedachten bij Geert en zijn familie. Opeens waren de kerstdagen niet meer zo gezellig, zeker dit jaar niet meer.

In de put

Ongeveer twee weken later, het was begin januari 2008, merkte ik dat het niet goed ging met Roelof. 's Nachts kon hij moeilijk slapen en liep hij veel in de kamer rond. Hij was onrustig en kon zijn draai niet vinden. Toen ik hem erop aansprak, maakte hij er niet zo'n probleem van. Het zou wel over gaan. Ik wist dat het overlijden van Geert hem erg aangegrepen had en hoopte dat hij na verloop van tijd dit verlies een plekje zou kunnen geven. Maar het werd niet beter, hij bleef 's nachts in de kamer rondspoken. We werden er beiden niet jonger op en het werk werd steeds zwaarder voor me. Vooral het werk achter de schermen werd zwaarder en zwaarder. Achter de bar staan was nog een van de makkelijkste klussen om te doen. Het was de leeftijd die me parten ging spelen.

Roelof had al vanaf zijn dertigste de ziekte van Bechterew, een vorm van reuma. Maar nu begon ook mijn lichaam wat problemen te krijgen. Ik sprak er een paar keer over met Roelof om de boel te verkopen en naar Hongarije te vertrekken, maar daar was hij nog niet aan toe. Ook was Roelof bang dat we het financieel nog niet helemaal konden trekken tot ons 65e jaar. Oké, dan gaan we voor de zekerheid nog een tijdje door.

Na een aantal weken vermoedde ik dat Roelof in een depressie terechtkwam en sprak hem daarop aan.

'Hé, vertel me nu eens waarom je nog steeds niet kunt slapen.'

'Dat weet ik niet, ik kan gewoon niet meer slapen. En als ik slaap, word ik zomaar midden in de nacht wakker.'

'Waar zit je over te piekeren?'

'Nou ja, over van alles, over wat er allemaal gebeurd is en zo. Over Geert, over Andrea en over het café.'

'Wat is er dan met het café aan de hand, Roelof?'

'Weet je, we doen wel ons best, maar we hebben niet meer de puf om allerlei dingen te organiseren en zo. We moeten wat ondernemen omdat de omzet terug begint te

lopen.'
Ik zuchtte een keer. Ja, ik wist het. We werden moe van al die jaren nachtwerk in het café. Het werken ging steeds moeilijker. Misschien werd het nu tijd om het te verkopen aan jongere mensen. Mensen die vol enthousiasme en goede moed het weer op een hoger peil wilden en konden brengen. Het lukte ons niet meer. Het lag niet aan het café, maar aan onze inzet, dat wist ik ook.

Toen wij begonnen met het café, waren we jong, sterk en vol enthousiasme geweest. We hadden heel goede jaren gehad. Nu waren we moe, onze energie nam af, zeker om activiteiten te organiseren. Het was ook minder leuk geworden dan in het begin.

Toentertijd kon de kastelein zelf voor een groot deel bepalen hoe hij een café wilde runnen, nu nam de overheid dit over door allerlei regeltjes in te voeren. Daar hadden we beide grote moeite mee, met die regelgeving. Alles moest genoteerd worden, getemperatuurd worden, bijgehouden worden. We kregen voorgeschreven hoe en met wat we de boel moesten schoonmaken. Idioterie van de hoogste plank was dat. Het was bijna niet meer leuk om een café te runnen. Roken mocht ook al niet meer. Waar bleef de eigen verantwoordelijkheid van de mensen? Het leek wel of op die manier stukje bij beetje de eigen identiteit van de mensen werd afgepakt. Wij spraken onze klanten juist altijd aan op hun eigen verantwoordelijkheid, maar de overheid speelde het precies andersom. Het voelde alsof je vrijheid werd afgenomen.

Dus dat zat Roelof allemaal dwars. We spraken er een tijd over en er kwam steeds meer bij. Zoals natuurlijk ook de moord op Andrea dat er nog steeds geen dader was. Maar ook het overlijden van zijn moeder, die jaren geleden overleden was en met wie Roelof een heel goede band had, kwam weer boven. Zelfs de dood van onze honden speelde Roelof door zijn hoofd en het gaf me het bewijs dat er meer aan de hand was dan zomaar wat sombere gedachten.

'Ik denk dat het verstandig zou zijn om eens naar de

dokter te gaan.'

Roelof schamperde: 'Wat moet de dokter nou doen aan het overlijden van Geert en Andrea, het teruglopen van het café en alles. Het lijkt wel of alles tegenzit. We willen graag stoppen, maar het is crisis. Hoe denk je een café te verkopen in deze tijd? Dat kan wel jaren duren.'

'Nou, ik denk dat de dokter jou medicijnen kan voorschrijven waardoor jij weer normaal kunt gaan slapen. Of dat hij jou doorstuurt. Dit gaat steeds erger worden, hier heb je hulp bij nodig. Jij moet eerst zien dat je weer normaal kunt slapen 's nachts, dat is voor nu het meest belangrijke. De rest zien we dan wel weer.'

'Nou, het gaat wel hoor, ik heb nog geen dokter nodig.'

'Oké, het is jouw lijf en het zijn jouw gedachten en jouw slaap, niet de mijne', antwoordde ik en ik ging weer verder met mijn werkzaamheden.

Roelof was er duidelijk nog niet aan toe om hulp te zoeken. Hij mocht het zelf nog een poosje proberen, maar ik had er weinig vertrouwen in dat hij deze problemen zelf zou kunnen oplossen. Elke week hadden we hier meerdere gesprekken over aan de stamtafel. Roelof kwam geen steek verder en bleef piekeren en slapeloze nachten houden.

In mei gingen we voor anderhalve week naar Hongarije en Roelof keek er erg naar uit. Hij verwachtte dat hij daar meer tot rust zou komen en zich meer zou kunnen ontspannen. Ik hoopte ook dat het daar beter zou gaan. Ik werd die gesprekjes met Roelof wel een beetje zat. Het waren telkens dezelfde vragen die hij stelde. Waarom is er nog steeds geen dader voor de moord op Andrea, het café loopt terug, de regering maakt het telkens moeilijker om een café te runnen, ik mis Andrea, Geert, mijn moeder, het doet nog steeds pijn dat een paar van onze honden zo vroeg zijn overleden. Ik zie het niet meer zo zitten. En elke keer gaf ik dezelfde antwoorden. Dat de moord op Andrea ooit een keer opgelost zou worden. Dat het sterven van zijn moeder nu al zo lang geleden was, dat hij altijd aan haar terug mocht denken maar dan wel op een positieve manier. Datzelfde gold voor Andrea en Geert. Andrea was veel te jong, maar het was gebeurd. Geert was al op leeftijd, dus een natuurlijk gebeuren. Natuurlijk mocht hij ze wel missen, het mocht ook best zeer doen, maar het mocht hem niet dwars gaan zitten zodat hij niet meer goed kon slapen of functioneren. En het café? Tja, dat zouden eigenlijk jongere mensen moeten overnemen.

'Doe het stap voor stap, Roelof. Leef per dag als het te moeilijk voor je wordt. Denk niet over zo veel problemen na, je kunt je wel zorgen maken, maar ik denk dat het beter is om het maar op zijn beloop te laten.'

Ik wist dat het niet zou helpen, hij hoorde wel wat ik zei en hij wilde er ook wel wat mee doen, maar het lukte hem gewoon niet. Jammer. Ik miste de opgewekte, vrolijke man die Roelof was, ik wilde hem terug zoals ik hem kende.

Weer op het rechte spoor

Toen we in Hongarije waren, zei hij na een paar dagen: 'Nu ben ik hier en nu wil ik eigenlijk weer terug naar Ruinen. Maar als ik in Ruinen ben, wil ik hiernaartoe. Tjonge, wat is dit lastig.'

En weer hadden we het 'bekende' gesprek. Met weer dezelfde vragen en moeilijkheden waar hij niet uit kon komen. De volgende dag was ik lekker in de tuin bezig, maar toen we samen op het terras een kopje koffie gingen drinken, begon Roelof er weer over. Ik was het zat, in één keer was ik er helemaal klaar mee.

'He Roelof, we hebben elke keer deze gesprekken. Het schiet niet op. Jij moet hulp zoeken, want je komt er zelf niet meer uit. Het wordt alleen maar erger. Je zit in een vicieuze cirkel, dit werkt zo niet. Ik hou er mee op, ik ga de kar niet meer alleen trekken. Ik wil je helpen, zou me doodvechten voor je, maar je luistert niet naar me. Dat hoeft ook niet, dat moet je zelf weten, maar zoek het dan ook maar uit verdorie. Ik zeg al maanden tegen jou dat je hulp moet zoeken, dat wil je niet. Regel het dan maar lekker zelf. Ik ben er klaar mee, ik trek het niet meer. Je kunt twee dingen doen: of je belt nu een dokter, of je houdt er nu mee op. Dan wil ik er niks meer over horen.'

Ik liep gefrustreerd de tuin weer in en begon driftig onkruid te wieden. Ik was kwaad en het zat me tot hier al die ellende waar hij mee zat. Ik kon er niet meer tegen. Na tien minuten kwam Roelof me opzoeken in de tuin met de telefoon in zijn hand, en zei: 'Oké, je hebt gelijk. Bel de dokter maar voor een afspraak.'

Dat liet ik me geen tweede keer zeggen en ik belde meteen onze huisarts. Toen we terug waren in Ruinen, kreeg hij antidepressiva mee en er werd een afspraak gemaakt met een psycholoog. Door de medicijnen kon Roelof al snel weer doorslapen in de nacht en na drie maanden kreeg hij een gesprek met de psycholoog. Het ging meteen een stuk beter met Roelof. Hij mocht daarna de medicijnen langzaam afbouwen en het bleef goed gaan met hem. Ik was blij dat Roelof weer in orde was, zo kende ik hem. De man van wie ik hield en met wie ik al jaren mijn leven deelde, had ik weer terug.

Afscheid van het café

Van onze ouders leefde alleen mijn moeder nog. Ze woonde nog zelfstandig, maar het werd langzaam maar zeker moeilijker om dit vol te houden. Uiteindelijk ging het niet meer en ging ze naar het verzorgingstehuis. Mijn moeder had er grote moeite mee, maar het kon niet anders. Ze huilde toen ik haar wegbracht naar haar nieuwe adres en ik huilde toen ik naar huis ging.

Het was zaterdag 10 mei 2008. De zonen van mijn zus die ons wilden helpen met de verhuizing, konden alleen op zaterdag. We hadden de datum niet voor het kiezen. Na twee weken was ze opgetogen over haar appartement, de bewoners en de verzorging. Het was een pak van mijn hart en het werd een stuk rustiger voor mij en mijn zus.

Roelof en ik besloten om afstand te doen van het café om de meeste tijd in Hongarije te gaan doorbrengen. Daar was een heerlijk klimaat waar Roelof zich lichamelijk een stuk beter bij voelde en we konden meer de rust nemen waar we beiden behoefte aan hadden. Mijn moeder was er niet blij mee en zei tegen me: 'Je moet nu niet gaan, je moet wachten tot ik dood ben.'

'Maar mama, je kunt wel honderd jaar worden, dan hoeven wij niet meer te gaan. Dan is het te laat voor ons. We hebben het café nog niet verkocht en het is crisis, dus dit kan nog wel een paar jaar duren', antwoordde ik haar.

'Ja, dat is ook zo. Ik begrijp je ook wel, maar ik vind het niet leuk als je weggaat.'

'Dat begrijp ik heel goed, ik heb er ook veel moeite mee om je hier achter te laten. Maar je bent er een keer geweest, je hebt het gezien. Je weet in ieder geval waar we heen gaan en ik laat je in goede handen achter. Ze verzorgen je hier goed en je hebt het hier nu naar je zin. En de familie is er ook nog, zij zullen wel op je letten. Het is nu nog niet zover. Maar als het zover is, zal ik je regelmatig bellen. Oké?'

'Ach ja, dat zien we dan ook wel weer.'

Het verliep toch nog een stuk sneller dan we dachten, ondanks dat het crisis was. In augustus 2009 konden we de sleutel overhandigen aan een echtpaar dat het graag wilde voortzetten. Naast een berg administratieve rompslomp, voelden we ons sinds lange tijd vrij.

Afscheid nemen is nooit leuk. Ook niet van het café waarin we 26 jaar met veel plezier gewerkt hadden. We zouden het contact met onze klanten erg gaan missen. Het feit dat er nog steeds geen dader van de moord op Andrea in zicht was, kon ik nu steeds beter loslaten. Ik wilde er zo min mogelijk aan denken, het hielp me toch niet om telkens weer na te gaan denken: wat was er op die 10e mei 1993 gebeurd? En wie had dit op zijn geweten?

De afgelopen jaren had ik zo vaak geprobeerd om een

oplossing te vinden, de dader proberen te ontmaskeren, maar het was wel duidelijk geworden dat wij dit probleem zelf niet konden oplossen. Dit was een klus voor mensen die er verstand van hadden, die ervoor opgeleid waren. De politie. Laat maar los, we zien wel of het ooit opgelost gaat worden. Toch had ik er nog steeds vertrouwen in dat er op een dag een telefoontje zou komen van de politie. Ik hoopte wel dat dit zou gebeuren zonder dat er weer een slachtoffer zou vallen.

Moeder

In oktober van dat jaar – 2009 – vierde mijn moeder haar 90ste verjaardag. Alle kinderen en kleinkinderen waren daarbij aanwezig. Ze was trots dat ze deze leeftijd bereikt had en genoot die dag met volle teugen. Ze straalde gewoon. Roelof kon van het begin af aan altijd goed met mijn ouders opschieten en maakte vaak geintjes met mijn moeder.

Nu vroeg hij met een glimlach aan haar: 'En nu? Op naar de honderd?'

Ze lachte, maar keek daarna ernstig toen ze hem antwoord gaf: 'Nee, nee ik wil geen honderd worden.'

In december werd ze ziek en ging naar het ziekenhuis. Ik belde regelmatig mijn zus op, of ze belde mij om me op de hoogte te houden.

Begin januari 2010 zei ik tegen Roelof: 'Ik moet naar mijn moeder toe. Ik moet afscheid van haar nemen, ze wordt niet meer beter.'

'Verslechtert haar situatie?'

'Dat weet ik niet zeker, maar ik voel dat ik daar heen moet. Ik moet hier niet mee wachten, anders ben ik te laat.'

'Goed. Als jij denkt dat je er heen moet gaan, moet je gaan. Ik red me hier wel.'

Ik boekte meteen een vlucht en ging voor een week naar

Nederland. Elke dag bezocht ik haar en elke dag nam ik beetje bij beetje afscheid van mijn moedertje. Ze sliep veel, maar als ze wakker was en ze me zag, kwam er een glimlach rond haar mond en vond ze het doodnormaal dat ik aan haar bed zat. 'O, ben jij daar?' vroeg ze steevast. Een maand later is ze rustig ingeslapen, ook zij stierf zonder te weten wie haar kleindochter had vermoord.

Eind jaren negentig had ik – zoals zo vaak – weer eens een gesprekje met Andrea. Ik vroeg voor de zoveelste keer en vol ongeduld wanneer de moord op haar eindelijk eens opgelost zou worden.
'Geduld mama, je moet geduld hebben. Oma komt eerst.'

Toen mijn vader in 2000 overleed, hoopte ik eerst nog dat ik het niet goed verstaan had. Nu was mijn moeder overleden, zou het dan nu zover zijn dat de moord opgelost ging worden? Ik wilde niet weer elke dag aan de moord op Andrea denken, dus blokte ik deze gedachte zo snel mogelijk. Ik zou het vanzelf wel ontdekken. Het had geen zin om me nu weer elke dag hiermee bezig te gaan houden. Ik had jaren gevochten om weer van het leven te kunnen genieten en me niet meer elke dag met de moordenaar van Andrea bezig te houden. Ik wilde dit gevoel van vrijheid houden.

Twee maanden na het overlijden van mijn moeder werd haar huis verkocht en ging ik weer naar Nederland om de verkoop, samen met mijn broer en zus, af te handelen. Diezelfde dag dat ik naar Nederland vloog, werd het vliegverkeer uit de lucht gehaald omdat er een vulkaan op IJsland grote stofwolken uitbraakte. In heel Europa werd het vliegverkeer stil gelegd. De terugreis heb ik dan ook per trein afgelegd. Toen ik net thuis was, werd het vliegverbod opgeheven en vlogen er weer vliegtuigen rond.

Tijdens dit bezoek aan Nederland kwam ik er op een harde manier achter dat de stress bij sommige mensen wel erg hoog is. Ik moest nog even naar onze boekhouder, die vlak bij een rotonde zijn kantoor heeft. Toen ik de rotonde af reed, zag ik dat er nog twee parkeerplaatsen waren bij het winkelcentrum tegenover het kantoor van de boekhouder. De uitgang van de parkeerplaats was het dichtst bij.

Ik bedacht me geen moment en draaide de uitrit in, voordat de plaatsen bezet zouden worden door anderen. Ik hoorde iemand toeteren en ik zwaaide, omdat ik dacht dat een bekende me gezien had. Toen ik mijn papierwerk bij elkaar zocht, werd opeens de deur van de auto met een ruk open getrokken. Ik keek verbaasd naar de man die pal voor mijn neus stond.

'Wat ben je allemaal aan het doen mens? Ik zat bijna boven op je. Je draait zomaar een uitrit in. Het scheelde maar zo'n klein beetje', waarbij hij zijn duim en wijsvinger vlak voor mijn neus dicht bij elkaar hield.

Waar had die man het over?

'Zo'n klein stukje en ik zat tegen je aan. Kun jij geen borden lezen of zo? Heb je wel een rijbewijs?'

'Jazeker heb ik dat. Was je daar bang voor, dat ik er geen had?'

'Waarom rij je dan zo idioot? Jij rijdt zomaar een uitrit in, dat mag je helemaal niet doen!' schreeuwde hij boos.

Zo, die vent was knap boos op mij zo te zien en te horen. En het was nog een mooie vent ook. Boos? Hij was woedend. Hij bleef maar tieren en tekeergaan. Ik moest oppassen dat ik niet in lachen zou uitbarsten, dat zou beslist niet in goede aarde vallen.

'Zo'n klein stukkie, weet je wel wat er dan gebeurd was?'

'Ja, dan had jij de auto beschadigd en ik ook denk ik. Sorry voor het foute inrijden van mij. Ik heb dat bord niet gezien en was me er niet van bewust. Ik zal het niet meer doen.'

'Dat doe je toch niet, een uitrit in rijden! Daar krijg je ongelukken van. Zo'n klein stukkie en ik had boven op jou gezeten. Je lijkt wel niet wijs. Weet je wel wat er had kunnen gebeuren?' vroeg hij weer.

'Ja, dan had jij de auto beschadigd en ik de mijne ook.'

De man viel in herhalingen. Ondertussen had ik de stapel

papieren opgepakt en stapte ik uit. Ik keek opzij en zag dat hij zijn auto achter mijn auto had gezet, zodat ik niet weg kon rijden. Zijn vriendin of vrouw zat op de passagiersstoel en hield haar hand opzij voor haar gezicht. Waarschijnlijk wilde ze duidelijk maken dat ze op dit moment niet bij hem hoorde. Het was een mooie stoere vent met lang haar, wel mijn type. Hij keek me woedend aan en begon gewoon weer van voren af aan.

'Wat ben je voor een mens, wat zit je allemaal te doen? Jij bent een gevaar op de weg. Zo'n klein stukkie en ik zat tegen je aan. Weet je wat er dan gebeurd was?'

'Ja, dat weet ik. Dan had jij je auto beschadigd en ik ook. Sorry om wat ik verkeerd gedaan heb. Het is gelukkig allemaal goed gegaan. Wat wil je nou? Wat wil je nu dat ik nog meer doe, ik heb al een paar keer sorry gezegd.'

De man keek me verwonderd aan en wist even niet meer wat hij moest zeggen.

'Jij gaat zo dat bord bekijken, daar staat dat je hier niet in mag rijden. Ik wil dat jij dat bord gaat bekijken', zei hij woest.

'Oké, dat zal ik doen.'

Ik deed de auto op slot en wilde hier een eind aan maken.

'Nogmaals sorry voor mijn ongelukkige rijden. Gelukkig is het goed gegaan. Ik hoop dat je verder nog een prettige dag zult hebben.'

Hij keek me verdwaasd aan en mompelde zachtjes: 'Ja ja, jij ook.'

Dit had hij totaal niet verwacht, dat ik hem een prettige dag zou toewensen. Blijkbaar was hij hierdoor totaal overdonderd. Hij liep naar zijn auto en ik ging richting het verkeersbord waarop stond dat ik hier niet mocht inrijden. Toen ik onder het bord stond, keek ik omhoog naar het bord en stak ik mijn duim omhoog. De man had in de auto zitten wachten tot ik het bord bekeek. Daarna reed hij vlak bij mij langs en vervolgde hij via de uitrit zijn weg.

Toen hij een aantal meters bij me vandaan was, kon ik het niet meer houden en gierde ik van het lachen. Wat een idioot om hier zo'n drama van te maken. Als hij inderdaad boven op me was geknald, was hij zelf schuldig geweest. Ik had hooguit een boete voor het inrijden van een uitrit gekregen en dan was het klaar geweest. Simpel. Tjonge jonge zeg, wat was ik op dat moment blij dat ik in een minder gestrest land verbleef. Binnen 24 uur in Nederland had ik al de grootste ruzie. Dat was echt belachelijk.

3 mei 2010. Telefoon!

Ivanka kwam met haar gezin in de voorjaarsvakantie voor een week in een van onze huizen logeren. Ze hadden de hele nacht gereden en kwamen op zaterdag vroeg in de ochtend aan. Het was 1 mei 2010. Bijna zeventien jaar na de moord op Andrea.

Maandagochtend 3 mei zagen we dat haar man JeanPaul buiten een kop koffie ging drinken. Roelof en ik zaten op ons eigen terras in de zon.

'Kom, laten we even bij JP een bakkie gaan doen. Ze zijn wakker zo te zien.'

Roelof pakte zijn telefoon van de tafel, stopte hem in zijn broekzak en we liepen die kant op. We waren al vlak bij JP, toen de telefoon ging. Roelof keek op de display, pakte m'n arm en zei alleen maar: 'André'.

André was onze contactpersoon bij de politie.

Ik hield meteen in, we draaiden ons om en Roelof zei: 'Wacht even André, dan zet ik hem op de luidspreker, dan kan Lammi ook meteen mee luisteren.'

Ondertussen liepen we een paar meter terug op het grasveld.

'Goedemorgen André.'

'Goedemorgen Lammi. Ik heb een belangrijk bericht voor jullie: WE HEBBEN HEM!'

'Wát?!' riep ik luid. En toen zachtjes: 'Dat méén je niet!'

Ik voelde hoe het bloed uit mijn gezicht trok. Roelof en ik keken elkaar met grote ogen en vol ongeloof aan.

'Ja, echt, we hebben hem! Er is een honderd procent DNA-match.'

'Echt? Echt waar? Jeetje, oh, geweldig!'

'Ja echt waar! We hebben hem.'

Mijn hersenen werkten op volle toeren, de adrenaline vloog door mijn lijf.

'Is het een bekende? Kennen wij hem?'

'Nee, het is geen bekende en jullie kennen hem ook niet. Hij komt uit Hoogeveen, is nu 41 jaar en was toentertijd 24 jaar. We zijn hem aan het verhoren en de man wil volledig meewerken.'

'O gelukkig', zei ik met een zucht.

'Wanneer kunnen jullie in Nederland zijn?'

Mijn gedachten vlogen razend nel door mijn hoofd. Niet morgen, dat was te snel, dat ging niet.

Ik keek Roelof aan terwijl ik antwoordde: 'Woensdag.' Roelof knikte.

'Oké, zullen we dan afspreken dat we woensdag elkaar meteen ontmoeten in Assen? Hoe laat kunnen jullie ongeveer in Assen zijn?'

'Dat zal zo rond een uur of 5 of 6 in de middag zijn.' Roelof knikte dat dat goed was.

'Goed, we houden woensdag nog contact met elkaar als jullie onderweg zijn.'

'Ja, dat is goed. O, zo'n goed bericht hebben we nog nooit gehad. Helemaal geweldig! Bedankt André voor dit belletje.'

'We wilden jullie zo snel mogelijk op de hoogte brengen. We horen elkaar nog. Tot woensdag.'

Toen de verbinding verbroken was, drong het pas goed tot me door. Een volledige DNA-match. Ik begon te trillen. Langzaam liepen we naar JP toe, die ons ongerust aankeek.

'Wat is er aan de hand? Is er iets ergs gebeurd? Moeten jullie naar Nederland?' vroeg hij ongerust.

Ik ging op een terrasstoel zitten en probeerde een sigaret te pakken. Mijn handen beefden en ik probeerde te praten.

'Ze hebben hem', zei ik zachtjes en de tranen sprongen in mijn ogen.

Ik wist dat ik nog steeds geen kleur op mijn gezicht had. Het kostte me de grootste moeite om mijn emoties in bedwang te houden.

'Wat? Wat zeg je?!'

Roelof nam het van me over. 'Ze hebben hem, de moordenaar van Andrea.'

JP riep Ivanka, ook de kinderen kwamen naar buiten en het was meteen een chaos. Iedereen begon door elkaar te praten, vragen te stellen en elkaar uit te leggen wat er aan de hand was. Ivanka was net wakker en begreep er eerst niets van, maar al snel werd het ook voor haar duidelijk.

'Jullie gaan nu zeker zo snel mogelijk naar Nederland. Wanneer gaan jullie?'

'Woensdag. Maar wat gaan jullie doen? Jullie mogen gerust blijven hoor.'

'Nee, ben je gek? Ik blijf hier niet als jullie hier niet zijn', zei Ivanka.

De volgende dag reden ze tegen de avond terug richting Nederland. Het was een heel korte vakantie geworden voor hen.

In rep en roer

Een uur nadat wij het telefoontje van André hadden gekregen, ging er een persbericht de deur uit. Daarna werd de aanhouding meteen op alle zenders in het nieuws opgenomen. In Ruinen sloeg het nieuws in als een bom. De meeste mensen hadden al jaren geleden de hoop op een oplossing opgegeven. Nu was iedereen opgewonden, blij, maar ook onzeker of het werkelijk waar zou zijn.

Diezelfde avond nog vond er een besloten bijeenkomst plaats in Ruinen voor de inwoners. Daar kwamen ongeveer dertig inwoners, maar ook belangstellenden bijeen om meer informatie te krijgen. De burgemeester, politie en ook slachtofferhulp waren aanwezig om uitleg te geven en vragen te beantwoorden. De aanwezige mensen waren vooral opgelucht dat het geen inwoner van Ruinen was en dat alle betrokkenen goed ingelicht waren. Wij, maar ook de eerdere verdachten die ermee te maken hadden gehad, waren van tevoren goed op de hoogte gebracht van dit nieuws.

Het was heel belangrijk en slim van de gemeente en politie dat deze bijeenkomst meteen was geregeld. Zo voorkwamen ze ook dat er te veel 'verhalen' de ronde zouden gaan doen. Mijn mailbox stroomde vol met reacties van vrienden en bekenden, maar ook van voor mij onbekende mensen die toch graag wilden laten weten hoe blij ze voor ons waren. Hartverwarmend!

Nederland

Wij vertrokken de volgende dag – woensdag 5 mei – om vijf uur in de ochtend naar Nederland. Ik wist dat het voorlopig gedaan was met de rust. Het zou een hectische week voor ons worden. De hele rit naar Nederland waren we in gedachten bij de moordenaar van Andrea. Mijn grootste angst was dat hij niet alles zou vertellen, dat hij bepaalde dingen zou verzinnen of gewoon zijn mond dicht zou houden. Als ik daar aan dacht, brak me het zweet uit. Dat mocht niet gebeuren. Deze man moest de waarheid aan ons vertellen. Hij was de enige die de waarheid kende, hij wist wat er met Andrea was gebeurd. Het meest belangrijke op dit moment was dat hij ging praten. We wilden het hele verhaal tot in detail horen. Was dan nu eindelijk de tijd aangebroken dat we de waarheid zouden horen? Hier hadden we tenslotte zeventien lange jaren op zitten wachten.

De laatste paar honderd kilometers hadden we een aantal keren contact met André in Assen. Rond vijf uur die middag kwamen we in Assen aan bij het politiebureau.

Toen André ons naar de kamer bracht waar meer mensen van het onderzoeksteam zaten, vroeg ik aan André: 'Waar zit die klojo, hier in dit gebouw soms?'

'Ja, hij zit momenteel hier in de cel', antwoordde hij tot mijn verrassing.

'O, en ga je me nu ook even vertellen waar precies hij zit?'

'Nou, dat lijkt me geen goed idee Lammi.'

Nee, natuurlijk niet. Dat was op dit moment zeker geen goed idee. Ik verwachtte ook niet dat André me zou vertellen waar hij zat, maar ik kon het niet laten om het toch te vragen. Ongelooflijk wat je dan voelt: de man die Andrea zeventien jaar geleden vermoord had, zat hier op enkele meters bij ons vandaan. Zo dicht was hij waarschijnlijk nog nooit bij ons in de buurt geweest.

De sfeer van het gesprek was opgetogen en de politie benadrukte ons nogmaals dat de man absoluut wilde meewerken aan zijn verhoren. Ik slaakte een zucht van verlichting. Ik hoopte dat hij zijn woord zou houden, dat hij alles, maar dan ook alles zou vertellen. De man was opgelucht dat hij nu aangehouden was en eindelijk zijn verhaal kon doen. Hij kon eindelijk zijn geheim na zeventien jaar delen met anderen. Hij wilde schoon schip maken. De laatste maanden verwachtte hij elke dag dat de politie bij hem voor de deur zou staan en maandag 3 mei 2010 was het dan zover.

Hij woonde in Hoogeveen, had een eigen bedrijf in betonmallen maken, was een keer gescheiden en had nu een vriendin met een kindje. Maar ook deze relatie was kortgeleden op de klippen gelopen. We kregen een vergroting van een foto te zien, waarbij zijn ogen waren afgeschermd. Het was een blokkerige foto, maar toch kregen we een goed beeld van hoe hij eruit zag. Zijn naam was Henk F. Dat was de naam waar we al die jaren naar gezocht hadden.

In november van het vorige jaar had zijn inmiddels exvriendin aangifte gedaan van huiselijk geweld. Hij was daar ook voor veroordeeld door de politierechter. Het was de eerste keer dat hij voor een rechter moest verschijnen. Naar aanleiding van deze veroordeling, moest hij zijn DNA afstaan. Dat gebeurde op 10 maart 2010. Het Nederlands Forensisch Instituut kreeg een volledige match met het DNA dat op het lichaam van Andrea was gevonden op 22 april.

Medeleven

Aan het eind van die dag, woensdag 5 mei, gingen we op tijd naar bed. We waren moe van de reis, we hadden veel informatie gekregen en de volgende dag zou het een gekkenhuis worden. De media wisten nu dat we in Nederland waren en iedereen wilde graag een reactie, een interview of een opname voor radio of televisie.

En inderdaad, die donderdag begon de telefoon al te rinkelen toen ik nog in bed lag. Dat ging de hele dag door; de komende dagen hoefde ik me niet te vervelen. Sommige kranten wilden graag een foto en we besloten dat bij het café te doen. We waren blij en opgelucht en dat kon ook iedereen merken.

Eén fotograaf had daar moeite mee en wilde dat we een meer 'ernstig gezicht' trokken, omdat het om een ernstige zaak ging. Dat was natuurlijk ook zo, maar we waren nu juist in een jubelstemming. De dader was eindelijk tegen de lamp gelopen, en dat was voor ons reden genoeg om heel blij te zijn. We glimlachten tegen elkaar en wisten dat we beiden in de gaten hadden dat de fotograaf moeite had om met deze situatie om te gaan.

Wij wisten al dat Henk F. een bekentenis had afgelegd, maar toen het de volgende dag bekend werd op radio, tv en in de kranten, was de opluchting en blijdschap van de mensen voelbaar en merkbaar. Vooral de inwoners van Ruinen, maar ook vrienden en bekenden waren erg opgelucht. Er was een DNA-match én een bekentenis.

Super, dit ging goed, eindelijk. Nu kon er bijna niets meer fout gaan. Voor ons was de echte dader van de moord op Andrea nu bekend.

Natuurlijk waren de mensen opgelucht en blij, de wereld was voor hun gevoel nu een stuk veiliger geworden. Overal waar we kwamen, hielden mensen ons aan om ons te feliciteren met de bekentenis. In Ruinen, Dwingeloo, Hoogeveen en Meppel, waar we ook liepen of in een winkel stonden, de mensen spraken ons spontaan aan of gaven ons een schouderklopje in het voorbijgaan. Ze knikten en lachten of staken een duim naar ons op.

Dat voelde zo goed, we voelden de warmte en het medeleven van de mensen om ons heen. Geweldig! Yes! Eindelijk! Iedereen was blij voor ons en met ons.

Er was een bekentenis, hij praatte, hij vertelde het verhaal, hij wilde meewerken. Wat een opluchting. Nu wilden we nog maar één ding: het hele verhaal horen. We hadden wel geduld om hem de kans te geven om het hele verhaal goed te vertellen en graag met alle details erbij. De tijd die we nog geduldig moesten afwachten, was nu te overzien. De politie had tijd nodig om alles goed te onderzoeken en om vooral geen fouten te maken. Deze keer moest alles goed gaan, er mochten geen fouten meer gemaakt worden.

Televisie Drenthe

Een van die dagen was ik live bij RTV Drenthe. Andries Ophof, de presentator, en ik hadden een prettig gesprek over het verloop van de afgelopen dagen. Al die tijd hadden we het natuurlijk over Henk F. en zijn aanhouding. Het is gebruikelijk dat je in de media niet de volledige naam noemt en ik had me daar al die jaren braaf aan gehouden. Maar ik was nog steeds erg blij en aan het eind van het programma riep ik met een brede lach op mijn gezicht: 'We weten nu eindelijk wie onze dochter vermoord heeft. Het is Henk F..... geweest uit Hoogeveen!'

Andries Ophof, de presentator, keek me verbijsterd aan. Ik herhaalde nog een keer de volledige naam en riep triomfantelijk: 'Het was Henk F..... uit Hoogeveen!' Twee tellen later waren we uit beeld en de deur van de studio vloog open. Margriet Benak, die voor radio en televisie presenteert, kwam gierend van de lach binnen en stak haar wijsvinger waarschuwend omhoog.

'Dat deed je expres, Lammi Luten, dat deed je expres hè?'

'Ja Margriet, dat deed ik inderdaad expres. Ik moest even mijn gram halen.'

Beiden lagen we in een deuk van het lachen, zeker toen we naar Andries keken die nog steeds een verbijsterde uitdrukking op zijn gezicht had. Langzaam maar zeker drong het tot hem door dat het geen vergissing van me was dat ik de naam volledig had genoemd. Omdat het een live-uitzending was, konden ze er geen piepje meer in verwerken. Dat gebeurde natuurlijk wel bij de herhalingen.

Etentje

Die week werden we door mijn vriendin Geri en haar vriend Jan uitgenodigd voor een etentje om het goede nieuws te vieren. Terwijl we in een restaurant vlak bij hun huis in Zuidwolde zaten, zei Jan opeens: 'Als je het jaren geleden niet tegen Geri had gezegd, had ik het nooit geloofd. Beslist niet, ik had het nooit geloofd.'

Ik keek Jan aan en wist eerst niet waar hij het over had.

'Jij hebt jaren geleden tegen Geri gezegd wat Andrea tegen jou heeft gezegd. Ik geloof dat dat wel een jaar of tien geleden is, misschien wel langer. Andrea had tegen jou gezegd dat oma eerst nog zou komen.'

Jan schudde zijn hoofd over dit 'vreemde gebeuren' en had een brede grijns op zijn gezicht.

Geri verbeterde Jan: 'Ze heeft letterlijk gezegd: oma

komt eerst.'

Oh jeetje, daar had ik helemaal nog niet aan gedacht. Natuurlijk. Vlak na het overlijden van mijn moeder was het nog door me heen geschoten. Nu in deze hectische tijd had ik er nog niet bij stilgestaan; ik had er gewoon nog niet de tijd voor gehad om eraan te denken.

Het was precies zo uitgekomen zoals Andrea het aan mij verteld had.

'Geduld mama, je moet geduld hebben. Oma komt eerst.'

'Oh, Geri, je mocht het niet vertellen', zei ik quasi verontwaardigd.

Geri begon te lachen en zei: 'Ja, dat weet ik. Maar ik kon het met het volste vertrouwen tegen Jan zeggen.'

We lachten omdat we beiden wisten dat Jan wel een geheim kon bewaren. Wat was ik blij dat ik het al meer dan tien jaar geleden aan een paar vriendinnen had verteld, onder meer aan Geri.

'Nu dit is gebeurd, kan ik ook beter met jou meegaan met het idee dat er meer is tussen hemel en aarde. Wát, dat weet ik niet, maar ik geloof ook wel dat er meer is, en nu zeker. Dit verzin je niet.'

Geri en ik keken elkaar lachend aan en hielden onze mond. Goed zo, ga maar nadenken nuchtere, harde werker. Het kan geen kwaad om het eens van een andere kant te bekijken. Op een spirituele manier naar het leven kijken: het maakt het leven vaak een stuk begrijpelijker. De paragnosten hadden gelijk gekregen. De oplossing was gekomen als een donderslag bij heldere hemel, ook dát hadden ze verteld. En ook dát was gebeurd. Het klopte precies. Andrea was continue in mijn gedachten en bij heel veel andere mensen ook. Ik had weer het gevoel dat ze vlak bij ons in de buurt was. Het was prachtig weer en we zaten met goede vrienden lekker te eten in een goed restaurant. Het leven kon nog steeds goed zijn, als je het maar wilt voelen en ervaren. Dit was een goede dag, beslist.

Terug naar Hongarije

De dagen daarna waren net zo druk en we gingen van hot naar her voor allerlei afspraken. We hadden nog een paar keer een gesprek met de politie in Assen, die ons zo goed mogelijk op de hoogte hield. Dat was erg prettig. Tot nu toe wisten we niet beter dan dat Andrea niet was verkracht. Bij een van deze gesprekken in Assen, hoorden we dat ze wél was verkracht. Oraal. Ze had hem onder dwang moeten pijpen. Dit valt onder verkrachting. Dat was een enorme schok voor ons en het kwam keihard aan. Ook hoorden we dat ze snel bewusteloos was geraakt, toen hij haar wurgde.

Het waren harde details, maar dat was te verwachten. Het zou geen pretje worden om nog verdere details te horen over de dood van onze dochter, dat was zeker. Toch wilde ik alles weten over hoe het gegaan was, wat er was gezegd of ze zich had verzet, of wat dan ook. Alles wilde ik weten van die gebeurtenis op 10 mei 1993, rond half 5 in de middag.

Voorlopig moesten we nog even wachten, Henk F. moest de tijd hebben om zijn volledige verhaal te kunnen vertellen. In de afgelopen jaren hadden we wel geleerd wat het betekent om geduld te hebben. Na een week hadden we iedereen gesproken die we moesten of wilden spreken en we verlangden weer naar ons rustige plekje in Hongarije. Op dat moment konden we verder niets meer in Nederland doen. We moesten Henk F. en de politie de tijd geven om alles in kannen en kruiken te krijgen. Er zou beslist een rechtszaak komen en dan zou alles duidelijk worden, dat was zeker.

En ooit, ooit zou er een dag aanbreken dat ik persoonlijk met Henk F. zou spreken. Ook dát was zeker!

Toen we in Hongarije aankwamen, kregen we een warm ontvangst van onze vrienden daar. Het was voor hen nieuw, de meesten leerden ons eerst kennen en kwamen er daarna pas achter dat wij een dochter verloren hadden door moord. Ook hier gingen de verhalen natuurlijk snel rond. Het is niet één keer gebeurd dat er vrienden van ons zelf over Andrea begonnen te praten. Ze lieten het aan ons over of we over Andrea wilden praten of niet. En dat gebeurde maar zelden.

Nu kregen we enthousiaste omhelzingen en felicitaties. De meesten hadden het nieuws op de voet gevolgd om te weten wat er allemaal gebeurde. Ook onze Nederlandse vrienden in Hongarije leefden erg met ons mee, maar wisten tegelijkertijd niet goed hoe ze moesten reageren. Ze peilden ons om te zien of ze vrolijk konden zijn of dat ze verdrietig moesten zijn. Het was een rare periode, vol heftige emoties. Woede, blijheid, haat, opluchting, angst, verdriet, heimwee en pijn wisselden elkaar in snel tempo af.

Natuurlijk zaten we nog met veel vragen die we voorlopig nog even in de ijskast moesten laten, maar toch was ik er ongemerkt meer mee bezig dan ik in de gaten had. Als Roelof 's avonds naar bed ging, bleef ik nog een hele poos in de kamer zitten piekeren. Dromend, me dingen afvragend, fantaserend bij een televisie die aan stond, maar waar ik niks van hoorde.

En ik voelde ook weer heftige woede en haat naar de dader toe, Henk F. Nu was er eindelijk een naam en een gezicht in plaats van een schim zonder hoofd. Nu kon ik mijn woede richten op iemand. Ik haatte hem tot in mijn tenen en dat gevoel van het begin was soms weer helemaal terug. Voor ik naar bed ging, zorgde ik er wel voor dat ik dat gevoel kwijt was. Dan ging ik mijn gedachten ombuigen naar de goede herinneringen aan Andrea. Die had ik gelukkig voldoende. Als ik dat niet zou doen, wist ik dat ik de halve nacht wakker zou liggen van woede.

Een hardwerkende man

De media begonnen natuurlijk ook alles na te trekken en zo stond er al snel in veel kranten dat bijna niemand die Henk F. kende, zich kon voorstellen dat hij er werkelijk iets mee te maken zou kunnen hebben. Hij stond bekend als een vriendelijke, rustige en wat slungelige man die niet opviel. Hij was een hardwerkende man, die ook 's avonds doorwerkte in zijn eigen zaak van betonmallen maken. Het *Algemeen Dagblad* had op vrijdag 7 mei een vette kop in de krant: 'Verdachte moord Andrea Luten is een 'prima kerel''. Zo werd hij omschreven door zijn buren. Ook zijn familie was met stomheid geslagen en had nooit iets aan hem gemerkt. Toen Henk F. aangehouden werd, had hij financiële problemen in zijn bedrijf en ook was zijn vriendin er net vandoor gegaan. Henk F. had dus problemen op het zakelijke vlak en in de privésfeer. Het ging bepaald niet goed met hem de laatste paar maanden. Daarbij kwam dat hij elk moment de politie voor de deur verwachtte, in verband met het afgenomen DNA. Hij wist dat de politie vroeg of laat zou komen om hem te arresteren voor de moord op Andrea. Voor hem was het een kwestie van tijd; hij wist dat er geen ontkomen aan was.

Toen hij gearresteerd werd, was het dan ook een opluchting voor hem. Zeker toen hij zijn geheim eindelijk met anderen kon delen. Bij elk verhoor kwam er een stukje informatie meer naar boven in zijn geheugen. In de afgelopen zeventien jaar had hij toch blijkbaar allerlei details verdrongen naar de achtergrond. Nu kreeg hij alle tijd om deze verdrongen bijzonderheden weer naar voren te halen.

Henk F. was nooit eerder door getuigen genoemd of in een onderzoek naar voren gekomen. Ook was hij niet betrokken bij de twee uitgebreide DNA-onderzoeken in september 2004 en 2005.

Hij was dus een totaal onbekende en een nieuwe verdachte. Hij ging in de fout door mishandeling van zijn vriendin, waarvoor hij in november van het jaar daarvoor (in 2009) veroordeeld was. Henk F. had zijn vriendin 'slechts' één klap uitgedeeld. Het was net voldoende om hem voor huiselijk geweld te veroordelen. Maar die ene klap zou toch grote gevolgen hebben. Hij moest DNA afstaan op 10 maart en op 22 april kwam er een match. Henk F. had het recht om zijn mond te houden, dat zou zijn advocaat ook zeker aanraden. Een DNA-match alleen was niet voldoende voor een veroordeling, daarnaast moest ook een bekentenis komen. Als die er niet zou komen, dan zou de politie met aanvullend bewijs moeten aantonen dat hij inderdaad de dader was. En dat zou nog wel eens heel moeilijk kunnen worden na al die jaren. Maar dat was gelukkig nu niet meer aan de orde: Henk F. deed nu iets heel goeds. Hij bekende! Hij vertelde zijn verhaal, hoe het gebeurd was. Het was voor hem een opluchting om het allemaal eruit te gooien. Het voelde voor hem als een bevrijding van een loodzware last. Het enige goede dat hij op dit moment nog kón doen, deed hij. Hij begon het hele verhaal te vertellen! Het was voor Roelof en mij een enorme opluchting dat Henk F. bereid was om openheid van zaken te geven. Nu, na zeventien lange jaren van wachten, zouden we eindelijk te horen krijgen wat er op 10 mei 1993 met onze dochter Andrea in de Gijsselter bossen was gebeurd.

Er was nog een man die dolblij was met de bekentenis van Henk F. Richard K, de man die onterecht verdacht werd van de moord en een paar maanden had vastgezeten als verdachte. Hij was dan wel vrijgesproken van de moord op Andrea, maar veel mensen hadden toch nog zo hun twijfels, ook omdat hij veroordeeld was voor het mishandelen van zijn vriendin. Nu was hij ook heel blij dat de dag was aangebroken dat de werkelijke dader was opgepakt. Vanaf dit moment voelde hij zich pas echt vrij van elke verdenking. Hij kon nu opgelucht adem halen en verder met zijn leven zonder nagekeken te worden.

Boemerangeffect

Op 17 mei werd het bedrijf van Henk F. (het maken van beton mallen) op zijn eigen verzoek failliet verklaard. Het bedrijf had al moeilijkheden, maar door de arrestatie van Henk F. was dit proces waarschijnlijk versneld. Door het faillissement raakte hij ook zijn beide huizen kwijt. Het leek wel of zijn leven als een kaartenhuis in elkaar stortte. Nou ja, voorlopig zou hij een aantal jaren onderdak hebben, daar hoefde hij zich geen zorgen meer om te maken. Was dit zijn boemerang die hij terugkreeg van het leven?

Bezoek van het Openbaar Ministerie

Het was hartje zomer en het Openbaar Ministerie en de politie wilden graag een gesprek met ons. Ze stelden voor om bij ons in Hongarije te komen. We vonden dat prima, het zou meer rust geven dan wanneer wij naar Nederland zouden gaan. Ze wilden ons bijpraten over de voortgang van de verhoren en het hele verhaal van Henk F.

Op dinsdag 20 juli 2010 kwamen de officier van justitie Ger Souër, de leider van het onderzoeksteam Rik Carmio en onze contactman André, bij ons op bezoek. Het was erg warm en daarom gingen we onder de bomen in de schaduw zitten.

De officier van justitie vertelde het verhaal van Henk F. Hij vertelde ook dat ze hem wilden laten onderzoeken door het Pieter Baan Centrum. De deskundigen moesten beoordelen of Henk F. wel of niet toerekeningsvatbaar was toen hij Andrea om het leven bracht. Rik Carmio vertelde over de verhoren van Henk F. Hij vertelde dat Henk F., nadat hij Andrea gewurgd had, een voet op haar hals had gedrukt. Rik probeerde het voorzichtig te vertellen, maar het kwam toch keihard aan. Het deed me ongelooflijk veel pijn toen ik dit hoorde.

Andrea had alles gedaan wat hij van haar wilde en toch doodde hij haar. Dat alleen al was vreselijk, maar moest hij dan ook nog een voet op haar keel zetten? Waarom zo wreed? Het voelde of hij haar letterlijk de grond in had willen trappen. Of ze een stuk vuil was voor hem. Gatver! Ik kreeg meteen weer allerlei moordneigingen in mijn hoofd. Ik voelde een enorme woede naar de man toe die onze dochter van het leven had beroofd.

Ze konden aan onze gezichten wel zien hoe hard dit bij ons binnenkwam. Rik vroeg aan ons of we de uitgetypte verhoren wilden lezen; hij had ze meegenomen. Ik zei direct dat ik die wilde lezen, maar Roelof voelde daar niets voor. Nu wilde ik zeker weten wie en hoe de man was die onze dochter dit had aangedaan. Wat was dit voor een beest? Hoe zag hij eruit en wat ging er in dit monster om?

Rik en ik gingen aan de andere kant van ons huis onder de overkapping zitten. Ver bij Roelof en de anderen vandaan. Ik wilde nu niet gestoord worden door een gesprek of iets dergelijks. Ik zette het knopje van mijn emoties op *off* en begon te lezen. Het was een heel pakket, maar ik nam de tijd om het te lezen. Rik hield me haarscherp in de gaten om te zien of het goed met me ging, maar ook om eventuele aanvullingen of uitleg te geven. Ik vond dit erg prettig, omdat me dit een veilig gevoel gaf.

Henk F. was duidelijk niet gewend om over emotionele gebeurtenissen te praten, dat werd me meteen al duidelijk. Wat me tegenviel en waar ik geen rekening mee had gehouden, was het feit dat hij vaak het antwoord 'Dat weet ik niet' gaf op vragen. Het stoorde me enorm. Hoe bestaat het dat je zo'n delict niet meer tot in details weet? Dat was voor mij heel moeilijk om te begrijpen. Aan de andere kant wist ik ook dat er mensen bestaan die dit soort dingen in hun geheugen blokkeren en verstoppen, omdat het anders te veel pijn of verdriet zou kunnen doen. Zou hij daar last van hebben? Van spijt, berouw en verdriet? Kon hij daarom geen antwoord geven op bepaalde vragen? Dat vroeg ik me vertwijfeld af. Aan m'n hoela, Henk F. MOEST alles vertellen! Maar in elk verder verhoor kwamen er toch steeds meer details naar boven in zijn geheugen. Ik kreeg weer hoop dat hij uiteindelijk precies zou kunnen vertellen hoe die dag in mei verlopen was. Maar waarom was dit gebeurd? Dat kon hij niet vertellen, doodgewoon omdat hij het niet wist. Volgens hem zou het lust geweest moeten zijn.

Ik mocht de verslagen houden en heb ze nog verschillende keren doorgelezen. We waren beiden behoorlijk aangeslagen na dit bezoek, maar we waren wel heel blij dat ze ons dit hadden verteld voordat de rechtszaak zou beginnen. Ik hoopte toch echt dat er niet meer nare dingen boven tafel zouden komen. Ik vond dit meer dan genoeg.

Op 23 november kwamen de officier van justitie, Gert Souër, de politieteamleider Rik Carmio en een vrouw die ons zou begeleiden bij de rechtszaak nog een keer naar Hongarije. Deze keer vertelde de officier hoe het in zijn werk zou gaan bij de rechtszaak. Hij vertelde in dit gesprek ook dat hij vijftien jaar cel zou eisen. Het was prettig om te weten hoe het bij de rechtszaak in zijn werk zou gaan, zodat we niet voor verrassingen zouden komen te staan.

Foute ouders

Ook deze zomer waren de beide gastenhuizen goed verhuurd aan vakantiegangers. Midden in de zomer kwam er een gezin met twee kleine kinderen. De ouders pakten de auto uit en hielden vakantie. Je zou zeggen: prima, niks mis mee. Alleen, ze keken vervolgens nauwelijks naar hun kinderen om. Mevrouw was zwanger van haar derde kind, maar haar jongste kind liep rond het zwembad zonder bandjes of zwemvest. De peuter kon nog niet zwemmen. Vader en moeder waren druk bezig met hun laptop op het terras of lagen te bakken in de zon. De kinderen moesten zichzelf maar vermaken. Als de jongste verdriet had, of graag wat aandacht wilde, gaven beide ouders totaal geen reactie. Een paar dagen later had de kleine jongen wat moois gemaakt in de zandbak. Hij zag zijn moeder op een paar meter bij hem vandaan een schoen oppakken en riep enthousiast: 'Mama, mama kijk wat ik gemaakt heb! Kijk, kijk dan mama. Mama, kijk eens!' Maar zijn moeder had geen zin om te kijken en liep op haar dooie gemak richting het huis. Het kind bleef zijn moeder roepen en liep uiteindelijk al roepend naar het huis toe.

Ik was regelmatig in de tuin aan het werk, maar liep steeds vaker weg omdat ik het niet meer kon aanhoren of zien. Ik kreeg de neiging om de hele dag dat kindje in de gaten te houden. Roelof begon het ook te merken en het duurde niet lang of we liepen op onze tenen van frustratie.

Gelukkig vertrokken ze eerder dan gepland, want we stonden op het punt om deze familie weg te sturen. We konden het niet meer verdragen! Het was tenenkrommend. Hoe is het mogelijk dat op het moment dat wij in een achtbaan van emoties zaten, juist deze familie bij ons haar vakantie doorbracht? Het was erg confronterend en behoorlijk pijnlijk voor ons. In onze ogen waren dit foute ouders. Ze beseften geen moment hoe kostbaar en hoe kwetsbaar kinderen kunnen zijn.

Pro-forma zitting

Op 3 augustus 2010 diende de pro-forma zitting voor de rechtbank van Assen. Het Openbaar Ministerie maakte bekend dat Henk F. half augustus ter observatie naar het Pieter Baan Centrum in Utrecht overgebracht zou worden. Iedereen wilde dit zo snel mogelijk laten gebeuren, maar er was een wachttijd van tien weken. De observatie van Henk F. zou enkele weken in beslag nemen.

De pro-forma zitting trok veel belangstelling van de media, maar duurde amper vijf minuten. Henk F., die in

Vught vast zat, was zelf niet aanwezig. Wij ook niet. De tweede pro-forma zitting werd gepland op 15 oktober. Acht jaar daarvoor rond dezelfde tijd zaten we ook in de rechtbank in Assen. Het was toen de eerste zittingsdag van de rechtszaak tegen Richard K. op 5 augustus.

Aandacht media

De rechtszaak zat eraan te komen en de media besteedden er volop aandacht aan. De eerste zittingsdag van de rechtszaak zou op 7 december plaatsvinden.

De week daarvoor werd ik regelmatig gebeld voor een interview en de dag voor de zitting stonden de kranten al vol met paginagrote artikelen. Nu kon iedereen weer zijn geheugen opfrissen over wat er de afgelopen jaren gebeurd was, omdat de kranten dit nog eens even haarfijn op een rijtje hadden gezet.

De inwoners van Ruinen hoefden niet echt opgefrist te worden, zij wisten wel hoe het de afgelopen jaren gegaan was. Het was zoals een krant kopte: 'Ruinen wacht met smart op vonnis'. De inwoners van Ruinen waren dolblij dat nu na zeventien jaar de echte dader was opgepakt en dat er nu eindelijk bekend zou worden wat er gebeurd was met Andrea. Ook de familie van Richard K. was heel benieuwd naar de waarheid – en terecht.

Iedereen was vol spanning, maar ook was er veel opluchting. Veel mensen voelden zich een stuk veiliger. Andries Ophof, de presentator van het programma 'Drents Diep' van RTV Drenthe, kwam op 24 november met een cameraman naar Hongarije om een reportage over ons te maken. De dag daarvoor hadden we voor de tweede keer nog bezoek gehad van het Openbaar Ministerie en de politie. Andries en zijn cameraman kwamen op het goede moment. Het was nog steeds prachtig weer, wel koud maar ook veel zon. We namen ze mee voor een rit met paard en wagen over de poesta. Zo zouden ze een goed beeld kunnen krijgen van ons leven hier in Hongarije. De dag na hun vertrek lag er twintig centimeter sneeuw, de winter was ingevallen.

De uitzending was op 30 november, ze hadden er een mooi geheel van gemaakt. Zondag 5 december gingen Roelof en ik voor de rechtszaak naar Nederland. We waren klaar voor een zware en emotionele week.

Rechtszaak

De eerste zittingsdag van de rechtszaak tegen Henk F. begon op 7 december 2010. We gingen voor de tweede keer naar Assen om een proces tegen een verdachte van de moord op Andrea te volgen.

Deze keer hadden we er volledig vertrouwen in dat er een veroordeling zou volgen. Al vroeg waren de media aanwezig bij de rechtbank. Er stond een heel leger van journalisten van kranten, radio en televisie. Ook waren heel veel belangstellenden al vroeg naar Assen vertrokken om een plaatsje te bemachtigen op de tribune. Ze moesten wel op tijd komen, omdat iedereen uitvoerig werd gecontroleerd en door een detectiepoortje moest.

De politie had me gevraagd om een gastenlijst te maken met namen van familieleden en vrienden. Zij hadden op die manier in ieder geval een plaats op de publieke tribune. Er waren nog een paar zalen waar de mensen terecht konden. Zij konden de rechtszaak volgen via een groot scherm. De tribune en de zalen waren bomvol. Er waren zoveel belangstellenden op de rechtszaak afgekomen, dat niet iedereen een plekje kon bemachtigen. Deze mensen konden weer naar huis vertrekken. Vol was vol.

Ook deze keer kregen we de beschikking over een kamer waar we ons konden terugtrekken en zelfs mochten roken. Dat was bijzonder prettig. Vlak voordat de rechtszaak begon, kregen we een seintje en gingen we naar onze plek op de tribune.

Iedereen had een vaste plaats en Roelof en ik zaten vooraan. Vlak achter de dikke glazen wand die de scheiding vormde naar de rechtszaal. Toen Henk F. binnenkwam, was dat een spannend moment. Hij liep rechtop en keek zoekend naar de tribune. Net of hij bepaalde mensen zocht. Naar wie was hij zo nieuwsgierig? Naar ons? Naar familie van hem? Steun of haat? Daar liep hij, dát was hem dus. Hij had Andrea om het leven gebracht! Op dat moment was ik één brok woede en haat naar de man die nu voor de wet veranwoording af moest leggen. Ik ademde zwaar en moeizaam en kon mijn ogen niet van hem afwenden.

De emoties gierden door mijn lijf. Nadat hij ging zitten, kon ik weer normaal ademhalen. Ik begreep dat ik mijn uiterste best moest doen om mezelf onder controle te houden. Het was 10 uur in de ochtend en de rechters kwamen binnen. Het proces begon.

De officier van justitie, Gert Souër, las de dagvaarding voor: doodslag in combinatie met verkrachting en subsidiair voor moord. Henk F. was door het Pieter Baan Centrum geobserveerd en de conclusie van het Pieter Baan Centrum was dat Henk F. volledig toerekeningsvatbaar was. Er waren geen stoornissen naar voren gekomen die het misdrijf konden verklaren. Henk F. kwam naar voren als een man met een kwetsbare persoonlijkheidsstructuur die het overzicht kon verliezen.

Een man met impulsief gedrag, die heel erg op zichzelf gericht was. Ook had hij de laatste jaren meer en meer de grip op zijn eigen leven verloren. Ik was blij met de volledige toerekeningsvatbaarheid van Henk F. Geen flauwekul dat je het hem niet kunt aanrekenen, omdat hij niet oké is. Gewoon bij zijn volle verstand. Klaar.

Daarna vertelde de officier wat er op 10 mei 1993 gebeurd was. Henk F. zat in mei 1993 in de ziektewet, omdat hij met een zaag zijn vinger had verwond. Als hij zich verveelde ging hij een eind fietsen, zo ook de 10e mei. Onderweg kwam hij Andrea tegen en op dat moment kreeg hij opeens zin in seks. Hij keerde om en fietste Andrea achterna. Toen hij haar had ingehaald, pakte hij haar bij de arm. Andrea schrok en remde, maar ze schrok niet heel erg. Alsof ze dacht dat hij een bekende was. Hij dwong haar een zandpad in te rijden, terwijl hij haar nog steeds dwingend bij haar arm vast had. Toen ze in het bos waren heeft hij haar gekust, haar bij haar borsten gepakt en de fietsen neergelegd.

Andrea vroeg: 'Wat ben je van plan?'

'We gaan een wipje maken', had hij geantwoord.

Daarna dwong hij haar tussen de bomen op haar knieën voor orale seks, waarop ze zei: 'Dat heb ik nog nooit gedaan.'

Even later zei ze: 'Laat me even los. Het is zo benauwd. Ik ga niet weg.'

Maar toen hij haar wat ruimte gaf, probeerde ze op de vlucht te slaan. Ze probeerde hard weg te rennen, maar hij had haar zo weer te pakken. Het waren maar een paar stappen. Hooguit drie à vier meter. Hij was een jonge, sterke vent van 24 jaar. Ze had geen schijn van kans tegen hem. Daarna heeft hij haar plat op de rug gelegd en is hij met zijn knieën op haar bovenarmen gaan zitten. Vanaf dat moment was ze totaal machteloos tegenover hem. Henk F. had haar broekrits losgemaakt, omdat hij nieuwsgierig was. Een automobilist die stopte om te plassen, bracht Henk F. in totale paniek. Hij legde een hand op haar mond om haar stil te houden. Andrea werkte mee en bleef rustig. Toen de auto wegreed, wurgde hij haar.

Het was zo gebeurd. Ze gleed heel snel in bewusteloosheid weg. Daarna heeft hij zijn voet op haar hals gezet. Om zeker te weten of ze dood was? Hij heeft de fiets bij Andrea neergelegd en is weggefietst via Pesse naar Hoogeveen. Onderweg had hij nog een pakje shag gekocht bij een benzinepomp.

Toen hij thuiskwam vroeg zijn vrouw hoe hij aan die vieze kleren was gekomen. Hij vertelde haar dat hij zijn spijkerjasje over het stuur had gehangen en dat dit jasje in zijn wiel was gekomen, waardoor hij over de kop was geslagen.

Toen de officier klaar was, zei de rechtbankpresident dat ik mijn slachtofferverklaring zou voorlezen. Ik ging onder begeleiding van een agent van de publieke tribune naar de rechtszaal en ik kwam op een paar meter van Henk F. vandaan te zitten. Toen maakte ik de fout om hem aan te kijken en ik flipte bijna! Ik kookte van woede en de emoties namen voor even de overhand. Ik had moeite om te blijven zitten. Henk F. keek me strak aan zonder enige emotie of schaamte. Tranen sprongen in mijn ogen en ik gebaarde naar de rechters dat ik eventjes tijd nodig had om mezelf bij elkaar te rapen. Potverdorie, dat zou me toch niet gebeuren dat ik nu die verklaring niet voor zou kunnen lezen?

Ik haalde een paar keer diep adem en sprak mezelf even streng toe. Kom op Lammi, hou je in. Je bent hier om dit voor te lezen. Je hebt dit speciaal voor hem geschreven. Verman je! Ik haalde nog een paar keer diep en rustig adem, slikte een keer en warempel, ik kreeg mezelf weer onder controle. Ik wilde koste wat het kost, die 'pokken-verklaring' zelf voorlezen! Er was maar één man voor wie ik dit geschreven had en van wie ik per se wilde dat hij elke letter zou horen. En dat was Henk F. uit Hoogeveen. Even later kon ik met vaste en heldere stem de verklaring voorlezen.

Slachtofferverklaring
Ik maak dankbaar gebruik van het spreekrecht in deze rechtszitting waarbij de moord op onze dochter Andrea wordt behandeld. Het geeft me de gelegenheid om te proberen een klein beetje duidelijk te maken wat de moord op onze dochter voor gevolgen heeft gehad.

Leven is gevoel, ik kan hier alleen met woorden proberen duidelijk te maken wat er in 1993 met mijn leven, mijn gevoel, is gebeurd na de moord op Andrea. Woorden schieten altijd tekort omdat gevoel het meest moeilijke is om te omschrijven.

Voor mensen die hun gevoel kunnen uitsluiten, is het een paar minuten bla, bla, bla... het ene oor in en het an-

dere oor uit, maar dit zijn gevoelens van jaaaaren lang.

Tot 10 mei 1993 was ik een gelukkige vrouw die trots was op haar gezin, en op wat ik samen met mijn man Roelof had bereikt in het leven, door eerlijk en hard te werken. Het meest trots was ik op onze 15-jarige dochter Andrea. Zij was waar alles om draaide en waar we hard voor werkten, om haar zoveel mogelijk kansen in haar leven te geven.

Mijn doel was om alles wat ik wist en kon, haar te leren om haar tot een zelfstandige, zelfverzekerde en volwassen vrouw in het leven te laten staan.

Als ze 16 zou zijn, zou ik willen dat ze zichzelf zou kunnen redden. Ze was al een heel eind op weg, en dat bewees ze, toen ik in februari van 1993 in het ziekenhuis belandde. Andrea nam de hele huishouding over, werkte in het café en verzorgde onze dieren. Ging ook nog naar school en deed haar huiswerk. Geweldige meid!

Op 10 mei 1993 veranderde mijn wereld op slag. Ze kwam niet thuis van school. Ik wilde niet geloven dat er iets ernstigs aan de hand was, ondanks dat ik diep van binnen wist dat het helemaal fout zat.

Altijd was ik samen met Andrea, maar de rit naar school en terug moest ze zelf doen. En juist daar ging het helemaal fout.

Ik zal proberen duidelijk te maken wat dit met me gedaan heeft. Lichamelijk was het al een enorme slag. Mijn lichaam was van streek, ik moest nadenken bij het eten, anders vloog het er zo weer uit, ik had een bonkend hart in mijn lijf, mijn spieren in nek en schouders zaten muurvast, waardoor ik weer hoofdpijn kreeg.

Op termijn was het merkbaar doordat ik concentratiestoornissen kreeg, bijna direct in de overgang schoot, en later ook hartritmestoornissen kreeg. Geestelijk was ik kapot, ik zat boordevol verdriet, woede en een enorme haat naar diegene die Andrea dit had aangedaan.

Ik was een wandelende tijdbom, maar ik had nog geen doel om op te richten, dus ik bleef heel lang in deze situatie. Regelmatig stond ik te kokhalzen boven het toilet, en *mijn maag voelde aan of er een blok ijs in zat.*

De eerste jaren heb ik alleen maar geleefd om de dader te grazen te kunnen nemen, zodra hij tevoorschijn zou komen. Ik had vreselijke gedachten over wraak, wraakacties en martelingen.soms bleef ik dagen in bed liggen, omdat ik de zin van het leven totaal kwijt was.

Ik wilde het liefst dood... dan was ik tenminste bij mijn dochter. Zelfmoord was geen optie, dat komt niet ter sprake bij mij. Gelukkig niet. Ik heb werkelijk gewenst dat ik een ernstige ziekte zou krijgen. Dan had ik een goede én acceptabele reden om dood te gaan.

Maandenlang, jarenlang heb ik me suf gepiekerd, wie Andrea vermoord zou kunnen hebben. Tot ik er elke keer bijna gek van werd. Alle bekenden, vrienden en klanten heb ik overwogen als mogelijke moordenaar. Zelfs familieleden!

Eén man niet, Roelof. Dáár was ik meer dan 100 % van overtuigd dat hij dit nooit gedaan zou kunnen hebben. Dit in tegenstelling tot anderen, vreemden, die vonden dat de vader het kind wel vermoord zou hebben. Dát krijg je er dan ook nog eens bij.

Gedachten zijn vrij, en u wilt vast niet weten wat ik in gedachten die mensen die dit vertelden, heb toegewenst op dat moment.

Om te moeten zien hoeveel pijn en verdriet mijn man had om het verlies van Andrea, deed mij vreselijk veel pijn. Maar ik kon hem niet helpen, omdat ik zelf in de vernieling lag.

Onze ouders die allemaal dol op Andrea waren, konden het niet aan, waren helemaal kapot en begrepen er niets van. Ook hun verdriet brak me. De eerste keer bij hen over de drempel stappen, was op zich al een huzarenstukje. We konden en wisten niets tegen elkaar te zeggen, terwijl de tranen over onze wangen stroomden.

Hoe moet je in vredesnaam hier mee omgaan. De eerste tijd vluchtte ik letterlijk en figuurlijk na een half uur weer weg. Dan was ik blij dat ik hun verdriet niet meer kon voelen en zien.

De enige die er continue over praten wilde, was mijn moeder, maar niet op een gezonde manier. De beide vaders konden er niet over praten, en het fijne contact met mijn vader was weg. De man die me altijd begreep, me ondersteunde, en me motiveerde, was nu bijna een vreemde geworden. We konden nu alleen nog over onbenullige dingen praten. Vooral het onderwerp Andrea vermijdend in de gesprekken.

De familieleden, de vrienden, klasgenootjes, haar vriendinnen, de klanten van het café... iedereen had verdriet, pijn en woede. Waarom in vredesnaam was dit gebeurd? Welk onzinnig mens had dit prachtige leven kunnen vernielen. Dit kind, vol levenslust, idealen, verwachtingen en mogelijkheden en zo lief... wie had haar omgebracht? Deze zinnen draaiden elke dag, elk uur door mijn hoofd. Telkens weer dezelfde vragen die als in een cirkel door mijn hoofd gingen.

Ik ben niet bang, ook nooit geweest, maar hoe moest ik vechten tegen een onzichtbare moordenaar? Waar kon ik hem vinden, waar zat hij verstopt?

De politie mocht ik niet in de weg lopen, en zij waren de enigen waar ik een oplossing van kon verwachten, maar ik moest op de een of andere manier actie ondernemen.

Ik heb geprobeerd om hem uit te dagen via de media, daarom heb ik interviews gegeven, en meegewerkt aan tv- en radiouitzendingen. Ook heb ik informatie proberen te krijgen via alternatieve methoden.

De beste paragnosten van de wereld heb ik geraadpleegd, maar ik kreeg niet de naam, het adres en het telefoonnummer op een briefje. Jammer genoeg niet.

Toen na jaren alle mogelijkheden uitgeput waren, heb ik me erbij neergelegd dat ik de moordenaar van Andrea niet kon vinden.

Ik moest wachten tot iemand anders hem zou vinden. Ik moest verder leven zonder Andrea. Wat ik ook deed, Andrea zou nooit meer deel uitmaken van ons leven. Haar leven was beëindigd door iemand die ik niet kon vinden en de politie helaas ook niet.

Mensen zeggen vaak: ik probeer me voor te stellen dat... Dat lukt hun nooit. Bij hun ergste voorstelling is het nog tien keer erger!

We zijn inmiddels 17,5 jaar verder. Gelukkig heb ik de draad van het leven weer kunnen oppakken, en ervaar ik dat het leven nog steeds mooi kan zijn. Dit ondanks dat Andrea lang geleden is vermoord en dat we haar voor altijd kwijt zijn. Nooit zullen we ervaren hoe zij als volwassen vrouw in het leven zou staan. Geen kleinkinderen of kind dat op je oude dag even bij je komt kijken. Dat is niet voor ons weggelegd.

Oké, het is niet anders. We hadden drie kinderen kunnen hebben, vijftien jaar hebben we één kind gehad. Het waren vijftien fantastische jaren.

Toch kunnen we nu samen gelukkig wel verder met ons leven, maar dat is een strijd van jaren en jaren geweest. Ik ben gebroken en getekend, maar gelukkig weer hersteld. Ik hoop dat ik het ook nu na een tijdje weer los kan laten. Samen kunnen we weer genieten van de zon, maar wel zoveel mogelijk buiten Nederland. Ook dit is een gevolg van de moord op onze dochter Andrea.

Nog steeds kom ik moeilijke situaties tegen, dat is een onderdeel van mijn leven geworden. Weet u hoe moeilijk het is als ik reclame zie, waar een gelukkig gezin in voorkomt? Of als we zien hoe sommige ouders achteloos met hun kinderen omgaan? Geen tijd voor ze hebben, niet luisteren naar hen, druk met hun laptop bezig zijn?

Nooit zal ik daaraan kunnen wennen, en steeds denk ik dan aan onze dochter Andrea.

De dader heeft in 1993 een keuze gemaakt. Ook hij is verantwoordelijk voor zijn eigen daden. Hij heeft Andrea nooit gekend zoals wij haar gekend hebben. De grootste gemiste kans van zijn leven. Zij was uniek, maar ook dat zal hij nooit weten.Wij hebben Andrea haar hele leven gekend, en ik ben blij dat ze onze dochter is geweest!

Verschillende mensen vertelden me naderhand dat het voorlezen van de slachtofferverklaring menig traantje had doen rollen bij de mensen op de tribune. Zelfs Roelof hield het niet droog, terwijl hij de verklaring toch al eerder had aangehoord. Ook in de media stonden berichten dat het een zeer aangrijpende verklaring was geweest. Mooi zo. Ik hoopte dat er één man was die dit ook als zeer confronterend had ervaren. Dan was mijn doel bereikt met het schrijven van deze verklaring.

Controleverlies

Nadat ik alles voorgelezen had, keek ik weer richting Henk F. Hij staarde me uitdrukkingsloos aan, er was geen enkele emotie te zien op zijn gezicht, sloeg zijn ogen ook niet neer. Geen spijt of berouw te zien, geen schaamte, helemaal niets! Ik kookte weer van woede. Het vloog me aan. Ik moest maken dat ik hier weg kwam, anders zou het niet meer goed gaan. Ik stond op het punt om mijn controle te verliezen. Toen ik buiten de rechtszaal was, liepen de tranen over mijn wangen, zo overstuur was ik ervan.

'Die sukkel kijkt me gewoon aan. Hij kijkt me gewoon strak aan!'

Ik had op dat moment niet door dat de agent de deur naar de tribune open had gedaan om me naar binnen te laten. Iedereen op de tribune kon horen hoe geëmotioneerd ik op dat moment was. Even later kwam Roelof bij me op de gang en we besloten even een sigaretje te roken om rustig te worden. Daarna kon ik weer terug naar de tribune. Vrienden van ons waren blij dat we weer terugkwamen. Zij hadden zich ongerust gemaakt toen we zo lang wegbleven.

De rechtszaak ging intussen gewoon verder. Toen de rechter vroeg wat hij ervan vond, antwoordde Henk F. dat hij het allemaal verschrikkelijk vond. Het werd niet duidelijk wát hij zo verschrikkelijk vond: dat hij er nu voor de cel in zou gaan of voor wat hij aangericht had. De rechter ging door met vragen stellen aan Henk F. en vroeg hem: 'Begrijpt u nu wat u heeft aangericht door Andrea Luten van het leven te beroven?'

'Had ze maar gegild, dan was ik gestopt, dan was het allemaal niet gebeurd', zei Henk F. tegen de rechter. 'Ze had me kunnen schoppen of kunnen schreeuwen, dat heeft ze niet gedaan.'

De rechter vroeg stomverbaasd: 'Het lijkt wel of u de schuld bij Andrea probeert neer te leggen. Andrea had een blauwe plek bij haar borst, u heeft haar nogal hardhandig aangepakt?'

'Nee, dat kan niet van mij zijn, dat kan ik niet gedaan hebben, want zo ben ik helemaal niet. Ik heb haar ook zachtjes neergelegd in het bos.'

Mijn hemel, hoe ongeloofwaardig kun je zijn. Wie probeer je nu voor de gek te houden.

'U had te allen tijde kunnen stoppen, maar u ging gewoon door.'

'Ik kon niet meer terug, ik kon niet meer stoppen.'

'U had elk moment kunnen stoppen en Andrea kunnen laten gaan. U hebt ervoor gekozen om door te gaan, om haar zelfs van het leven te beroven.'

'Ja, ik weet het niet. Ik was in paniek en toen kon ik niet meer stoppen.'

'Waarom hebt u Andrea uitgekozen en geen ander?'

'Ik weet het niet. Ik heb daar geen verklaring voor, wist ik het maar.'

'Andrea heeft alles gedaan wat u wilde, waarom moest ze ook nog sterven?'

'Paniek, ik was in paniek. Ik weet het niet. Ik heb er geen verklaring voor.'

'Waarom heeft u zich niet gemeld bij de politie in al die jaren, u heeft zeventien jaar de tijd gehad?'

'Omdat ik mijn gezin hiervoor wilde beschermen. Als toen die verdachte van een paar jaar geleden was veroordeeld, had ik het wel gedaan. Dan had ik me wel moeten aangegeven.'

De rechtbankpresident, Jan Schoemaker, geloofde hem niet, net zo min als ieder ander die zijn woorden hoorde. 'U maakt het ons wel erg moeilijk om dit te geloven. Als u zich eerder had gemeld bij de politie, was u nu heel waarschijnlijk weer vrij man geweest. Beseft u dat u de ouders al die jaren in onzekerheid heeft laten leven?' 'Ja, ik heb de moeder een keer opgebeld om te bekennen. Dat was toen met de uitzendingen van *Het Zwarte Gat*, daar heb ik altijd naar geluisterd. Ik weet niet meer wat ik gezegd heb, volgens mij heb ik wel tegen haar gezegd dat ik het gedaan had. Ik weet het niet meer. Ik heb toen natuurlijk niet mijn naam genoemd.' Inderdaad heb ik een telefoontje gehad in de pauze van de vijfde uitzending van *Het Zwarte Gat* op 31 oktober 1994.[5] Een mannenstem zei toen: 'Leo de Ruiter houdt u voor de gek, ik weet wie de moordenaar is.' 'U had voor 10 mei 1993 een goed leven. U had een goedlopend bedrijf in betonmallen, en nu staat u hier?' 'Het is een en al pech, toch heb ik veel bereikt in mijn leven.' Meteen ontstond er geroezemoes in de zaal en op de tribune door dit ongelooflijke antwoord. Ik hoorde iemand schamper zeggen: 'O ja joh, wat heb jij veel bereikt in het leven. Kijk waar je staat.' 'Wat bedoelt u met dat het een en al pech is? Omschrijft u dat eens nader, wat is er allemaal mis gegaan?' 'Ik ben alles kwijtgeraakt: mijn bedrijf, mijn auto, mijn huis, mijn relatie en ja, dan Andrea natuurlijk nog. Dat ik alles kwijt ben is de schuld van mijn ex, zij heeft me alles afgepakt.' Op dat moment dacht ik dat ik in mijn woede zou stikken. Goede volgorde Henk F. Zou dit niet andersom moeten misschien? Is dit jouw visie van belangrijkheid? Dan zijn we snel klaar met jou. Ik was niet de enige die boven op de kast zat, iedereen was verbijsterd. Was voor Henk F. een zaak, een huis en een auto belangrijker dan een men-

---

[5] Zie *Thuiskomen, leven na de dood van Andrea*, blz. 302

senleven? Een jong meisje dat aan de drempel van het leven stond? Op dat moment twijfelde ik aan de kundigheid van het Pieter Baan Centrum.

De rechter zette hem nu toch een beetje op zijn plaats door te zeggen: 'Het ligt altijd aan een ander als ik u geloven moet. Dat u alles kwijt bent – zoals u het noemt – ligt aan uw ex. En dat u Andrea omgebracht hebt, ligt aan Andrea. U zei immers dat als ze maar gegild had, dan was u gestopt. U geeft wel gemakkelijk iedereen de schuld van uw ellende nietwaar?'

Advocaat

Hierna was het woord aan de advocaat van Henk F., Mr. Evert van der Meer van het advocatenkantoor Anker en Anker uit Leeuwarden. Ik was meteen geïrriteerd, maar dat veranderde op slag toen de advocaat begon met te zeggen: 'Ik wil de familie Luten en andere belangstellenden mijn medeleven betuigen en ik vraag om begrip voor uitlatingen die misschien pijnlijk kunnen zijn of pijnlijk kunnen overkomen. Maar op dit moment ben ik de advocaat van de verdachte en is het mijn taak om de verdachte zo goed mogelijk te verdedigen in zijn belang.'

Dat deed me zo goed. Er bestaan dus toch nog wel meer advocaten met een hart. Natuurlijk weet ik dat – welke advocaat dan ook – zijn cliënt op de beste manier moet verdedigen. Maar dat hij van tevoren aangaf dat hij kwetsende of pijnlijke dingen zou kunnen zeggen en daar begrip voor vroeg, dat vond ik geweldig.

Het maakte deze advocaat tot een vriendelijke man, aan wie ik geen hekel zou hebben tijdens zijn werk. Een beetje menselijkheid kost weinig, maar kan zoveel goed doen. Advocaten zoals Moszkowicz zouden hier een voorbeeld aan kunnen nemen.

Van der Meer zei dat er geen sprake was van moord, omdat Henk F. niet naar Ruinen was gegaan met het doel om Andrea te vermoorden. Daarom was er volgens de advocaat sprake van 'kale doodslag'. Regelmatig haalde de advocaat voorbeelden aan van de strafmaat in andere zaken. Hij was het er wel mee eens dat Henk F. volledig toerekeningsvatbaar was bevonden. De advocaat vond een straf van tien tot twaalf jaar passend.

Na dit alles kreeg Henk F. nog de kans om iets te zeggen. Maar hij maakte daar geen gebruik van. Hij had niets te zeggen. Dat was niet zo handig van hem. Hij had nu de kans om te zeggen dat hij er spijt van had, maar hij zag af van deze mogelijkheid. Het gaf de meeste mensen een bevestiging dat hij erg op zichzelf gericht was, dat hij egoïstisch bezig was. Waarom geen spijt of berouw tonen? Hij kon er alleen maar mee winnen.

Ik vond hem op dat moment knap egoïstisch bezig. Wat een lamlendig figuur, bah. In grote lijnen had hij het verhaal verteld, maar hij had ook vaak aangegeven dat hij het niet meer wist, zeker als het om details ging. Henk F. vond het erg dat hij zijn bedrijf, zijn huis en zijn auto kwijt was en dat zijn relatie naar de knoppen was. En dan, o ja, Andrea was er ook nog. Tjonge, jonge, die man wist echt niet hoe de wereld in elkaar zat en wat voor iedereen het meest belangrijke van alles was in dit leven.

De officier van justitie eiste in zijn requisitoir achttien jaar celstraf. Dat was drie jaar meer dan hij eerst van plan was. Voor Roelof en mij was dat niet zo belangrijk. De lengte van de straf of waar hij deze moest uitzitten, het maakte ons niets uit. Voor ons zou de situatie daardoor niet veranderen. Andrea was vermoord en bleef vermoord. We moesten hoe dan ook verder zonder haar. Wij zouden van een lange gevangenisstraf niet beter worden, maar ook Henk F. zou daar niet beter van worden, denk ik. Niemand die er iets mee op schoot.

Het was een situatie met alleen maar verliezers; hier zou niemand beter van worden. Natuurlijk verdiende hij wel een straf, maar wij waren blij dat daar andere mensen over moesten en konden beslissen. Voor ons was het meest belangrijke dat iedereen nu wist wie Andrea zeventien jaar geleden had vermoord.

Het gekke was dat Henk F. na al die jaren nog steeds niet wist waarom hij Andrea verkracht en vermoord had. Je zou toch denken dat hij daar ruim de tijd voor had gehad om zich dat te kunnen herinneren. Henk F. had zijn eigen hel geschapen. En nu moest hij daar maar mee om zien te gaan.

Het is jouw leven en het was jouw beslissing om haar van het leven te beroven. Red je er dan ook maar mee, nu en in de toekomst

Na de rechtszaak was er een persconferentie waar ik de vragen van de journalisten kon beantwoorden. Het zaaltje was vol met fotografen, journalisten, radio- en televisiereporters. Natuurlijk was iedereen benieuwd naar wat we van de strafeis vonden.

De volgende dag stonden de kranten vol met het verloop van de rechtszaak, maar er werd vooral beschreven dat Henk F. totaal geen spijt of berouw toonde. Eigenlijk legde hij zelfs de schuld telkens bij anderen neer, vooral 'zijn pech' van de afgelopen jaren. Dat Andrea om het leven gekomen was, was toch ook wel eigenlijk haar eigen schuld. Wat ook kwaad bloed zette, was het feit dat Henk F. zeventien jaar lang zijn mond dicht had gehouden. Ook de rechtbank nam hem dat erg kwalijk. Een van de kranten schreef: 'Emotieloos, egoïstisch en zonder veel berouw.' Een andere krant kopte: 'Had Andrea Luten in dat bos maar gegild.'

Peter Nefkens schreef een paar dagen later verontwaardigd in zijn column van de *Meppeler Courant*: 'Tijdens de zitting dinsdag werden we met z'n allen om de oren geslagen met een groot aantal bijzonder warrige uitspraken van de Hoogevener.' En iets verderop in het artikel: 'Als leek vraag je je toch af of die F. wel spoort, want enkele uitspraken van hem in de rechtbank zitten tegen het ongelooflijke aan. Dat hij Andrea zacht behandeld heeft bijvoorbeeld, dat hij best veel bereikt heeft in zijn leven en dat hij erover gedacht heeft zijn eerste kind af te staan aan

Lammi en Roelof Luten als goedmakertje.'
Het gaf wel aan dat veel mensen geschokt waren door zijn antwoorden op vragen van de rechtbankpresident.

Uitspraak

Na die hectische week van begin december gingen we terug naar Hongarije. De uitspraak zou twee weken later zijn, op dinsdag 21 december, maar het had geen zin om dit in Nederland af te wachten. De officier van justitie had achttien jaar cel geëist. De advocaat had tien tot twaalf jaar gepleit. Het oordeel van de rechtbank was: vijftien jaar cel! Henk F. moet tweederde van zijn straf uitzitten, dus dat betekent dat hij tien jaar werkelijke celstraf moet ondergaan.
Wij waren er tevreden mee. Het was goed zo. Het moest nu klaar zijn. Ik hoefde me niet meer af te vragen wat de moordenaar van Andrea aan het doen was met de kerstdagen of in de zomervakantie. Nu wist ik waar hij was, in een kleine cel of op een werkplaats onder toezicht, voor de komende tien jaren.

Overpeinzingen

Nu had ik de tijd om nog eens goed over alle gebeurtenissen van het afgelopen jaar na te denken. Het was een heel bewogen jaar geweest. Mijn moeder was 18 februari overleden, haar huis was daarna verkocht en een paar weken later was er de plotselinge aanhouding van Henk F. Dat gebeuren maakte dat we in een emotionele achtbaan terecht kwamen voor de rest van het jaar.
Het was gedaan met ons rustige leventje op dat moment. Vanaf 3 mei 2010 stond ons leven op de kop, maar we waren daar deze keer heel blij mee. Deze keer was het niet

174

erg dat alles anders verliep dan we in gedachten hadden. Elke dag dacht ik wel aan Henk F. en ik was niet de enige. Waarom was die man toch zo warrig in de rechtszaal, dat begreep ik maar niet. Hoe kon hij van die rare uitspraken doen? Ik kon me heel goed voorstellen dat Henk F. erg zenuwachtig zou zijn tijdens de rechtszaak. Dat was logisch, de rechtbank was vol met belangstellenden en media die allemaal de ogen op hem gericht hadden. Iedereen was nieuwsgierig wat er gebeurd was, en WAT HIJ met Andrea had gedaan.

Alles wat hij zei, zou op een goudschaaltje gewogen worden. Elke beweging werd geregistreerd, hij zou geen scheet onopgemerkt kunnen laten. De mensen wilden als het ware 'bloed' zien. Hij zat alleen in een rechtszaal tegenover een leger van oordelen, haat, woede en onmacht. Dat moet ongetwijfeld voor hem te voelen zijn geweest.

De enige die aan zijn kant stond, was zijn raadgever, zijn advocaat. Mr. Evert van der Meer zou hem vast hebben verteld dat hij voorbereid moest zijn op een grote belangstelling van de pers, familie, vrienden en bekenden. De moord op Andrea was jarenlang in de volle belangstelling geweest en dat had Henk F. allemaal wel meegekregen in die zeventien jaar.

Henk F. wist dit allemaal, dan kon dit toch ook geen verrassing voor hem zijn? En waarom al die twijfels, wanneer hij op de vragen van de rechtbankpresident antwoord moest geven? Hij was de enige in het hele rechtbankgebouw die juist het antwoord wist. Hij hoefde alleen maar eerlijk antwoord te geven. Maar er kwamen te veel antwoorden waar niemand iets mee kon.

Heel vaak zei Henk F. dat hij het niet meer wist of dat hij er geen verklaring voor had. Dat was voor mij niet voldoende, beslist niet. Ik kon dit niet accepteren. Ik had de grootste moeite om aan te nemen wat hij zei. Ik kon me niet voorstellen dat iemand die een ander van het leven had beroofd, niet meer wist hoe dat precies gegaan was. Ongelooflijk.

De meeste mensen die een delict of misdrijf hebben gepleegd, weten tot in detail hoe dat in zijn werk is gegaan. Zelfs jaren nadien nog. Ze herinneren zich wat er gebeurd is, wat er gezegd is, alles. En Henk F. wist er niets meer van?

Het kan best gebeuren dat iemand nare herinneringen verdringt voor een tijd. Omdat het angst aanjaagt of omdat het pijnlijk is om er weer aan te denken, maar helemaal blokken? Voor altijd? Had het vermoorden van Andrea dan zo weinig indruk op hem gemaakt? Dat ging er bij mij niet in. Hij had zeven maanden de tijd gehad om de herinneringen weer naar boven te halen. Hij moest er, doordat hij verhoord werd, elke keer weer over praten. Tot vervelens toe. En hoe meer er over gepraat wordt, hoe meer er boven komt drijven. Zo werkt dat toch?

Wat ik ook verbazingwekkend vond, was het feit dat hij zelf een gezin had gesticht. Hoe was hij daar in al die jaren mee omgegaan? Hoe kon hij in de ogen van zijn eigen kind kijken zonder aan het meisje te denken dat hij van het leven had beroofd? Gaf hij wel om zijn kinderen? Of waren zijn kinderen gelijk aan alle andere kinderen, de buurkinderen, kinderen van vrienden of andere familieleden? Was hij wel in staat om van zijn kinderen te houden? Ze te knuffelen? Met ze te spelen en te stoeien? Hoe had hij dat in vredesnaam al die jaren gedaan? Zijn oudste kind was nota bene in 1994 geboren. Hoe was dat mogelijk?! En hoe zat dat dan met zijn toenmalige vrouw?

Henk F. was ondertussen gescheiden, maar hoe zou zijn ex-vrouw zich nu voelen? Wetende dat ze op de avond van 10 mei 1993 's avonds in bed naast een moordenaar sliep? En al die nachten daarna ook.

Jeetje, ze moet zich doodgeschrokken zijn op 3 mei, toen Henk F. werd aangehouden. En zijn twee oudste kinderen, die waren inmiddels op een leeftijd dat ze het allemaal goed konden begrijpen. Hoe gingen zij hier nu mee om? Zij zouden van hun vader houden, maar zouden ze nu in de knoop komen door de gebeurtenissen van bijna twintig jaar geleden? Ik hoopte van harte dat ze er goed doorheen zouden komen, met of zonder hulp. Zij konden er niets aan doen wat hun vader had gedaan.

Drenthe, ik heb er jaren heel fijn gewoond en geleefd. Ik voel me er thuis. Maar ik ken ook de mentaliteit van mensen, ook van de mensen in deze provincie. Er zullen altijd mensen blijven die de kinderen van Henk F. nakijken en denken: daar gaat de zoon of dochter van de moordenaar van Andrea Luten. Ik heb er geen enkele moeite mee als mensen dit denken, als ze hun mond dan maar dicht houden. Ik hoop dat de mensen zich dan bedenken dat de kinderen van Henk F. er niets aan kunnen doen. De kinderen van Henk F. verdienen een normaal leven met alle kansen die voor hen in het verschiet zullen liggen.

Henk F heeft meerdere levens verwoest met zijn delict. Het ging niet alleen om hem of om ons. Dat onze familie en vrienden ook enorm geraakt waren, dat wisten we vanaf het moment dat het gebeurde. Maar sinds 3 mei waren ook de levens van zijn eigen familie en vrienden beschadigd. Ik vond het vreselijk, maar besefte ook heel goed dat ik me hier niet druk om moest of kon gaan maken. Henk F. was ook hier verantwoordelijk voor, ik zou er niets aan kunnen veranderen. Ook deze mensen moesten zelf een manier zien te vinden om er mee om te gaan.

Het was voor deze mensen een harde les om te beseffen dat, als je denkt dat je iemand goed kent, je je vreselijk daarin kunt vergissen. Je hoort zo vaak iemand zeggen: 'Die man of vrouw? Die kan nog geen vlieg doodslaan.' Ik weet ondertussen beter. Ik weet dat er in elk mens een moordenaar kan schuilen. Als je kind vermoord wordt, is alles wat je hebt bereikt in het leven... flutzooi... flauwekul... onzin. Totaal onbelangrijk. Het kan je gestolen worden, als je je kind maar kunt behouden. De keus is niet moeilijk, maar je hebt nooit de keus. Het gebeurt gewoon! En dan ben je te laat.

De eerste jaren na de moord, heb ik alleen maar geleefd om de dader te pakken te krijgen. Maar ik kon hem niet vinden. Hij had zich goed – en toch dichtbij – verstopt.

Hij leefde zijn leven, met een gezin, met familie en vrienden, met feestjes, misschien wel met vakanties. En al die jaren had hij zijn mond dicht gehouden. Roelof en ik kregen op die manier de tijd om te accepteren dat het was zoals het was. Het leven kan hard zijn, maar gelukkig konden we na verloop van tijd ook weer zien dat het leven ook mooi kan zijn.

Ik moest opeens weer denken aan mijn schoonmoeder.

Ik had een schoonmoeder uit duizenden. Ik heb haar nooit iets negatiefs over een ander horen zeggen. Altijd had zij wel een woord van begrip voor een ander.

We waren nog niet eens getrouwd toen we een gesprek hadden over iemand die het moeilijk had en foute dingen deed. Ook toen had ze begrip voor die persoon en zei: 'Alles in het leven is menselijk. Zelfs moord.'

Ik weet nog dat ik haar verbaasd aankeek en hierover nadacht. Nu denk ik bij mezelf: hoe is het mogelijk dat mijn schoonmoeder zoiets kon zeggen tegen ons. Het was een schat van een vrouw en een voorbeeld voor anderen. Zij is veel te jong overleden, Andrea was net een jaar geworden. Valt dit onder de noemer 'toeval'? Daar geloof ik dus niet in. Zij was een goed mens, zij wilde ons waarschijnlijk meegeven dat elk mens fouten kan maken, dat elk mens fouten maakt, dat er geen mens bestaat zonder fouten te maken. Maar valt moord ook onder de noemer 'fouten'? Alles is menselijk, zelfs moord.

Dirk Guichelaar

Dirk was een man die grote moeite had met geweld. Vooral zinloos geweld. Je kunt je afvragen of er wel zinvol geweld is. Dirk was een voormalig loonwerker uit De Krim, met een groot rechtvaardigheidsgevoel. De moord op Andrea was bij Dirk de druppel die de emmer deed overlopen. Hij wilde dat mensen gingen nadenken over dit geweld. Hij kreeg het idee om een klaagmuur te bouwen, een monument ter nagedachtenis aan de mensen die door zinloos geweld om het leven waren gekomen.

Na een aantal jaren bouwde hij een muur in Elim, maar de gemeente Hoogeveen was het daar niet mee eens en Dirk moest de muur weer afbreken. Jaren later lukte het toch nog, de gemeente De Wolden ging mee in zijn idee. Er kwamen concrete plannen op tafel. Kunstenares Irene Fortuyn maakte een prachtig ontwerp voor een muur met krullen, die de indruk gaven van geborgenheid. Ze noemde haar ontwerp 'Het Onbevattelijke'. Dat was een goed gekozen naam, omdat de naam de aandacht vraagt voor iets waar we met ons verstand niet bij kunnen. De locatie voor het monument werd bij het kruispunt De Stapel. Gelegen tussen De Wijk, Zuidwolde en Balkbrug. Een heel mooie plek, recht tegenover het restaurant De Stapel.

In augustus 2011 was de muur eindelijk klaar. Dirk was een doorzetter en had hier ongeveer twintig jaar zijn best voor gedaan. Het was nu zelfs een landelijk monument geworden. Vorig jaar was de moordenaar van Andrea gepakt en veroordeeld en nu was de muur klaar. Wat een mooie samenloop.

De Muur van het Onbevattelijke

Het monument werd ook wel 'de Muur tegen Geweld' genoemd, of 'de Muur van Bezinning'. Op 7 september 2011 kreeg ik een mail van de burgemeester van Ruinen, Peter Snijders. Hij nodigde ons uit om de onthulling van de Muur tegen Geweld bij te wonen. Hierbij een gedeelte van de mail:

Dirk Guichelaar en ook anderen hebben mij gevraagd om jullie te benaderen en uit te nodigen, mits jullie dat willen en kunnen. De onthulling van de Muur tegen Geweld vindt plaats tijdens de landelijke dag Herdenking Geweldsslachtoffers, die om die reden dit jaar in De Wijk nabij de Muur wordt georganiseerd. Zo'n 500 genodigden, nabestaanden van slachtoffers van zinloos geweld, zullen elkaar deze dag treffen en met elkaar beleven. De dag begint om 10.00 uur en duurt tot circa 16.30 uur. De onthulling van de Muur en de ceremonie daarom heen duurt van 13.00 uur tot circa 15.00 uur. Zoals jaarlijks is er veel belangstelling voor deze dag. Zeker ook nu vanwege het feit van de onthulling van het landelijke monument en de verwachte aanwezigheid van Hare Majesteit de Koningin.

Namens de stichting Muur tegen geweld, de stichting Dag Herdenking Geweldsslachtoffers en ook namens de gemeente De Wolden zouden wij jullie willen uitnodigen om deze dag, of een deel ervan, aanwezig te zijn.

Graag hoor ik een reactie van jullie,

Met hartelijke groet vanuit Ruinen,

Peter Snijders,
burgemeester van de gemeente De Wolden

Natuurlijk gingen we in op de uitnodiging. Het was zelfs ondenkbaar dat wij er niet bij zouden zijn. We moésten die dag Dirk Guichelaar steunen en eer betuigen, de man die een jaar of twintig bezig was geweest met het neerzetten van een monument tegen zinloos geweld, naar aanleiding van de moord op Andrea.

De onthulling was op zaterdag 24 september 2011. We waren al vroeg uit de veren die zaterdag en gingen richting De Stapel. De wegen rondom De Stapel waren afgezet en goed beveiligd. We moesten onze uitnodiging tonen voor we verder konden rijden. Die uitnodiging waren we vergeten mee te nemen, maar na een telefoontje mochten we verder rijden.

De Stapel is een T-splitsing, waarvan de Muur in de ene hoek staat en in de andere hoek van de splitsing staat een restaurant. Naast het restaurant was een grote tent neergezet. Het duurde niet lang voordat er mensen naar ons toe kwamen om ons gedag te zeggen. De burgemeester heette ons welkom en maakte ook een praatje met ons. Hij stelde voor om tijdens de ceremonie samen een grote kaars aan te steken bij het podium.

Op een tafel stonden veel foto's van overleden kinderen en volwassenen die door zinloos geweld om het leven waren gekomen. Wij hadden geen foto van Andrea bij ons. We wisten niet dat dit gebruikelijk was. Hoe konden we nu zo snel nog aan een foto van haar komen? Ik vertelde de burgemeester dat we geen foto hadden. Hij dacht even na en liep toen weg. Na ongeveer drie kwartier kwam hij weer bij ons en zei: 'Kijk eens wat ik voor je heb.'

Hij had een foto van Andrea in een lijst bij zich.

'Hoe kom je hier zo snel aan?' vroeg ik.

'Ik heb het gemeentehuis opgebeld en gezegd dat ze wat moesten regelen.'

'Wie zijn foto hebben ze daar uitgehaald, die van jou?'

'Ja misschien, of misschien een van de koningin.'

We schoten allemaal in de lach.

'Kom, dan zetten we samen de foto van Andrea erbij', zei hij.

De tafel was al behoorlijk vol, maar we vonden allebei dat ze toch wel een beetje vooraan moest staan en dat lukte. Er was veel belangstelling van de pers en fototoestellen klikten toen we samen de kaars aanstaken. Het was mooi weer en ik had niet het geduld om naar alle toespraken, gedichten en de muziek te luisteren. Ik kon me best voorstellen dat het voor heel veel mensen erg belangrijk was, en dat het hen troost gaf. Maar ik had het gevoel dat ik naar beneden getrokken werd door alle verdrietige gedichten, verhalen en goede voornemens om er wat aan te doen. Volgens mij is er niets aan te doen, deze vorm van geweld zal altijd blijven zolang er mensen op deze aardbol rondlopen. Dat wist Dirk ook, maar misschien kon dit monument het begin worden van een bewustwordingsproces bij veel mensen. Dat was ook zijn bedoeling van dit monument. Het is heel goed dat er mensen zijn die zich inzetten om het geweld een halt toe te roepen. Zeker, maar ik had daar beslist geen energie voor.

Na het zoveelste kopje thee moest ik er even tussenuit en

ging ik naar buiten. Daar sprak ik een oudere man aan, die een sigaar rookte. Op het moment dat ik hem aansprak, kwam er een waterval van woorden bij hem los. Hij vertelde me dat een zoon van zijn vrouw doodgestoken was op straat. Hij vroeg me of ik het ook in de loop van de jaren steeds moeilijker kreeg.

'Oei, dan gaat er iets niet helemaal goed, geloof ik. Het hoort juist andersom te zijn', zei ik.

Zijn vrouw begon vast te lopen in haar verdriet en daar had de man juist weer veel last van. Het bekende cirkeltje. Ik raadde hem aan om een aantal boeken te lezen waar hij wat aan zou kunnen hebben. Op het laatst herkende hij mij en hij was zichtbaar blij om me te zien en te spreken.

Roelof ging, zoals ik wel gewend ben, regelmatig even een stukje lopen en ik was hem dan ook het grootste gedeelte van de ochtend kwijt. Roelof gaat gelukkig gewoon zijn eigen gang. Zodoende kwam hij mijn oud-klasgenoot en vriendin Ria en haar man Henk tegen, die op dat moment in Drenthe kampeerden. Een paar weken geleden waren ze nog op de fiets vanuit Nederland naar ons in Hongarije gekomen. Dat was een geweldig weerzien, omdat we elkaar een jaar of veertig niet gezien hadden. Roelof nodigde meteen Ria en Henk uit om in de tent te komen.

'Maar we hebben geen uitnodiging', sputterde Ria.

'Dan ben je nu uitgenodigd. Heb je al gegeten?'

'Nee.'

'Nou, dan kun je zo meteen hier ook wel wat eten', zei hij en loodste ze naar binnen.

Even later toen hij weer buiten liep, zag hij Jan lopen. Ook een vriend van ons. Ook Jan werd door Roelof uitgenodigd om binnen in de tent te komen en mee te eten. Veel mensen wilden graag een praatje met me maken en het was leuk om bekenden weer te zien.

Door al die mensen die me aan de mouw 'trokken', was ik bijna de laatste die eten kon pakken. Zelfs toen ik mijn bord met eten in de hand had en Roelof en zijn gasten zocht, was er een mevrouw die graag even met me wilde praten. Die kleine gesprekjes, die zijn zo belangrijk voor deze mensen. Dat was op dat moment veel belangrijker voor mij dan een bord warm eten. Even een opbeurend woordje kan voor iemand heel veel betekenen, ik weet dat als geen ander.

Koningin Beatrix

's Middags was het officiële gedeelte. Minister-president Mark Rutte, staatssecrctaris Fred Teeven en een paar Tweede Kamerleden kwamen binnen en hielden toespraken. Er waren ondertussen ongeveer zeshonderd mensen in de tent samengekomen. Mark Rutte las de namen van tweehonderdveertig slachtoffers van geweld voor.

Vanaf de tent naar de muur was er een ongeveer één meter hoog en tientallen meters lang, wit lint met een paar honderd namen van slachtoffers erop gedrukt, dat werd vastgehouden door vrijwilligers en belangstellenden. Allemaal met een roos in de hand.

Na alle toespraken liepen we naar de Muur met aan weerszijden het witte lint met namen van slachtoffers. Ik zag Andrea's naam staan op het witte lint van een meter hoog en wees het aan voor Roelof. Die was aan het kletsen met Mark Rutte en vertelde hem trots dat zij onze dochter was. Bij de Muur stonden banken waar we op konden zitten en iedereen had een roos in de hand. Er werd twee minuten stilte gehouden en daarna werden er driehonderd duiven losgelaten als teken van vrede. Een erg indrukwekkend tafereel. Ook hier bij de Muur weer de nodige toespraken, aangrijpende gedichten en zang.

Ondertussen kwam er een stoet auto's aan; in een van de auto's zat koningin Beatrix. De koningin werd welkom geheten en nu hoorden we ook dat ze zelf had aangegeven om hierbij te willen zijn. Helemaal vooraan en naast de koningin, zat Dirk Guichelaar, apetrots. Het was ZIJN dag! Nadat er kransen neergelegd waren, konden we de

Muur bezichtigen. Het lange en grote lint met namen van de slachtoffers erop werd in de Muur neergezet om de volgende dag ingemetseld te worden. Iedereen legde zijn roos bovenop de Muur. Daarna gingen de meeste mensen terug naar de tent, waar de koningin gesprekken zou aangaan met nabestaanden.

Wij bleven bij de Muur hangen, omdat er mensen waren die een gesprek met ons begonnen. Even later kwam een naaste medewerker van de burgemeester met grote stappen op ons af lopen en zei: 'Roelof en Lammi, kom mee. De koningin vraagt naar jullie.'

Dus gingen we in looppas tussen de mensen door naar de tent, waar we even later in gesprek gingen met koningin Beatrix. Koningin Beatrix gaf ons een hand en zei: 'Ik heb grote bewondering voor u, hoe u met de situatie omgaat.'

Daarna kregen we een leuk gesprek over Andrea. Even later vroeg ze waarom we naar Hongarije verhuisd waren. Ze verbaasde me met deze vraag en Roelof antwoordde dat de moord op Andrea niet de hoofdreden was, maar dat de moord op Andrea wél van invloed was geweest op onze beslissing. Wat was dan wel de reden? Eigenlijk waren er twee redenen. Het toenemende geweld en de regel- en wetgeving voor met name de horeca. Het werd voor ons steeds minder leuk om een horecabedrijf te runnen. Daarna vertelde ze dat zij het paardrijden in Hongarije had geleerd, net als haar overleden man Claus. Het was een erg leuk en ontspannen gesprek. Wij hebben mogen ervaren hoe bijzonder deze vrouw is, werkelijk betrokken bij mensen en belangstellend in andermans leven. Wij hoefden haar niet uit te leggen wie en hoe Andrea was geweest, zij wist het. Dat was meteen duidelijk. Jammer genoeg moest ze een poos later zelf ervaren hoe het voelt om een kind te verliezen.

Een fotograaf was die dag ondeugend en maakte een foto tijdens ons gesprek. We hebben er een mooie afdruk van. De pers mocht tijdens de gesprekken geen foto's maken, maar gelukkig heeft de fotograaf er geen last mee gekregen en hoefde de foto niet gewist te worden. Nadat de koningin vertrokken was, gingen de meeste mensen ook naar huis.

Het was een bijzonder indrukwekkende en enerverende dag geweest. Ik had me er goed op voorbereid en het was zeker niet tegengevallen, maar ik was ook moe. Dirk Guichelaar mocht trots zijn op zijn initiatief en op de Muur van het Onbevattelijke. Hij had niet voor niets bijna twintig jaar gevochten tegen windmolens, bureaucratie en onwil. Uiteindelijk was zijn droom toch werkelijkheid geworden. De Muur stond er eindelijk. Een plaats waar mensen naartoe konden gaan om te bezinnen, te mediteren, te herdenken.

In strijd met mezelf

Na de onthulling van de Muur tegen Geweld kwam er een rustige tijd voor ons. De dader van de moord op Andrea, Henk F., zat vast. Alleen in zijn celletje, alleen met zijn gedachten. Hij kon nergens heen. Hij had nu ook ruim de tijd om na te denken over wat hij allemaal veroorzaakt had. Wat hij ons, onze familie en vrienden, en zijn eigen familie en vrienden had aangedaan. Het was vast niet erg prettig om hieraan terug te denken. En aan wat hij zichzelf allemaal had aangedaan, maar ja, dat was het gevolg van zijn eigen foute keuze.

De politie had me in mei 2010 meteen al gevraagd of ik open stond voor een gesprek met hem. Jazeker! Daar hoefde ik niet over na te denken. Dat wilde ik absoluut. Dat was onvermijdelijk. Dat moést gewoon gebeuren. Henk F. en ik zouden op een dag een gesprek hebben. En als het aan mij lag, dan had Henk F. er geen enkele zeggenschap over of hij dit ook zou willen. Hij zou daar geen keus in mogen hebben, verdorie. Maar nu nog niet. Ik moest eerst tot rust komen, zodat ik niet meer de neiging zou hebben om hem de keel dicht te knijpen. Ik zat nu nog veel te veel met mijn gevoel in 1993.

Roelof wilde er niets van weten. Hij moest er zelfs niet aan denken. Roelof was bang dat hij hem meteen naar de keel zou vliegen als gevolg van jarenlange woede. Ik moest aan het idee wennen dat ik met de moordenaar van Andrea wilde praten. Het was eigenlijk helemaal geen kwestie van willen, het was een kwestie van moeten.

Diep van binnen was er een onweerstaanbare behoefte om zelf te ontdekken hoe de man die Andrea vermoord had, in elkaar zat. Hoe kon iemand haar vermoorden en zeventien jaar lang ook nog zijn mond dicht houden? Hoe was dit mogelijk? Wat was dit voor een mens? Maar nog meer dan dat wilde ik dat het hem duidelijk zou worden wat voor een prachtig mens hij om het leven had gebracht. Ik wilde dat hij zou weten wie Andrea was, wat voor karakter ze had, welke dromen en wensen ze had, en welke toekomstmogelijkheden er voor haar in het verschiet hadden gelegen. En daarna moest hij weten hoeveel pijn, verdriet en ellende hij ons bezorgd had. En waarom in vredesnaam? Waarom? Voor wat? Wat had Andrea gedaan of wat hadden wij gedaan dat hij haar vermoord had?

Maar hoe kon ik die man onder ogen komen, zonder de neiging te hebben om hem van het leven te beroven? Waarom zou ik niet net zo doen zoals hij dat had gedaan met Andrea. Waarom mocht hij verder leven en Andrea niet?

Oog om oog, tand om tand. Doe hetzelfde wat hij heeft gedaan. Hij verdient niet beter. Hij had zelf die fatale beslissing genomen en hij wist wat de gevolgen zouden (kunnen) zijn. Wat houdt je tegen om hem niet net zo te behandelen? Wordt het daar anders van? Komt Andrea daarmee terug? Wat schiet je er dan mee op?

In de beginperiode brak het zweet me uit als ik deze gedachten had. Ik stelde me een gesprek voor en deed in mijn gedachten net of ik voor hem aan een tafel zat. Het waren maar seconden, dan begon mijn hart te bonzen, kreeg ik tranen in mijn ogen en was een gesprek totaal onmogelijk. Ik zat in *no time* aan het kookpunt. Ik haatte hem tot in mijn tenen. Pfff, laat los, het is nu nog niet belangrijk. Het komt wel. Ook dit komt vanzelf wel een keer. Geduld, Lammi. Ik moest weer geduld hebben. Zucht.

Ik begreep al snel dat ik naar een eventueel gesprek met de moordenaar van mijn kind toe moest groeien. Daar was ik nu nog lang niet aan toe. Ook dit had dus weer tijd nodig. Elke dag dacht ik weer opnieuw aan Andrea. Ze was niet uit mijn hoofd te krijgen. Maar er was wat veranderd. Ik dacht nu ook elke dag aan haar moordenaar, Henk F. Met genoegen dacht ik eraan dat hij opgesloten zat en niet kon doen wat hij wilde. Ik hoopte dat hij het beroerd had in de cel. Ik gunde hem dat van harte.

Waarom? Waarom was dit allemaal gebeurd, vroeg ik me vaak vertwijfeld af. Was dit het allemaal waard geweest? Eén moment van seksuele lust? Was dat de belangrijkste drijfveer geweest? Hoe zat die man in elkaar? Ik moest daar op de een of andere manier achter zien te komen om het enigszins te kunnen begrijpen. Dan was een rechtstreeks gesprek met hem natuurlijk de beste manier. Als hij mij antwoord zou geven op mijn vragen, dan moest hij me aankijken. Ik wilde zijn ogen zien met dat gesprek. Ogen zijn de spiegel van de ziel en die wilde ik zien.

Langzaam maar zeker kwam er een soort van 'groei' in mijn gedachten en gevoelens. Ik probeerde het op verschillende manieren te bekijken. Ooit was Henk F. ook een wolk van een baby geweest en waren zijn ouders apetrots dat dit kind gezond geboren was. Ik geloof niet dat moordenaars geboren worden. Hooguit dat ze bepaalde genen meekrijgen, waardoor ze minder kansen krijgen in het leven of gevoeliger zijn voor bepaalde zaken zoals verslavingen of bepaalde ziektes die genetisch bepaald worden. Wel ben ik ervan overtuigd dat mensen verkeerde beslissingen nemen in hun leven. Het leven bestaat voor een groot deel uit beslissingen nemen. Niemand ontkomt daar aan. Het is de kunst om elke dag weer de juiste keuzes en beslissingen te maken.

Zou Henk F. misschien een gewoon mens kunnen zijn die op 10 mei 1993 een heel verkeerde keuze had gemaakt? Dat hij op die dag een onherstelbare fout, dé fout van zijn leven, had gemaakt? De grootste fout die je in je leven kunt maken, is iemand van het leven beroven toch? Was hij een mens die te weinig zelfbeheersing had of gefrustreerd was of seks als de meest belangrijke factor in zijn leven zag?

Vragen, vragen, vragen. Ik werd er af en toe gek van, dan zuchtte ik een keer en ging maar wat werk doen om mijn gedachten te verzetten. Voorlopig kwam ik er niet uit. Ik was allang blij dat het geen psychopaat was. Daar zou ik niet mee uit de voeten kunnen. Jazeker, ook psychopaten zijn ooit baby's geweest. Jammer dat deze baby's op latere leeftijd gewoonlijk niet door iemand vermoord werden of omkwamen door een ongeluk. Maar soms gebeurt dit ook wel. Dit overkwam de vrachtwagenchauffeur uit Assen, Michel S., die drie kinderen – onder wie de 11-jarige Jessica Laven – misbruikt en vermoord had. Deze man zat een straf uit van twintig jaar cel en tbs. Hij was in 2001 'verongelukt' in de gevangenis. Helaas drie kinderlevens te laat. Het zou me niet verbazen als dit niet helemaal een ongeluk was geweest. Ik lachte. Dit was een perfecte oplossing voor kindermisbruikers! Per ongeluk: gerechtigheid.

Maar Henk F. was geen psychopaat, gelukkig niet. De deskundigen die er verstand van hebben en hem onderzocht hadden, constateerden dat. Conclusie: dan was Henk F. dus een normaal en gewoon mens, net zo normaal als iemand anders. Alleen iemand die een ongelooflijke stomme beslissing had genomen op 10 mei 1993. Met een normaal mens kun je een normaal gesprek voeren, daarom wilde ik ook een gesprek met hem. Ik wilde dat hij mij dingen en gebeurtenissen ging uitleggen die ik tot nu toe niet kon begrijpen. Op die manier kon ik proberen om meer rust in mijn eigen hoofd te krijgen. Geduld Lammi, je moet hier nog een tijdje je hersens over breken.

Eerste stap naar een gesprek

Na een paar maanden vertelde ik aan Roelof dat ik in april een gesprek met Henk F. wilde. Roelof keek me wat achterdochtig aan en vroeg: 'Weet je het zeker dat je dat wilt?' 'Ja, ik wil dit al vanaf het begin, dat weet je. Ik ga dit doorzetten, ik wil die vent spreken.' 'Oké als je dat wilt, moet je het doen. Maar beloof me één ding: geef hem geen hand!' 'Roelof wat denk je, dat kán ik niet eens. Ik kan die handen van hem niet aanraken, die handen hebben Andrea gewurgd, dat gaat beslist niet. Als ik die handen ga aanraken, gaat het mis. Dat is zeker. Nee, dat doe ik niet, dus bij deze is dat beloofd.' 'Dan is het goed. Nou, dan moet je dat maar even regelen.'

In december 2012 stuurde ik de politie een bericht dat ik klaar was voor een gesprek met Henk F. Als hij nog steeds bereid was om een gesprek aan te gaan, dan was ik er nu klaar voor. We waren nu twee jaar verder en al die tijd was ik met mezelf aan het werk geweest om zover te komen dat ik een normaal gesprek met hem kon aangaan. Nu was ik zover dat ik hem niet meer naar de keel zou vliegen of zou uitschelden. Ik had mezelf goed genoeg in bedwang om dit aan te durven.

Begin januari 2013 kreeg ik antwoord van André, onze contactman van de politie, en hij zou proberen om dit voor elkaar te krijgen. De weken daarna had André contact met de PI (Penitentiaire Inrichting) in Zwolle en met Henk F. Henk F. gaf meteen aan dat hij vond dat wij recht hadden op een gesprek met hem.

Mooi zo, dat had hij dus wel door. Maar hij had bedenktijd nodig. Waarschijnlijk wilde hij eerst afwegen wat voor valkuilen er voor hem in zouden kunnen zitten. Tja, daar zat wat in en daar had ik wel begrip voor. Henk F. gaf aan eerst een gesprek met André te willen hebben. Hij wilde weten wat mijn motief was voor een gesprek met hem.

De directie en medewerkers van de PI in Zwolle zouden alle medewerking verlenen en waren erg positief. Henk F. gaf in het gesprek met André aan dat hij erg tegen een gesprek met mij op zag. Hij was bang voor mij en voor media-aandacht. Hij was nu nog niet klaar voor een gesprek. André stelde voor om eerst wat mailcontact te hebben met Henk F. via zijn vertrouwenspersoon, als voorbereiding op een gesprek in de toekomst.

Lex

In deze periode kreeg ik een mail van mijn uitgever dat Lex Meulenbroek van het Nederlands Forensisch Instituut graag contact met me wilde. Lex Meulenbroek had onlangs met veel belangstelling mijn boek *Thuiskomen, leven na de dood van Andrea* gelezen. Hij vond het zeer aangrijpend en mooi geschreven.

Lex Meulenbroek is een van de DNA-deskundigen van het NFI en hij wilde met tekstschrijver Paul Poley een boek schrijven over de 25-jarige geschiedenis van forensisch DNA-onderzoek in Nederland. Ze wilden bijzondere strafzaken beschrijven die dankzij DNA-onderzoek waren opgelost. Hij liet dit weten in een mail aan mij:

> (...) willen we stilstaan bij de moord op Andrea en de uiteindelijke doorbraak door de DNA-match. Wij willen in een interview met u op de zaak en de DNA-match terugblikken.

We maakten al snel een afspraak voor woensdag 10 april 2013 rond 12 uur in het NFI in Den Haag.

Contact met de PI

Diezelfde maand – maart 2013 – kreeg ik druk mailverkeer met Ingrid, de Humanistisch Geestelijk Verzorger en vertrouwenspersoon van Henk F. in de PI van Zwolle. Dit had alles te maken met het eventuele gesprek met Henk F, dat ik in april graag wilde laten doorgaan. Daar moest natuurlijk van alles voor geregeld worden. Eigenlijk zou dit heel gemakkelijk moeten kunnen gaan. Wil jij een gesprek met hem en jij met haar? Oké, hier is een kamer, een tafel en twee stoelen. Neem plaats en praat met elkaar. Maar zo gaat dat in de praktijk – natuurlijk – niet. De toon van de mailtjes van Ingrid irriteerde me enorm. Het begon al helemaal verkeerd, doordat ze haar mailadres niet goed had doorgegeven, waardoor ik twee weken zat te wachten op antwoord. Daarna werd ik geconfronteerd met haar beroepsmatige manier van praten, wat me elke keer weer recht tegen de haren in streek.

Dat ik geïrriteerd raakte, lag niet bij Ingrid maar bij mij. Ik was opgefokt, omdat ik al twee weken gewacht had omdat zij haar mailadres niet goed had doorgegeven. Er miste een puntje. Tja, en een computer herkent het adres dan niet. Dus geen contact. Daarbij komt dat ik een hekel heb aan allerlei regeltjes. Waarom moeten simpele dingen soms zo moeilijk gaan. Ik wilde alleen maar praten met een gedetineerde, niet meer en niet minder. Het zou me een worst zijn waar dat gesprek zou plaatsvinden. Al die rompslomp eromheen was voor mij totaal overbodig en onnodig.

Toen ik weer een keer een mail van haar ontvangen had, ben ik eerst nijdig naar de brievenbus gelopen om te kijken of er post was. Onze brievenbus staat een paar honderd meter bij ons huis vandaan, dus ik had de tijd om even af te koelen, voordat ik haar mail zou beantwoorden.

Toen even later André belde, hadden we daar een gesprekje over. André begon te lachen en zei: 'Lammi, jij bent recht door zee en recht voor z'n raap. Jij bent allergisch voor deze manier van praten. Maar je hoeft geen rekening met haar te houden. Ze is er niet voor jou, maar voor Henk F.'

O ja, natuurlijk. Dat was ik even vergeten. Het maakte dat ik opeens weer meer lucht kreeg. André had het precies goed gezegd. Ik had niks met haar te maken, dus waar maakte ik me eigenlijk druk om? Klaar, ik was er uit. Geen probleem meer, ik was weer rustig.

Henk F. gaf – via Ingrid – meteen aan in het mailcontact dat hij bang was om me onder ogen te komen. Prima, ik had daar geen enkele moeite mee. Laat hem maar lekker zweten en bang zijn, niks mis mee. Ik gunde hem dat van harte! Nu was het *payday* voor hem.

Ik had regelmatig mailcontact met Ingrid. Ze gaf me duidelijke informatie en stelde vragen hoe ik het een en ander graag wilde hebben of hoe ik me het gesprek met Henk F. voorstelde. Ingrid legde bijvoorbeeld uit hoe de kamer eruit zag en waar het gesprek zou plaatsvinden. Ik werd hier kriegel van. Wat een gedoe allemaal om een gesprek te hebben met iemand. Ik kon het dan ook niet laten om af en toe nogal sarcastische antwoorden te geven. Zoals:

> Ingrid, je zult ongetwijfeld al weten dat ik een nuchter mens ben, dus een kamer met een tafel en stoelen is gewoon een kamer met een tafel en stoelen. Dus dat is prima, maar als het gesprek zou plaatsvinden in de gang of in zijn cel of waar dan ook, dan was het ook goed. Ik wil tegenover Henk F. zitten, waar de rest gaat zitten maakt me niet uit. Een kopje thee zou lekker zijn, en als je het helemaal goed wilt doen, graag een asbak erbij :-) Henk F. mag kiezen wat hij wil: hij eerst binnen of ik, het maakt mij niet uit. Het gesprék is voor mij belangrijk. Ik heb geen eisen, vragen of wensen, ik kom alleen voor het gesprek met hem.

Wat me ook ergerde, was het feit dat Ingrid een paar maal vroeg of ik iemand had die me zou kunnen opvangen na het gesprek. Dan dacht ik: waar maak jij je nou zorgen om? Dat is mijn pakkie-an. Ik red me wel. Maak jij je maar druk om Henk F. Voor hem heb je de zorg, niet voor mij. Natuurlijk snapte ik heel goed dat het haar werk was en dat ze dit gesprek zo goed mogelijk wilde laten verlopen en voorbereiden, maar pfff. Ga van mijn nek af.

Uiteindelijk werd de afspraak voor het gesprek gemaakt

op donderdag 11 april 2013, om 13.00 uur in de PI in Zwolle. Zo! Ik was er klaar voor. Ik hoopte dat Henk F. er tegen die tijd ook klaar voor zou zijn.

Nederlands Forensisch Instituut

Op woensdag 10 april vertrok ik op tijd uit Drenthe om naar het NFI te gaan. Ik werd hartelijk ontvangen door Lex Meulenbroek en Paul Poley en ze trakteerden me op een lunch in het restaurant. Ik had niet verwacht dat het er zo druk zou zijn, maar Lex vertelde me dat er ongeveer zevenhonderd mensen werkten. Het was een drukte van belang en ik merkte dat veel mensen mij herkenden.

Na de lunch hadden we een gesprek over de moord op Andrea en wat het met ons gedaan had. Maar het ging ook over het verloop van het onderzoek, de verdachten die opgepakt en weer vrijgelaten waren. Hoe keken we er nu op terug en hoe dachten we nu over Richard K. Ook hij zou aan het woord komen in hun boek om te vertellen wat voor invloed de aanhouding op zijn leven had gehad. Het werd een zeer boeiend gesprek. We hadden nog wel uren door kunnen praten, maar de klok tikte door.

Hierna gaf Lex me een rondleiding over de afdeling 'humane biologische sporen' van het NFI. Dit is de afdeling waar het DNA-onderzoek plaatsvindt. Vol trots liet hij me de 'DNA-straat' zien. Het was een lange gang, met aan de ene kant allemaal ruimtes achter glas, waar laboranten – helemaal ingepakt en de haren bedekt – DNA-sporen aan het zoeken en onderzoeken waren.

De DNA-straat begint met afzonderlijke ruimtes, waar de door de politie ingestuurde objecten worden onderzocht op DNA-sporen. In een van de onderzoekgedeelten waren sporenonderzoekers bezig met kleding. Als er haren op de kleding worden gevonden, dan gaan ze in het haarlaboratorium bekijken wat voor soort haren het zijn die gevonden zijn. Het kunnen menselijke haren zijn, maar ook dierlijke haren. Zijn het menselijke haren, dan gaan ze onderzoeken wat voor haren het zijn. Zijn het hoofdharen, wenkbrauwharen, snor- of baardharen, borstharen, arm- of beenharen of schaamharen? En dan is het belangrijk dat er een haarwortel aan de haar zit. Daar bevindt zich het DNA van de haar en dit is daarom noodzakelijk voor het standaard DNA-onderzoek. Zo schuift het onderzoek elke keer een ruimte verder. Het is te ingewikkeld om hier diep op in te gaan, dus laat ik het hierbij.[6]

Bij Andrea waren drie haren gevonden: twee hoofdharen en een schaamhaar. De schaamhaar was niet van Andrea en bij het NFI werd deze schaamhaar als 'schaamhaar nr. 6' aangeduid. Deze schaamhaar werd in 1993 naar Münster in Duitsland gestuurd, omdat DNA-onderzoek van haren in Nederland in die tijd nog in de kinderschoenen stond en men in Münster al verder was.

In Münster konden ze toen nog maar een paar DNA-kenmerken van de haar bepalen. Die paar DNA-kenmerken waren voldoende om verdachte personen te kunnen uitsluiten als degenen van wie de haar afkomstig was. Dat gebeurde bij de verdachten die in de loop der jaren waren opgepakt. Bij al deze mensen kwam er geen DNA-match. Het moeilijke was dat het DNA van de schaamhaar met de weinige kenmerken wel geschikt was om iemand uit te sluiten, maar niet geschikt was om een volledige match op te leveren. De haar had onvoldoende DNA-kenmerken opgeleverd om te worden opgenomen in de DNA-databank voor strafzaken.

In de jaren die volgden ontwikkelde het DNA-onderzoek zich in snel tempo en het NFI nam in 2004 contact op met Münster om te overleggen of er nieuwe mogelijkheden waren. De haar was helemaal opgebruikt tijdens het onderzoek in 1993. Toen bleek dat de Duitse onderzoekers

---

[6] In het boek *Kroongetuige DNA* van Lex Meulenbroek en Paul Poley wordt op een begrijpelijke manier uitleg gegeven over de mogelijkheden van DNA en over de ontwikkeling van DNA in de afgelopen 25 jaar.

het chemisch bezinksel (een zogenoemd chelex-sediment) dat overblijft nadat het DNA uit de haarwortel is gehaald, nog hadden bewaard! Mogelijk dat dit restproduct nog wat DNA van de haar zou bevatten. Het bezinksel bleek inderdaad nog DNA te bevatten. Door middel van de nieuwste technieken werd hiervan in Nederland een nagenoeg volledig DNA-profiel gemaakt. Wonderbaarlijk! Dit DNA-profiel van 'schaamhaar nr. 6' was zeer persoonsonderscheidend en werd op 14 juni 2004 in de DNA-databank ingevoerd, maar leverde toen nog geen match op. Op zich al zeer interessant, omdat al die mensen die in de databank zaten in ieder geval niet de dader konden zijn van de moord op Andrea. Tenslotte hadden we maar één klein spoor: 'schaamhaartje no.6'. Hier was alle hoop op gevestigd. En Münster had het bezinksel, het chelex-sediment, bewaard. Hoe is het mogelijk.

Op 1 februari 2005 trad er een nieuwe wet in werking, die veroordeelden van een misdrijf waar een gevangenisstraf van vier jaar of meer op staat, verplichtte om DNA af te staan. Dit betrof de misdrijven waarvoor voorlopige hechtenis is toegestaan. Als iemand tegenwoordig in voorlopige hechtenis genomen wordt, is hij dus verplicht om zijn DNA af te staan. Prima, niks mis mee.

De invoering van de nieuwe wet, had een sneeuwbaleffect voor het NFI. In 2004 werden er 1700 profielen gemaakt, vier jaar later was dat aantal opgelopen tot 27.000. Ongeveer 113 keer per week komt er een match, waarbij het in 90 procent gaat om diefstal en inbraak, en 10 procent om moord en zedenmisdrijven. Je kunt dus rustig stellen dat het DNA en de DNA-databank een ontzettend belangrijke rol zijn gaan spelen bij het oplossen van allerlei misdrijven.

Toen het DNA van Henk F. de databank in ging, leverde dit meteen een match op! De onderzoeker die hiermee bezig was, riep zijn chef erbij en zei: 'Ga maar even zitten. We hebben een match in de zaak van Andrea Luten.'

Het afdelingshoofd van de afdeling 'humane biologische sporen' van het NFI kwam door de DNA-straat en maakte een praatje met ons. Hij wist nog precies hoe het die dag gegaan was. Hij kreeg een brede grijns op zijn gezicht en vertelde dat iedereen meteen in jubelstemming was bij het NFI.

'Mevrouw Luten, iedereen hier op de afdeling weet wie Andrea Luten is. Iedereen heeft al die jaren meegeleefd en gehoopt dat er een dag zou komen dat we een DNA-match zouden krijgen. Op 22 april 2010 was die dag aangebroken. Op die dag ging het DNA-profiel van Henk F. de databank in en het leverde meteen een DNA-match op. Geloof me, de medewerkers van het NFI zijn heel betrokken geweest bij de zaak van uw dochter Andrea.'

Zelfs nu, drie jaar later, zag ik hoe de beide mannen nog steeds glunderden bij de gedachte aan het succes van die dag. Ontroerend. Het was duidelijk dat deze mensen zich volledig inzetten voor het oplossen van misdaden. Na dit 'warme' gesprek liet Lex me nog de dossierruimte zien, die pal tegenover de glazen laboratoriumruimtes ligt.

Naast de dossierruimte zijn kleine kantoortjes waar ze met dikke mappen bezig waren. De dossierruimte is een ruimte met ordners en mappen, waar de medewerkers informatie konden opzoeken van de zaken waarmee ze bezig waren. Toen ik rondkeek, was ik stomverbaasd toen ik zag dat er nog steeds vier dozen en zeven ordners van Andrea op een stelling stonden. Nu nog steeds?

Lex zag dat ik ernaar keek en zei: 'Ja, Lammi, ze staan er nog steeds. De zaak heeft altijd onze aandacht gehad. Het geeft wel aan dat iedereen nog steeds erg betrokken is bij je dochter.'

Wat bijzonder allemaal. Het gaf me een heel warm gevoel dat deze mensen met zoveel enthousiasme dit werk kunnen doen. Het was een bijzondere middag waar ik met plezier aan terugdenk.

Teleurstelling

's Avonds haalde ik Roelof op die bij een collega op bezoek was. Ik zat amper bij hen aan de stamtafel of hij vertelde me dat hij telefoon had gehad. De afspraak met Henk F. die ik de volgende dag had, zou niet doorgaan. Zo, dat kwam hard aan. Ik verschoot van kleur en met tranen in mijn ogen zei ik geëmotioneerd: 'Wat flikt-ie me nou weer verdorie. Waarom kan dat niet doorgaan? Heeft-ie er een eind aan gemaakt of zo?'

'Hij heeft bepaalde uitspraken gedaan waardoor zijn begeleiders en de leiding ingegrepen hebben. Zij durven de verantwoordelijkheid niet aan en hebben daarom het gesprek afgezegd. Hij wordt nu extra in de gaten gehouden, omdat ze bang zijn dat hij een gevaar voor zichzelf geworden is.'

Ik was even helemaal van de kaart door dit bericht. Ik was zwaar teleurgesteld en werd witheet van woede.

'Zit ik me meer dan twee jaar lang voor te bereiden om een gesprek met hem aan te gaan, zonder zijn nek om te draaien, heeft-ie verdorie zelf de neiging om er een eind aan te maken. Wat is dit nou weer voor flauwekul allemaal. Wat een galbak is het ook!'

Na een kwartiertje had ik mezelf weer bij elkaar geraapt en kon ik weer normaal doen. 'Nou ja, het is niet anders. Bah, wat een klotenzooi is het weer. Ik wil hoe dan ook een gesprek. Hij heeft me dat beloofd en dat gaat hoe dan ook gebeuren. Nu niet, oké, dan maar later. Maar dat gesprek dat gaat op een dag dóór!'

Het was een geluk dat we op tijd bericht hadden gekregen dat het gesprek niet zou doorgaan. Ik moet er niet aan denken dat ik voor de poort had gestaan en het dan pas had gehoord.

De collega zei even later: 'Misschien kun je hem een brief schrijven.'

Ja, dat was een heel goed idee. Dat zou ik gaan doen. Dat het gesprek op het laatste moment afgezegd werd, betekende niet dat het contact nu verbroken zou worden.

Een week later, toen we terug waren in Hongarije, zocht ik contact met Ingrid, de humanistische hulpverlener en contactpersoon van Henk F. Ik legde haar de vraag voor of ik een brief kon schrijven naar Henk F. Zou dit via haar mailbox kunnen of zou ik hem moeten opsturen? Ingrid antwoordde dat ze dit zorgvuldig voor me ging uitzoeken. Dit zou tijd gaan kosten, ook om verdere teleurstelling te voorkomen. Daarbij moest ze rekening houden met de hectiek die ontstaan was door de annulering van het gesprek en de zorg om Henk F. Dit allemaal maakte zorgvuldig optreden noodzakelijk.

In diezelfde periode vielen er wat werkdagen uit omdat er een staking plaatsvond, pinksteren ertussen zat en de kroning van Willem-Alexander op de agenda stond. Dit allemaal stond een snelle toezegging in de weg. Wat de kroning ermee te maken zou kunnen hebben, was voor mij een volledig raadsel. Ze wees me erop dat ik er rekening mee moest houden dat andere mensen de brief ook zouden lezen. Ja, En? Dat interesseerde me niet, iedereen mocht de brief lezen die ik zou schrijven.

Ingrid zou er zeker drie weken voor nodig hebben om het een en ander te regelen. Het was nu 23 april. Vanaf 13 mei zou ik dus een bericht van haar kunnen verwachten. Dus wachtte ik vol ongeduld tot de drie weken voorbij waren.

Ik had nog geen bericht gekregen, maar op 13 mei stuurde ik mijn brief aan Henk F. via de mail naar Ingrid. Ik was nog steeds kwaad, maar ik kon dit niet laten merken. Het was niet mijn bedoeling om hem af te schrikken, maar juist te stimuleren om in te gaan op mijn verzoek. Drie dagen later reageerde de plaatsvervangende vestigingsdirecteur van de PI in Zwolle. Hij begreep dat het een teleurstelling voor me was geweest dat het gesprek niet kon doorgaan. Hij verzocht me een brief naar Henk F. te sturen en gaf me de benodigde gegevens. Als laatste gaf hij aan dat ze alleen zorg en ondersteuning konden bieden, ze waren afhankelijk van Henk F. of hij erop zou reageren of niet. Ja hoor, meneer had alle touwtjes in handen. Natuurlijk. De mail zou hij dus niet te zien krijgen, dat was duidelijk. Dan maar een brief.

Brief

Op 20 mei 2013 stuurde ik de eerste brief naar de moordenaar van onze dochter Andrea.

Enkele passages:
(...) dat ons gesprek niet door zou gaan... dat kwam hard aan. Was ik soms de reden dat jij in moeilijkheden kwam? Was ons gesprek daar de aanleiding toe? Als dat zo is, dan kan ik je geruststellen. Het was niet nodig om ons gesprek te annuleren.
Ik was – en ben – niet van plan om je verrot te schelden, uit te jouwen, kwaad te maken, te bedreigen of wat dan ook. Nee, ik wil gewoon praten met je, op een normale manier. Daarom heb ik er ook twee jaar over gedaan om zover te komen dat ik een normaal gesprek met jou kán hebben.
Het heeft geen enkele zin om me kwaad te maken, dat station ben ik allang gepasseerd. Dat ligt achter me.
Wat gebeurd is, is gebeurd. Niemand kan dat nog veranderen, jij niet en ik ook niet. Dus accepteer de situatie zoals die NU is. Elke dag weer opnieuw. Het heeft geen enkele zin om in het verleden te blijven hangen, ook voor jou niet.

Ik weet dat je het moeilijk hebt, maar ja voor jou geldt het oude gezegde: wie zijn billen brandt moet op de blaren zitten. Je hoeft geen sarcasme te lezen, want dat staat er namelijk niet. Ik ben niet hatelijk tegen jou, maar ga je ook niet met handschoentjes aanpakken.
Je bent een volwassen vent, dus draag de gevolgen van je gedrag. Hou je aan je belofte, ik doe dat ook. Wat je

daarna wilt of doet, is aan jou.
Ik wens jou niet dood, laat dat duidelijk zijn. Ik heb daar geen enkel belang bij, al klinkt jou dat misschien raar in de oren. Het is zoals het is. Punt.

Ik wil nog steeds een gesprek met jou. Op een dag en tijd dat jou schikt. Kun jij me uitleggen waarom dat zo moeilijk is voor jou? Maak ik jou onrustig doordat je niet weet wat ik ga zeggen? Ik kan jou dat ook niet ver- tellen, doodgewoon omdat ik het zelf nog niet weet. Dat weet ik pas als ik tegenover jou zit. Maakt het jou on- rustig als ik over Andrea wil praten? Maar dat is wel logisch toch? Jij hebt zelf gezorgd voor die 'verbin- ding'... dat weet je.
Ik heb meteen gezegd dat ik een gesprek wilde, maar dat ik toen eerst tijd nodig had om tot mezelf te komen. Had ik toen meteen een gesprek met je aangegaan, zou het met mij niet goed zijn gegaan.
Je hebt me gezien in de rechtszaal. Je zag dat het toen niet goed met me ging toen ik je aankeek. Twee jaar lang ben ik bezig geweest met mezelf en ik beloof (!) je dat ik normaal tegen je doe. Dat is ook de enige belofte die ik je geef.
Roelof komt niet mee, dus daar hoef je niet bang voor te zijn. Moet je dan bang voor mij zijn? Nee dus. Wat houdt je dan tegen? Kun je me dat uitleggen?
Ja, ik zit jou te pushen, omdat ik dat beloofde gesprek met jou wil! Simpel. Los je belofte in en verbreek daar- mee onze 'verbinding'.

Lammi

Op een donderdag, het was 30 mei en tien dagen later, ging de telefoon. Het was de PI Zwolle! De man aan de telefoon vroeg of ik een gesprek met Henk F. wilde accep- teren.
'Hé?! Ja natuurlijk, verbind hem maar door.'

Ik keek Roelof met grote ogen aan en probeerde me razendsnel te bedenken wat ik zou kunnen zeggen. Het zou beslist geen 'goedemorgen' kunnen worden en ook niet een 'bedankt voor het gesprek'.

Ik wachtte tot hij begon te praten. Hij belde mij tenslotte, dus had hij vast wat te vertellen. Het was bizar. Vreemd om opeens Henk F. aan de telefoon te hebben. Ik merkte dat ik afwachtend en voorzichtig was, maar ook nieuwsgierig en boos. Vooral boos. Hij vertelde dat hij mijn brief ontvangen had en zou daar ook nog per brief op reageren. Dat er paniek ontstaan was in de PI omdat hij bepaalde uitspraken had gedaan over zelfmoord, wat zeker niet de bedoeling was geweest en volgens hem totaal overbodig. Hij was daar zelf erg verbaasd over.

Hij bracht mij aan het twijfelen, wie of wat moest ik nu geloven? Goed, hij kreeg voor nu het voordeel van de twijfel. Daar zou ik nog wel een keer op terugkomen. Het was in die periode ook hectisch, er waren behoorlijke bezuinigingen aangekondigd voor het gevangeniswezen en de oplossing van de moord op Marianne Vaatstra was ook in diezelfde tijd. Dus ik kon wel begrijpen dat het personeel van de PI in Zwolle op zijn tenen liep. Iedereen was bang om zijn of haar baan te verliezen door een of andere stomme fout.

Henk F. was ook nogal verbaasd over het feit dat ik aangegeven had dat hij nogal moeilijk te bereiken was. Waarop ik antwoordde dat zijn vertrouwenspersoon nogal beschermend naar hem overkwam. Maar het belangrijkste was dat hij me beloofde dat we op een dag een gesprek zouden hebben. Daar had ik volgens hem recht op. Jazeker heb ik daar recht op, als je dat maar weet! En ik hou je daar aan, vergeet dat niet, zei ik tegen hem. Het was een opluchting voor me dat hij beloofde om zich aan zijn belofte te houden. Het was op dat moment het meest belangrijke wat hij tegen me kon zeggen.

Antwoord

Het was hartje zomer en ik liep elke dag naar de brievenbus om te zien of er al een brief van Henk F. in lag. Ik
wachtte nu al zes weken op een bericht en mijn humeur
werd er niet beter op. Roelof was even met een vriend die
bij ons logeerde weggeweest en op de terugweg naar huis
nam hij meteen de post mee. Hij haalde er een brief uit en
zei: 'Hier wordt Lammi heel blij van.'

Toen onze vriend de afzender zag, schrok hij zich kapot
en verschoot van kleur. Roelof riep me toen hij thuis was
en gaf me de brief.

'Yeeh... Eindelijk!'

Onze vriend keek met grote verwondering naar mij.

'Jazeker, hier zit ik al weken op te wachten!' zei ik opgewekt tegen hem.

Het was inmiddels 12 juli, zes weken na het telefoontje
van Henk F. Ik maakte de brief open en begon te lezen.

Henk F. gaf meteen aan dat het contact met mij moeilijk
voor hem was en dat hij het liefst telefonisch contact met
me wilde. Op die manier wilde hij langzaam maar zeker
naar ons gesprek toe groeien. Dat snapte ik wel, ik had zelf
immers twee jaar nodig gehad om tot een gesprek te kunnen komen. Maar ik wilde liever eerst per brief contact
met hem. Ik wilde – voorlopig tenminste – eerst wat meer
afstand en een brief kon ik nog eens nalezen en goed op
me laten inwerken. Ik wilde een beetje afstand houden
omdat ik door de afzegging van het gesprek weer behoorlijk opgefokt was naar Henk F. toe. Het bleek dat ik toch
nog snel door tegenslagen – die ik hem verweet – woedend op hem kon worden. Dat moest ik eerst weer goed
onder controle krijgen, zodat mijn vertrouwen zou groei-
en. Het was raar om hem aan de telefoon te hebben, dat
had ik op 30 mei wel gemerkt. Bizar zelfs. Nee, voorlopig
geen telefonisch contact, dat gingen we maar even niet
doen. Hij kon dan wel de touwtjes in handen hebben,
maar ik bepaalde wel of het contact per brief of per tele-

foon ging.

Ik was blij te lezen dat hij enorme spijt had en dat er geen dag voorbij ging zonder dat hij aan Andrea moest denken. Hij had een enorm schuldgevoel, daar stond hij mee op en daar ging hij mee naar bed. Hij was zich er heel goed van bewust dat hij een fout had gemaakt die hij nooit meer goed kon maken. Zijn celstraf kon hij accepteren, maar zijn delict niet. Hij vroeg zich dan ook elke dag af wat er in zijn hoofd omgegaan was. Hij schreef dat hij het echt niet wist. Hij kon geen boek lezen of film zien, omdat zijn gedachten continu afdwaalden naar het verleden. Het enige waar hij rust in vond, was zijn werk. Hij werkte zoveel als maar toegestaan was. Ik had al eerder gehoord dat hij in zijn werk afleiding vond en dat hij zoveel mogelijk werkte, dus dat klopte wel. Hij hoopte dat ik hem de kans zou geven om zijn verhaal te doen. Hij zei dat hij echt niet probeerde om het goed te praten. Hij had er zelf geen goed woord voor over. Hij was fout geweest.

Toen kwam er een stukje dat indruk op me maakte:

Mijn grootste vijand ben ik zelf. Er is niemand, ook u niet, die mij een grotere klootzak vind dan ik zelf. Als u het nodig vindt mij verrot te schelden, doe het dan. Ik kan het mezelf nooit vergeven. Ik kan u vertellen dat als ik één wens mocht doen, dan had uw leven er heel anders uit gezien. Maar ook het mijne.

Ik las de brief een paar keer en ging in gedachten een gesprekje met mezelf aan. Ik vroeg me af hoelang hij hier over gedaan had om dit te schrijven. En of hij dit meende, of was het een kwestie van 'naar de mond praten'. Het klonk oprecht. Ja, maar natuurlijk gaat hij dit soort dingen zeggen. Slimpie! Dat zou iedereen doen om zichzelf goed neer te zetten, dat is wel logisch. Was dat nu nog nodig dan? Zichzelf goed neerzetten? Voor wie en wat dan? Hij is toch al veroordeeld? Hij zit toch zijn straf uit in de cel?

Als hij zijn straf uitgezeten heeft, is het afgelopen, dan is hij gewoon weer een vrij man. Maar misschien wilde hij het een 'beetje goedmaken' als dat mogelijk zou zijn. Goedmaken kan niet, ook niet een 'beetje goedmaken'. Het enige wat hij nog kon doen, was alles vertellen over zichzelf en over het verloop van 10 mei 1993. Nou, precies en wat probeert hij nu dus te doen? Eh... ja, hij wil graag veel praten met me. Alles vertellen over zichzelf, zijn daad, over zijn spijt en berouw, zijn verdriet, zijn verleden en zelfs over zijn kinderen. Ook wilde hij alles weten van Andrea, en alles van ons.

Ik zuchtte een keer en begreep dat dit niet zomaar eventjes allemaal duidelijk zou worden. Ik liet het maar over me heen komen, ik zou wel zien wat het me zou brengen en hoe het zou verlopen. Voorlopig was het contactdraadje nog steeds intact. Dat was belangrijk voor me en blijkbaar ook voor Henk F.

De dagen daarna las ik meerdere malen de brief en liet er mijn gedachten over gaan. En elke keer weer vroeg ik me af of de brief oprecht was. Of Henk F. meende wat hij schreef. Er kwam een gedachte in me op: stel nou, stel nou eens, dat hij er écht, écht enorme spijt van heeft. Als dat waar zou kunnen zijn, dan zou dát het meest positieve zijn wat nog haalbaar was. Ik moest dit eerst maar eens even laten bezinken en in me door laten werken. Daarna zou ik hem een volgende brief schrijven.

Ik ben nooit zo'n geduldig typje geweest, zeg maar rustig dat ik ongeduldig ben. Na anderhalve week wilde ik meer duidelijkheid over bepaalde zaken van Henk F. en ik schreef de tweede brief op 21 juli 2013. Ik wilde hem ook vertellen wat hij aangericht had, of hij dat eigenlijk wel goed besefte. Om te beginnen stelde ik meteen maar voor om elkaar met je en jou aan te spreken in plaats de u-vorm te gebruiken. Zijn verzoek om telefonisch contact, wees ik van de hand. Ook omdat het bereik hier in Hongarije (nog) niet optimaal is en het daardoor erg moeilijk kan zijn. Een groot gedeelte uit de brief:

Je zegt dat je je delict niet kunt accepteren. Dat je daar een groot schuldgevoel over hebt. Heb je dat al die jaren gehad of sinds je bent opgepakt? Als je dat namelijk al die jaren al hebt gehad, hoe deed je dat dan als je thuis kwam en er bijvoorbeeld een film op de televisie was... schakelde je dan over op een ander net of zo? Hoe kon je dat al die jaren verbloemen, de gesprekken op de verjaardagen of op je werk. Ging je weg, kreeg je een rood hoofd, merkte iemand iets aan je?

Toen ik niets wist van de moordenaar van Andrea, was hij voor mij een monster, iemand die het leven niet verdiende en die ik zonder pardon zou afmaken als ik de kans kreeg. Al die jaren lang leefde ik om dat onmens kapot te maken, vooral de eerste jaren. Die persoon die een ontzettend goed en lief mens van het leven had beroofd. De man die geen idee had hoe dit meisje in elkaar zat. Hoe zachtmoedig, en toch dapper, maar ook een verantwoordelijk karakter had... altijd klaar stond voor een ander en intens kon genieten van haar paard en de natuur. Daarbij ons enig kind waar we allebei dol op waren, waar we ons dood voor zouden vechten. We hadden drie kinderen kunnen hebben, maar dat maakte niets uit. We hadden er één en waren daar zielsgelukkig mee. Het was een mooie meid geworden, met een prachtig karakter. Van de één op de andere dag... weg!

Jou voor rot schelden is een kleine moeite, maar dat heb ik inmiddels al jaren achter me liggen. Het heeft totaal geen zin en ik word er zelf niet beter van. Ik word er alleen maar negatief en verdrietig van. Trouwens, het zou jouw schuldgevoel waarschijnlijk alleen maar voeden. Dus: als niemand daar beter van wordt, dan heeft het geen enkele zin.

Ik wil weten wie jij bent, wat voor persoon je bent, hoe je in elkaar steekt en hoe het in vredesnaam mogelijk was dat jij de grootste fout van je leven hebt begaan op een mooie zonnige dag in 1993.

Dat je geen moment hebt beseft wat voor gigantische

gevolgen dat voor jou en ons zou hebben, is duidelijk.
Vanaf 10 mei 1993 werd ons leven op straat gegooid.
Dat was niet erg, we waren en zijn gewone mensen,
geen rare dingen of iets wat geheim zou moeten blijven.
Begrijp me goed, ik had ons leven nooit zo openlijk in de
publiciteit gegooid als dit niet gebeurd was. Maar ik
had maar één doel voor ogen: de moordenaar van Andrea vinden. En als het daarvoor nodig was om ons leven op straat te gooien, oké, geen enkel probleem. Ik
hoopte dat je de media zou volgen, dat je zou lezen en
zien wat je aangericht had. Dáárom al die publiciteit!
Wat een ander daar van zou vinden interesseerde me
geen biet. De rest van de wereld doet maar... niet interessant voor me. Alléén de dader vinden was nog belangrijk! Maar blijkbaar had je jezelf goed 'verstopt',
omdat in al die tijd er niemand is geweest die iets is op-
gevallen aan jou. Daarom ook mijn vraag aan jou: hoe
je dat gedaan hebt al die jaren...
Hoe ging je met je kinderen om, heb jij nooit de vergelijking getrokken: als er iemand aan mijn kinderen
komt dan...? Hoe is het mogelijk dat je gewoon met je
kinderen om kon gaan, kon spelen met hun, hun vertrouwen kon winnen, dingen kon vertellen... Dat snap
ik niet.
Heb je ze gewaarschuwd voor de harde, wrede wereld...
voor de gevaren van deze tijd? Vertel me eens over je
kinderen. Hoe kon je gewoon naast je vrouw liggen 's
avonds, dacht je nooit voor je ging slapen aan Andrea? Of spookte dat juist wel door je hoofd voor je in
slaap viel... Heb je nooit de neiging gehad om nog een
keer een meisje te pakken? Om opnieuw in de fout te
gaan? Ben je na 10 mei 1993 blijven fietsen voor de lol?
Ook nog wel eens die route gereden? Je relatie is op de
klippen gelopen en je bedrijf is failliet gegaan. Heeft dat
ook met Andrea te maken, of staat dit alles daar los
van. Ik begrijp dat je geen films kijkt of boeken leest.
Wat doe je als je werk erop zit? Heb je alleen contact
met Ingrid de humanist, of ook met andere mensen?

Zo, hij had voorlopig weer genoeg te lezen en om over na te denken. Ik hoopte niet dat ik nu weer zolang zou moeten wachten op een antwoord. Maar ik kreeg een bevestiging van ontvangst via de mail van Ingrid en daarin stond dat Henk F. had gevraagd om door te geven of ik begrip wilde hebben voor een langere wachttijd vanwege vakanties. Het viel me dus nog mee dat ik eind augustus antwoord van Henk F. kreeg op mijn brief. In de brief beloofde Henk F. me weer dat er ooit een gesprek plaats zou vinden. Hij wilde graag meewerken, maar op het moment was de stap nog te groot voor hem. Ik vond het prima dat hij nog steeds bang voor me was, ik glimlachte. Goed zo! Het schuldgevoel had hij altijd gehad en werd alleen maar erger. Er kwamen steeds meer schuldgevoelens bij, ook ten opzichte van zijn vrouw en kinderen. Aan materiele dingen had het gezin nooit gebrek gehad, maar liefde en aandacht kregen zijn vrouw en kinderen veel te weinig. Elke avond – als zijn vrouw al naar bed was gegaan – zat hij urenlang alleen na te denken over de gebeurtenis, zijn berouw, spijt, verdriet en wanhoop.

Maar ook denkend aan Andrea en ons. Hij wist heel goed hoe we over de moordenaar van Andrea dachten. Hij had alles gevolgd in de media, op televisie en hij had ook *Het Zwarte Gat* op de radio gevolgd. Daar was ik blij om. Dan hadden we toch al die dingen niet voor niets gedaan. Hij had alles gevolgd. Alleen mijn boek *Thuiskomen, leven na de dood van Andrea* had hij nog niet gelezen. Als ik wilde dat hij dat moest lezen, zou hij alsnog mijn boek gaan lezen.

Als Henk F. bij gesprekken aanwezig was waar Andrea ter sprake kwam, vond hij dat heel naar. Hij zocht zijn rust in het werk en maakte daardoor lange dagen. Hij had zeventien jaar met een vreselijk geheim geleefd, maar nu had hij geen geheimen meer. Voor niemand. Daarom ook wilde hij alles vertellen. Iedereen mocht weten dat hij veel bereikt had in het leven. Ook mocht iedereen weten dat alles wat hij bereikt had, het gevolg was van zijn delict.

Als ik het gevoel zou krijgen dat hij niet de waarheid zou spreken, dan moest ik hem dat vertellen. Dan zou hij proberen om het te bewijzen. Hij wilde dat ik het rapport van het Pieter Baan Centrum zou lezen, omdat daar zijn levensloop in stond. Zijn levensloop, verteld door anderen. Hij zou zelf zijn eigen verhaal over zijn levensloop vertellen. Hij wilde mij laten weten hoe hij in elkaar zat, wie hij was en hoe hij geleefd had. (Dat had ik immers ook gevraagd aan hem).

Ik heb niets te verliezen. Het enige wat ik kan bereiken is dat het beeld dat jij en Roelof van mij hebben, verandert. Als ik Andrea tien seconden eerder of later had ontmoet, dan was er nooit wat gebeurd. Een gevoel van onmacht, verdriet en woede heeft ervoor gezorgd dat ik ooit mijn delict heb kunnen plegen. Ik ben blij dat je weer positieve dingen in het leven ziet en ervaart. Hoe gaat het nu met jullie. Voor mij is het net zo belangrijk dat het is opgelost en dat jullie het nu misschien een plaatsje kunnen geven.

Ho! Dat laatste deel kwam net iets te dichtbij op dat moment. Dat maakte ik zelf wel uit. Maar goed, ik had zelf aangegeven in de eerste brief dat we rechtuit en open moesten praten. Als het een keer pijn zou doen, jammer dan.

17 september 2013

Enkele stukken uit de brief die ik terug schreef:

Jij wilt alles van mij/ons weten. Dat kan op een heel makkelijke manier. Als je mijn boek zou lezen, dan weet je alles. Je zult dan nog weinig vragen hebben over die periode. Ik heb het alleen vanuit mijn gezichtspunt en beleving kunnen schrijven.

Dus ja, ik zou willen dat je mijn boek gaat lezen. Je zei dat je wist hoe we over de moordenaar van Andrea dachten, wat deed dat met jou? Het gaf je niet de aanzet tot aangifte. Liet het je koud of werd je daar angstig van, of onverschillig? Denk je dat het zin heeft gehad wat ik in al die jaren heb ondernomen? En begrijp je wáárom ik dat gedaan heb?

Ja, we hebben ook raakvlakken met films of documentaires. Vooral Roelof, hij kan geen actiefilm bekijken of naar documentaires over geweld, misdaad of moord. Dus kijkt hij veel naar sport en praatprogramma's (VI, DWDD, Pauw & Witteman). Ik kijk niet veel tv, maar als ik zit te kijken, ga ik juist dit soort dingen en films bekijken. Films doen me niks, maar wel de documentaires. Dan ben ik elke keer weer opgelucht dat jij geen psychopaat bent. Als jij wel een psychopaat zou zijn, zou ik weer vol woede en haat komen te zitten. Dit soort mensen zijn gewoon een degeneratie van het menselijk ras. Weg ermee!

Ik ben benieuwd wat de aanleiding was van het meenemen van Andrea. Je schrijft dat er een hoop onmacht, verdriet en woede de aanleiding voor was. Waardoor al die onmacht, verdriet en woede?
Zou het echt zo zijn, dat als je haar tien seconden eerder of later ontmoet had, alles anders was gelopen?
Dat vraag ik me namelijk wel af... omdat ik er niet overtuigd van ben dat dat zo zou zijn.
Ik geloof wel wat je zegt, als je het niet meent, verspreek je je op een dag, dat staat vast.

Het gaat goed met ons, we kunnen samen zo verder, met Andrea altijd in onze gedachten. Het doet niet zoveel pijn meer. We kunnen elke dag genieten van de natuur en van de manier van leven hier. Dat gaat prima, maar zodra we aan jou denken, verandert dat.

Het ene moment wil ik je nek omdraaien, het andere moment denk ik dat je iemand bent die een ongelooflijke fout in zijn leven heeft gemaakt. Dan denk ik enkele momenten milder over jou. Het heeft tijd nodig en véél uitleg van jou. Ik heb je jarenlang tot in mijn tenen gehaat, dat is niet zomaar te veranderen. Vandaar ook dat ik twee jaar – na de rechtszaak – nodig had om contact met jou te kunnen maken, zónder last te hebben van moordneigingen. Dit contact, brieven schrijven, gaat me goed af. Langzaam maar zeker wennen aan elkaar, en begrijpen hoe je in elkaar steekt.

Ik zeg je eerlijk dat Roelof hier wel moeite mee heeft. Maar ik hoop dat dat minder gaat worden. Ik weet alleen dat ik dit moet en wil... op de een of andere manier heb ik dit nodig blijkbaar.

Waar het toe zal leiden, dat zien we vanzelf wel, dat is nu niet belangrijk voor me. Bedenken hoe de toekomst eruit gaat zien heeft geen enkele zin. Het loopt toch altijd anders. Voor mij is het NU belangrijk, daarom probeer ik om van elke dag een leuke dag te maken.

Lammi

Dat was de laatste brief. Ik zat alweer weken te wachten op een bericht, toen Henk F. me opbelde vanuit de PI in Zwolle. Henk F. vertelde dat het schrijven van brieven nogal problemen gaf voor hem. Hij stelde voor om telefonisch contact te onderhouden. Het was voor hem een stuk makkelijker en ik koos op dat moment ook maar voor het gemak. Ik was het geloop van een paar honderd meter elke dag naar de brievenbus meer dan zat. 'Oké, dan bel je me volgende week maar op. Nu heb ik hier geen tijd voor.'

Het was bijna twee maanden geleden dat ik de laatste brief had verstuurd naar hem. Op deze manier was ik over vijf jaar nog bezig om dingen duidelijk te krijgen, wat ik beslist niet van plan was. De week daarna, op dinsdag 12 november 2013 stipt om 13.00 uur, ging de telefoon. Ik was al naar buiten gelopen om een beter ontvangst te hebben. Roelof deed zijn middagdutje en zou er op deze manier ook geen last van hebben. Hij had al duidelijk laten merken dat hij het contact tussen Henk F. en mij moeilijk vond. Ik had me goed voorbereid op dit gesprek, maar ik had ook een erg kort lontje. Ik kon mijn woede naar hem niet teveel laten blijken omdat ik bang was dat ik hem dan zou afschrikken voor verder contact. Het was belangrijk dat ik rustig bleef. Het uiteindelijke doel was een face-to-facegesprek, dat moest ik voor ogen houden.

Goedemiddag kon ik niet zeggen, dus bleef het bij een 'hoi'. Ik viel meteen maar met de deur in huis door nogal bits te vragen: 'Hoe is het in vredesnaam mogelijk dat je Andrea hebt vermoord. Hoe kon je dat doen, ze heeft alles gedaan waar je om vroeg!'

Henk F antwoordde kalm: 'Ik weet het niet, wist ik het maar dan zou ik jou dat vertellen. Ik weet het echt niet. Ik heb er heel veel spijt van, ik zou willen dat ik de klok terug kon draaien.'

'Je komt toch op een punt waardoor je gaat nadenken? Waarom ben je niet gestopt, waarom ging je maar door? Je had elk moment kunnen stoppen, maar je hebt dat niet gedaan. Hoe kan dat?'

'Ik zou willen dat ik gestopt was, maar het was net of ik in een soort van roes was. Ik kon niet stoppen, dat ging niet meer.'

'Dus wat je nu zegt, zou je zeggen dat je verminderd toerekeningsvatbaar bent geweest? Dat zegt het rapport van het Pieter Baan Centrum anders niet. Dat weet je.'

'Ja, dat weet ik. Maar het was net of ik er niet echt bij was. Ik had er geen stuur over.'

'Je hebt in de rechtbank gezegd dat als Andrea gegild had, je was gestopt. Dat geloof ik niet, waarom zou je dan wel stoppen?'

'Omdat ik denk dat ik dan wel beseft had waar ik mee bezig was. Dan was ik wel weer bij mijn positieven gekomen.'

'Andrea was geen giller. Ja, hooguit als ze heel vrolijk was, maar niet als ze in de knel zou komen, beslist niet.

Andrea zou eerder dichtklappen en dat is denk ik ook gebeurd. Vertel me eens wat er precies gebeurd is.'

'Ik zou willen dat ik dat kon vertellen, maar ik weet het niet. Ik zou jou dat graag vertellen, maar ik weet het echt niet meer.'

'Ik geloof je niet. Hoe kan dat nou, dat je het niet meer weet. Zelfs de mensen die de oorlog hebben meegemaakt, kunnen zich nog precieze details herinneren. Ze willen dat niet, maar het gebeurt wel. Je kunt het wel een tijd verstoppen, maar het komt altijd weer terug.'

'Lammi, ik vertel jou geen leugens. Het is de waarheid. Je zult zien dat ik steeds hetzelfde verhaal vertel. Zo is het. Ik wil schoon schip maken en de waarheid mag iedereen van mij horen. Ik vertel geen verhaaltjes, daar heeft niemand wat aan. Ik heb zolang ik leef altijd geprobeerd om het iedereen naar de zin te maken. Ik ben altijd een goede man geweest, maar één keer in mijn leven heb ik een grote fout gemaakt. De grootste fout van mijn leven en ik kan daar nog niet bij dat dat gebeurd is. Maar dat kan ik niet meer veranderen.'

'Nee inderdaad, jij kunt dit nooit meer veranderen, niemand meer.'

'Ik wil alles doen om jullie leven makkelijker te maken. Zeg maar hoe of wat ik moet doen en ik doe het. Het is voor mij heel belangrijk dat het jullie nu verder goed zal gaan.'

'Jij kunt niks meer doen om ons leven makkelijker te maken. Hooguit deze gesprekken. Ze zijn voor mij belangrijk, waarom weet ik niet. Feit is dat ik jou wil spreken.'

'Dat gesprek komt op een dag, dat beloof ik je. Daar heb je ook recht op. Maar voor nu helpt het me om telefonisch contact te hebben. Ik zou Roelof ook graag op een dag willen spreken.'

'Nou dat kun je rustig vergeten. Roelof zit niet te wachten op een gesprek met jou. Dat doet-ie nooit en ik denk dat dat ook beter is. Hij heeft hier al moeite genoeg mee.'

'Oké, maar voor mij zijn deze gesprekken ook belangrijk.'

'Ik doe dit omdat het voor MIJ goed is, wat voor jou goed is interesseert me niet. Laat dat duidelijk zijn. Ik doe dit niet voor jou, maar voor mezelf.'

'Dat is goed. Ik wil je alles vertellen waar je vragen over hebt. Ik heb geen geheimen meer, alles mag je weten.'

Eerst was ik behoorlijk kwaad en opgefokt, maar ik moet bekennen dat ik rustiger werd naarmate het gesprek vorderde. Henk F. gaf overal antwoord op, maar zei ook dat hij bepaalde dingen niet meer naar boven kon halen. Dat vond ik enorm frustrerend. Ik wist dit al, omdat ik de verslagen van de verhoren gelezen had. Daar stond het ook in, net als in het rapport van het Pieter Baan Centrum. Ook daar werd genoemd dat hij details niet kon vertellen. Toch vroeg ik hem dit, omdat ik bevestiging wilde hebben, maar ook stiekem hoopte dat hij het zich inmiddels misschien toch nog kon herinneren. Niet dus. Na een uur vond ik het welletjes en Henk F. vroeg wanneer hij me weer mocht bellen.

'Over drie weken, ook op dinsdag en om dezelfde tijd.'

Telefoontjes

Vanaf dat moment belde Henk F. regelmatig. Altijd vroeg hij wanneer hij terug mocht bellen. De eerste keren was ik in het begin van het gesprek kwaad en opgefokt. Dat liet ik ook merken. Ik was argwanend, achterdochtig en vertrouwde hem voor geen meter! Tijdens het gesprek met Henk F. werd ik rustiger en rustiger. Omdat ik begreep dat het niet meer te veranderen was, wat ik ook vroeg of welk antwoord ik ook kreeg; het was immers allemaal al gebeurd en onherroepelijk. Maar ook omdat het logisch klonk wat hij zei, hij hoefde niet naar woorden of antwoorden te zoeken, hij gaf meteen antwoord op een vraag en dat antwoord klopte goed in het verhaal.

Ik wilde helemaal niet rustiger worden door een gesprek met de moordenaar van onze dochter. Maar het was net of ik met de buurman sprak. Een gewoon gesprek. Bizar. Moordenaars zijn mensen, die hebben geen bijzonder gezicht of een bijzondere stem.

Elke keer dat ik Henk F. aan de telefoon had, vroeg ik hem – vaak – dezelfde dingen. En hij had elke keer hetzelfde antwoord. Zijn verhaal veranderde niet. Elke keer weer zei hij hoeveel spijt hij had van wat hij aangericht had. Dat hij graag de klok terug zou willen draaien. Hoe belangrijk deze gesprekken voor hem waren.

'Ik wil alles doen om het leven voor jullie iets makkelijker te maken. Zeg wat ik moet doen en ik doe het. Ik heb zoveel spijt, maar ik kan het niet meer goed maken.'

'Je kunt niets meer doen om het makkelijker te maken. Je had moeten stoppen, dat heb je niet gedaan. Je had je eerder moeten aangeven. Waarom heb je zeventien jaar lang je mond dicht gehouden? Waarom moest dit zo lang duren?'

'Ik heb je een keer gebeld tijdens de uitzendingen van *Het Zwarte Gat*, maar wat ik precies heb gezegd, weet ik niet meer.'

'Ja dat kan, ik heb een paar keer telefoon gehad tijdens de uitzendingen.'

'Ik wilde jullie uit die onzekerheid halen, maar ik had niet de moed om mijn delict te bekennen. Het ging toen goed met me. Ik had een groot geheim dat ik met niemand kon delen. Ik zat daar uren over te piekeren, maar ik had het lef niet om mezelf aan te geven.'

'Ja, dat kan ik ergens wel begrijpen, maar toch, jezus man. Je hebt ons zeventien jaar, ze-ven-tien jaar lang laten wachten!'

'Is zelfmoord een oplossing?'

'Nee, natuurlijk niet idioot!'

Het vloog eruit voor ik het in de gaten had, maar zelfmoord is voor mij absoluut taboe. Ik vind het altijd vreselijk als ik hoor dat mensen zelfmoord hebben gepleegd. Dan denk ik vaak: had maar een tijd gewacht, misschien was er wel een oplossing gekomen. Wie weet had die persoon nog heel mooie jaren kunnen hebben. Nu is het te laat en onherstelbaar. Ondanks dat hij onze dochter had vermoord, was het niet nodig voor mij dat hij zelfmoord zou plegen. Laat ook nu dan het leven zijn loop maar krijgen. Je weet nooit hoe het leven zich nog kan ontwikkelen. Waarom is het leven soms zo moeilijk, zo hard, zo meedogenloos?

Roelof had al vrij snel in de gaten waar ik mee bezig was. Ik maakte juist afspraken met Henk F. als hij zijn middagdutje deed. Ik hoopte dan dat hij er niets van zou merken, omdat ik wel wist dat Roelof hier problemen mee had. Nadat ik weer binnen kwam na een gesprek met Henk F. zei Roelof met ingehouden woede: 'Hoelang ga je hier nog mee door?'

Ik voelde de woede die hij uitstraalde en dat maakte dat ik me keihard opstelde. Het was net of er meteen een metershoge, onzichtbare en stalen muur tussen ons kwam te staan.

'Dat weet ik niet Roelof, maar langer dan jij wilt. Ik ga hiermee door, dit duurt nog wel even.'

Het leek wel of het ijskoud in de kamer werd, de sfeer was om te snijden.

'Wat wil je dan, wat moet je met die vent, wat denk je hiermee te bereiken?' zei hij met moeite.

'Ook dat weet ik niet, ik weet alleen dat ik dit moet doen. Waar het toe zal leiden? Geen idee, maar ik ga hier voorlopig nog wel mee door', zei ik nogal bits en ik liep de kamer uit naar buiten.

Ik moest even zorgen dat ik meer lucht kreeg en dat deze woordenwisseling niet verder zou gaan. Het laatste waar ik op zat te wachten, was ruzie met Roelof. Maar wat hij ook zou zeggen of zou doen, ik wist één ding zeker: ik moest deze gesprekken voeren! Ik begreep precies wat Roelof zo dwars zat, zeker. Hij kon het niet verdragen dat ik met de moordenaar van onze dochter contact had en met hem praatte. Voor hem leek het net of ik hem vergeven had voor wat hij gedaan had.

Roelof zat nog vol woede en ging zelfs gedachten aan

Henk F. radicaal uit de weg. Hij kón er niet aan denken, het zou zijn dag helemaal verzieken als hij er goed over nadacht. Dus blokte hij liever al die gedachten. Ik daarentegen deed het tegenovergestelde. Ik moést er juist veel over nadenken, ik wilde weten wie hij was, hoe hij dacht, wat hij deed. Alles wilde ik weten. Ik wilde dat de woede uit mijn lijf en mijn leven ging, ik wilde het begrijpen. Mijn gevoel zei me dat ik hiermee door moest gaan. Dus ging ik ermee door.

Ik merkte wel dat het meer impact had dan ik eerst in de gaten had. Ik moest de tijd nemen om de gesprekken te verwerken, er goed over na te denken en in me op te nemen. Daarom maakte ik de volgende telefoonafspraken maar om de maand. Ik was verbaasd maar ook geïrriteerd, toen ik merkte dat ik door de gesprekken rustiger en rustiger werd. Dat was zeker niet mijn bedoeling geweest, maar het gebeurde wel. Wat raar.

Eén keer had ik een afspraak gemaakt, maar gingen we die middag onverwacht met een vriendin naar het café. Toen Henk F. belde, besloot ik om er dan maar snel een eind aan te maken, voor het vragen zou oproepen waarom ik zo lang aan de telefoon zou zitten. Toch duurde het nog een kwartier, ook omdat Henk F. nog van alles wilde vragen en vertellen. Zo snel ik kon, maakte ik een eind aan het gesprek. Roelof had meteen haarscherp in de gaten wie ik aan de telefoon had gehad, maar liet niets merken.

Een maand later had ik weer een gesprek met Henk F. En ook deze keer zei hij dat hij heel veel spijt had, dat hij alles wilde doen om ons leven wat makkelijker te maken. En weer zei ik tegen hem hetzelfde als de keren daarvoor, dat hij dit nooit meer goed kon maken. Wat hij ook zou doen. Hij had een ramp veroorzaakt die niet meer te herstellen was.

'Ik denk altijd aan wat ik gedaan heb, aan jullie en aan Andrea, ik sta er mee op en ga ermee naar bed.'

Hij vertelde dat zijn vriendin aangifte van mishandeling had gedaan, maar dat hij haar alleen maar een forse duw had gegeven. Ik geloofde dat niet, natuurlijk zou hij dat afzwakken in zijn voordeel.

'Lammi, ik lieg niet. Ik zal je een brief laten sturen als je het goed vindt; die heeft mijn advocaat aan mijn vriendin gestuurd. Daar staat precies in wat ze allemaal gedaan heeft. Daardoor is mijn bedrijf naar de knoppen gegaan. Achteraf had ik zelf de boel moeten controleren, maar ik was naïef en vertrouwde haar. Ik ben alles kwijt geraakt door haar, zij heeft me alles afgepakt. Ik ben stom geweest, maar dat is achteraf makkelijk om te zeggen. Ik zal die brief laten doorsturen naar jou, ik wil graag dat jij die leest.'

Inderdaad lag er een week later de bewuste brief in onze brievenbus. Daar stond in niet mis te verstane woorden in wat de vriendin met de boekhouding van het bedrijf van Henk F. had gedaan. Of liever, wat ze juist niet had gedaan, waardoor het bedrijf financieel aan de grond kwam. Ze kreeg op staande voet ontslag en de vriendin nam wraak door het hele huis leeg te halen.

Dat had Henk F. me al verteld en de brief was voor hem een bewijs naar mij toe dat hij de waarheid sprak. Hij had geen enkel belang bij leugens, hij wilde juist schoon schip maken. Henk F. vertelde alles aan me, hoe zijn jeugd was geweest, hoe en wanneer hij trouwde met zijn ex-vrouw, over zijn kinderen, zijn delict, hoe zijn leven na de dood van Andrea eruit zag en ook over zijn aanhouding.

Na dit gesprek was Roelof al wakker toen ik terugkwam in de kamer. Ik zag aan zijn gezicht dat hij zwaar geïrriteerd was omdat ik – weer – met de moordenaar van Andrea had gesproken.

'Hoelang gaat dit nog duren? Waarom wil je hem nog steeds spreken?' vroeg hij met ingehouden woede aan me.

Ik keek hem aan en zag dat hij deze keer probeerde om rustiger met me te praten om het voor hem duidelijker te krijgen. Dat gaf me de aanzet om te proberen om rustig aan hem uit te leggen waarom ik dit moest doen. En wat het doel van dit contact voor mij was.

'Roelof, ik moet dit op de een of andere manier doen. Waarom weet ik niet, maar ik wil weten hoe die man in elkaar zit, hoe het kan dat hij dit gedaan heeft, hij kende Andrea nota bene niet eens. Hoelang dit nog doorgaat weet ik ook niet. Op een dag zullen deze gesprekken ophouden, nu nog niet. Maar hij zegt elke keer weer dat hij zo enorm veel spijt heeft, dat hij het zo graag ongedaan zou willen maken en dat hij het leven makkelijker voor ons wil maken. Ik moet weten of hij het meent wat hij zegt, of hij echt spijt heeft, of hij echt elke dag aan Andrea denkt, zoals hij tegen mij vertelt.'

'Ja natuurlijk zegt hij dat! Dat snap jij toch ook wel dat hij dit zegt?'

'Ja, daar heb ik heus wel aan gedacht en rekening mee gehouden, Roelof. Maar probeer het eens van een andere kant te bekijken. Stel nou eens dat hij gewoon de waarheid spreekt. Dat hij inderdaad heel veel spijt heeft, dat hij het meent, dat hij er alles voor over heeft om dit ongedaan te kunnen maken. Wat zou hij dan nog méér kunnen zeggen? Wat zou hij dan nog méér kunnen doen? Stel nou eens dat het een man is die op een dag een ongelooflijke fout heeft gemaakt in zijn leven, de grootste fout van zijn leven. Wat moet hij dan nog meer doen om te laten zien of zeggen dat hij hier enorme spijt van heeft?'

Ik zag Roelof nadenken. Hij wist niet meer wat hij moest zeggen.

'Zeg het dan, wat moet hij nog meer doen, wat kán hij nog meer doen volgens jou?'

'Ja...' Roelof haalde zijn schouders op, hij wist het ook niet.

Op dat moment kwam Mandy bij ons door de poort rijden.

'Hé, Mandy komt eraan. Ik zal even een kopje koffie voor haar maken.' En hij sprong op van de bank, blij dat hij wat anders kon gaan doen.

Dat was dat, gered door een vriendin. Eén seconde van ergernis bij mij, maar meteen daarna begon ik te glimlachen. Ze had niet op een beter moment kunnen komen. Mandy kwam precies op het juiste moment, wat een timing.

Er kwam een punt dat ik niet goed meer wist welke richting ik op zou moeten gaan. Henk F. vertelde me elke keer over zijn berouw, zijn spijt, zijn behoefte om ons het leven aangenamer te kunnen maken. Dat geloofde ik nu wel, ik was er ondertussen wel van overtuigd dat hij geen psychopaat was. Psychopaten hebben geen geweten, dat had Henk F volgens mij wel. Ik moest nadenken.

Februari 2014

Een tijdje daarvoor zag ik een reportage over vakantie en paardrijden in Patagonië.
'Oh, dat wil ik ook doen', dacht ik toen hardop.
Roelof keek me aan en zei: 'Dan moet je gaan. Als jij dat graag wilt, ga dan. Ik red me hier wel.'
Meteen dacht ik na wie ik mee zou kunnen nemen. Mijn nichtje Sophia! Zij had op dit moment de tijd en we konden goed met elkaar overweg.
Meteen stuurde ik haar een bericht en vroeg: 'Heb jij zin om mee te gaan paardrijden in Patagonië?'
Bijna meteen kreeg ik antwoord: 'Yes! Ik ga met je mee.'
Ze moest nog wat dingen regelen en daarna gingen we al snel richting Argentinië.

Patagonië, Argentinië

In Argentinië kreeg ik de tijd om alles vanuit een ander gezichtspunt te bekijken. Aan de andere kant van de wereld, in de bergen, kon ik de zaken eens goed op een rijtje zetten. We maakten daar een tocht van drie dagen door het Andesgebergte, op de rug van een paard. Het was geweldig, we reden door de bossen, door een natuurpark, dwars door rivieren en naar de top van de bergen.
In het begin van de tocht was ik gespannen. Het was

lang geleden dat ik op de rug van een paard had gezeten. Ik zei niet veel, was veel in gedachten, maar genoot wel intens van de rust en de prachtige omgeving. Alle gebeurtenissen van de afgelopen jaren, en vooral van de laatste tijd, passeerden de revue. Ariane was een Nederlandse vrouw die in Argentinië woonde en deze tochten organiseerde. Ze vroeg een beetje argwanend of ik het wel naar mijn zin had.

'Ja hoor, alles is oké.'

Ik begreep wel dat ze zich wat zorgen maakte omdat ik niet veel zei en teruggetrokken was. Ariane was gewend dat haar gasten meer praatten en hun enthousiasme lieten merken. Ik was helemaal niet enthousiast, want mijn gedachten overheersten alles op dat moment. Ik zat in mijn eigen wereldje en moest even een poosje met rust gelaten worden. Daarom vroeg Ariane toen we even stopten, ook nog eens aan Sophia of ik het wel naar mijn zin had. Sophia is de dochter van mijn zus en begrijpt goed hoe ik in elkaar zit.

'Ja hoor, het gaat goed met Lammi, maar ze moet wat dingen op een rijtje zetten. Er is niks aan de hand hoor, maak je geen zorgen.'

Ik hoefde Sophia niets uit te leggen, ze begreep precies wat ik op dat moment het meest nodig had. Toen we na een uur of zeven eindelijk bij de berghut aankwamen, ging de zon al bijna onder. We konden overnachten in de berghut, maar niet douchen. Er was geen water en ook geen elektriciteit. In de avond gaf het licht van de kaarsen en de grote open haard een eenvoudige en intieme sfeer. Het paste goed bij mijn gevoel en situatie. Het gaf de eenvoud van het leven aan en dat voelde heerlijk en vertrouwd.

De anderen praatten zachtjes met elkaar en ik kon me rustig terugtrekken in mijn eigen wereldje van gedachten en overpeinzingen. Op deze wonderbaarlijke plek ergens in Argentinië boven op een berg, had ik alle tijd om mijn gedachten de vrije loop te laten.

Ik zat alleen in het donker op een omgevallen boom die voor de berghut lag, een sigaretje te roken. Ik genoot van de duisternis en de sterrenhemel, maar vooral van de stilte om me heen. Ongelooflijk stil was het daar. Als vanzelf kwamen de gedachten en inzichten boven drijven. Het verleden is geweest en staat vast. Het heeft geen zin om me daar druk om te maken. De toekomst ontwikkelt zich vanzelf. Zolang ik een doel voor ogen had, zou ik de juiste keuzes en beslissingen kunnen maken. Dus ook daarover had het geen zin om me druk te maken. Alleen het NU, daar ging het om. Daar draaide het leven om: het hier en nu, IS het leven. Het gaf me duidelijkheid over wat er werkelijk belangrijk was in mijn leven. 's Avonds maar ook overdag ging ik regelmatig naar buiten om op dat plekje na te denken. Ik heb daar heel vaak gezeten, denkend aan maar ook genietend van het leven. Boven op de berg had ik een prachtig uitzicht op hoe de weg zich naar beneden kronkelde.

Rechts van me liepen de paarden op een laag gelegen weilandje tegen de bosrand aan en links waren hoge rotsen waar de condors hun uitkijkposten hadden om naar een prooi te zoeken. De condors, die over de wereld uitkeken vanaf de hoge rotsen of zwevend in de lucht dit deel van de aarde konden overzien. Dat moet een machtig gevoel geven, bedacht ik me.

Nu zat ik vlakbij deze grote vogels met een vleugelspanwijdte van drie meter en ik begreep ineens hoe moeilijk ik mijn eigen leven aan het maken was. Natuurlijk was dit een gevolg van het aanhouden van de moordenaar van Andrea, dat alles weer opgerakeld werd. Dat begreep ik wel, daardoor zat ik weer in die mallemolen van gedachten. Maar ik was nu bezig om een oplossing te zoeken, waardoor ik die gedachten weer los kon laten. Ik wilde met een tevreden gevoel mijn leven weer kunnen leven, samen met Roelof in harmonie. Dat was het doel dat ik voor ogen had, dát wilde ik weer bereiken.

Hoe moest ik verder met de gesprekken met Henk F.? Wat wilde ik daarmee bereiken en wat was het doel van al die gesprekken? Waarom was het zo belangrijk voor me dat ik te weten kwam hoe die man in elkaar zat? Was dát de reden dat ik zelfs na 21 jaar blijkbaar nog steeds niet volledig kon accepteren dat het verleden geschiedenis was?

O, ik had geleerd om te accepteren dat Andrea niet meer leefde, dat Roelof en ik zonder haar verder moesten. Dat lukte ook goed, maar nu was het zaak om alles van haar moordenaar uit te zoeken. Daarom was ik nog steeds aan het onderzoeken en uitpluizen wat hij in het verleden gedaan had. Als ik dat goed in beeld had, zou ik het op een bepaalde manier misschien kunnen begrijpen. Dan zou ik het los kunnen laten en hoefde ik er niet steeds meer aan te denken. Dan zou het makkelijker voor me worden.

Het verleden stond vast, was allang geschiedenis en zou nooit meer veranderen. Mijn kind, ons kind Andrea, had geleefd en was een gelukkig kind geweest. Het kostte me geen moeite om met plezier aan haar terug te denken. Nu leefde ze al 21 jaar niet meer. Het werd hoog tijd om te stoppen met piekeren en dromen over de tijd na haar dood. Wat als ze nog geleefd had? Hoe zou ze zich ontwikkeld hebben? Kappen daarmee.

Doel

Ik keek nog eens naar de condor die wel tachtig jaar kon worden, zolang als een lang mensenleven, en zag mezelf als een nietig mensje met een lengte van 1.83 meter. Ik was eruit, ik wist nu wat ik moest doen en hoe ik het moest doen. Klaar.

Vanaf dat moment ging de knop om bij mij, voelde ik me bevrijd en kon ik weer vrolijk zijn. Ik ging meer gesprekken aan, was niet meer zo in gedachten en kon me nu pas echt ontspannen. Ariane vond dit merkbaar prettiger en kreeg nu ook de zekerheid dat ik het juist heel goed naar mijn zin had. Toen ze probeerde te vragen wat er aan de hand was, antwoordde ik glimlachend: 'Och Ariane, er waren wat demonen uit een ver verleden waarmee ik moest afrekenen.'

Ik had op dat moment beslist geen zin om uitleg te geven, Ariane zou er vanzelf wel een keer achter komen wat me bezig had gehouden. Deze trip naar Argentinië had heel goed uitgepakt. Ik had gevonden wat ik zocht: rust in mijn hoofd. Na twee weken ging ik weer terug naar mijn maatje.

Afspraak

Bij de eerstvolgende afspraak met Henk F. vertelde ik hem dat ik hem in april wilde spreken in de PI.

'In april gaan we naar Nederland en dan wil ik een gesprek met je. Je maakt het maar voor elkaar. En deze keer niet op het laatste moment laten afzeggen!'

'Nee, dat gebeurt niet weer, dat beloof ik je. Ik zal het doorgeven en dan zal Ingrid contact met je opnemen. Ik kan je over een maand wel vertellen of het doorgaat of niet.'

'Als jij zegt dat je er klaar voor bent, dan gaat dat gesprek wel door. Je zorgt maar dat het doorgaat.'

Mijn besluit stond vast, ik wilde hem deze keer spreken zonder dat het afgezegd zou worden, om wat voor reden dan ook. Het werd tijd om Henk F. te ontmoeten. Ik wilde hem in de ogen kijken, de moordenaar van onze dochter!

PI

Begin april 2014 gingen we voor een week naar Nederland en ik had inmiddels een afspraak met Henk F. op dinsdag 8 april om 13.00 uur in de PI in Zwolle. Directie en medewerkers gaven volledige medewerking om het gesprek zo goed mogelijk te laten verlopen. Henk F. en ik kregen de tijd van 13.15 tot 14.30 uur om met elkaar te praten.

Roelof wilde mee naar Zwolle, maar niet mee naar het gesprek met Henk F.

'Als die mensen na jouw gesprek met die vent er nog over willen doorpraten, dan wil ik daar wel graag bij zijn.'

'Oké, dan geef ik je wel een seintje.'

Ik meldde me bij de portier, die me keurig vroeg wie ik was en voor wie ik kwam. Ik moest een beetje lachen, omdat ik bijna zeker wist dat hij precies wist wie ik was en voor wie ik kwam. Ik liet mijn legitimatie zien en mocht mijn jas, mijn tas en mijn telefoon in een kluisje leggen. Daarna kon ik door het detectiepoortje. Aan de andere kant van het detectiepoortje stond het afdelingshoofd Wim al op me te wachten. Wim was een wat gezette en vriendelijke man, die me hartelijk en beleefd welkom heette in de PI. Daarna bracht hij me naar boven, waar Ingrid al op me stond te wachten.

Boven bij de trap was een balie waar een paar mensen achter beeldschermen zaten. Ik zag dat er hier niemand ongezien van de afdeling zou kunnen vertrekken. Ingrid zou bij het gesprek aanwezig zijn, maar ze zou weinig van ons gesprek begrijpen omdat ze het Drentse dialect niet kende. Ik vond dat prima.

'Ik zal je even de kamer laten zien, dan kun je het bekijken en zeggen of het je bevalt of niet.'

O, daar gingen we weer.

'Ingrid, het maakt me niet uit hoe die kamer er uitziet. Voor mijn part praat ik hier op de gang met hem. Natuurlijk is dat kamertje goed', zei ik wat gelaten.

'Goed, dan gaan we ernaartoe', antwoordde ze.

Het was een kleine kamer met een tafeltje en drie stoelen. Ik ging zitten en Ingrid gaf Wim een seintje dat we er klaar voor waren. Bijna meteen kwam Wim terug met Henk F. die meteen zonder iets te zeggen tegenover me ging zitten met zijn armen op de tafel. Ik had het jaar daarvoor al aangegeven dat ik Henk F. geen hand kon geven. Ik zou niet de hand kunnen schudden die mijn kind de keel had dichtgeknepen. Absoluut onmogelijk! Ik keek hem een poosje recht in zijn ogen aan en daarna zei ik: 'Hoi'.

'Hoi', antwoordde hij.

Op een halve meter afstand van mij zat nu de moordenaar van onze dochter Andrea en keek me rustig en afwachtend aan. Hij sloeg zijn ogen niet neer en gaf me de indruk nieuwsgierig te zijn. Ik was klaar voor dit gesprek en hij moest er maar klaar voor zijn. Eindelijk kon ik de moordenaar van onze dochter Andrea in de ogen kijken. Hier had ik eenentwintig jaar op zitten wachten en ik had voor dit gesprek twee jaar van voorbereiding nodig gehad. Nu was het dan zover: dé dag van het gesprek. Van verantwoording afleggen. Het draaide nu nog om ons tweeën, ik merkte niet eens meer dat Ingrid ook nog in het kamertje was. Ik voelde dat ik de situatie volledig in de hand had en was compleet rustig. Er zou nu niets kunnen gebeuren wat me uit mijn evenwicht zou kunnen brengen. Henk F. zat op minder dan een meter afstand van me en we keken elkaar in de ogen. Ik begon rustig te praten.

'Vorig jaar zouden we dit gesprek hebben, maar toen werd het afgeblazen. Dus dan nu maar. Ik heb deze vraag al vaker gesteld, maar vraag het je nu weer: hoe is het in vredesnaam mogelijk dat jij onze dochter hebt kunnen vermoorden? Waarom?'

'Als ik het wist, zou ik het je vertellen. Ik weet het niet. Het was een ongelooflijke fout van me, ik had dit nooit mogen doen.'

'Nee, inderdaad. Zijn we het toch ergens over eens, jij had dit nooit mogen doen. Jij hebt een puinhoop van ons leven gemaakt. We hadden drie kinderen kunnen hebben, maar hadden maar één kind, met wie we dolblij waren, van wie we zielsveel hielden. Toen kwam jij langs, en weg!'

'Ik denk dat als ze tien seconden eerder was geweest of later, dan was er niks gebeurd.'

'En dát geloof ik dus niet. Dat zeg je wel, maar dat geloof ik niet. Trouwens, dat is niet aan de orde. Jij kwám haar tegen en je hébt haar meegenomen. Daarna was het over en uit.'

'Lammi, ik heb er ontzettend veel spijt van, het doet mij

elke dag weer pijn dat het gebeurd is, elke dag heb ik berouw, verdriet en spijt.'

'Dat is goed. Je bent zelf verantwoordelijk voor wat je aangericht hebt. Je weet het: eigen schuld, dikke bult.'

'Ja, dat weet ik. Elke dag denk ik aan Andrea en aan jullie. Jullie zijn nooit uit mijn hoofd. Je hebt het volste recht om boos op me te zijn, om me uit te schelden of wat je maar wilt.'

'Wat heeft dat voor zin, wordt het daar anders van? Het is immers allemaal al gebeurd. Het is niet meer te herstellen. Je hebt het liefste van ons afgepakt, besef je dat wel?'

'Ja, dat weet ik en het spijt me heel erg. Ik zou er veel voor over hebben als ik het terug kon draaien. Maar dat gaat niet, ik kan dit nooit meer goedmaken.'

'Als je dat maar goed door hebt. Inderdaad, dit kun je nooit meer goed maken, wat je ook doet.'

'Dat besef ik maar al te goed. Ik verdien mijn straf en heb daar ook geen moeite mee. Als ik een langere straf gekregen zou hebben, had ik dat ook zonder meer geaccepteerd. Ik was nooit in hoger beroep gegaan. Nooit. Mijn straf kan ik accepteren, maar mijn delict niet.'

'Voor Roelof en mij is de lengte van jouw straf niet belangrijk. Wat veel belangrijker voor ons was, was dat jij gepakt zou worden. Wij wilden weten wie je was en vooral waarom je het gedaan hebt. Je hebt zeventien jaar lang je mond dicht gehouden. Ik heb er alles aan gedaan om jou te vinden, maar je had je goed verstopt.'

'Ik ben jullie een keer tegengekomen in Hoogeveen.'

'He? Waar?'

'In de Hoofdstraat.'

'Wat heb je toen gedaan?'

'Ik wist wie jullie waren, maar jullie wisten niet dat ik de moordenaar was. Ik schrok me kapot en ben toen meteen een winkel binnengelopen om jullie te ontwijken.'

Dus toch, toch waren we hem een keer tegen gekomen. Maar we wisten niet wie hij was.

'Al die interviews in kranten, tijdschriften, op de radio en op televisie, dat alles had maar één doel: jou vinden.

Heeft het zin gehad denk je? Of heb ik dit alles voor niets gedaan?'

'Ik heb alles gevolgd. Alles heb ik gezien, gehoord en gelezen. Ik wist hoe jullie leven eruit zag. Ik wist ook hoe jullie over de moordenaar van Andrea dachten.'

'Dat was precies de bedoeling, dan heb ik dat dus niet voor niets gedaan. Ik wilde dat je alles zou volgen, dat je wist hoe we over je dachten. Ik wilde jou bereiken via de media, het was de enige manier om jou iets duidelijk te maken.'

'Dat is je gelukt, ik heb altijd alles gevolgd. Geloof me, ik heb geen leven gehad na de dood van je dochter. Ik heb een rotleven gehad, maar ik had niet de moed of het lef om mezelf aan te geven. Maar ik wist wel dat dit gesprek ooit zou plaatsvinden. Dat heb ik altijd geweten, ik wist dat deze dag ooit een keer zou komen.'

'Nou, dat heb je dan goed gedacht.'

'Ik was bang voor je en durfde je niet onder ogen te komen. Daarom had ik ook tijd nodig om dit gesprek aan te gaan met je.'

'En terecht dat je bang voor me was! Daar had je alle reden toe! Ik was des duivels op je, en nog wel, al wordt het gelukkig wel minder.'

'Maar hadden we hier ook zo gezeten als ik me wel eerder aangegeven had?'

'Nee, ik denk het niet. Als je direct of na een paar jaar gepakt was, had ik je kapot gemaakt zodra ik de kans gekregen had, zonder blikken of blozen. Wat dat betreft is er wel veel veranderd in al die jaren. Ik heb de tijd gekregen om te accepteren dat Andrea nooit meer terugkomt, dat we zonder haar verder moeten leven. Je hebt me in de ogen gekeken bij de rechtszaak. Je hebt gezien dat het toen niet goed met me ging. Ik zat in dezelfde woede als in 1993 en kon je wel de nek omdraaien. Het heeft nu geen zin meer om jou dood te maken. We hebben ons leven weer op kunnen pakken en het gaat goed met ons. Als ik jou nu wat aan zou doen, zou ik mijn leven met Roelof zelf naar de Filistijnen helpen. Dan heeft Roelof niks meer en ik ook niet. Dan zijn we weer alles kwijt en moeten we proberen om weer opnieuw te beginnen. Tijd doet veel met een mens, ook met mij.'

'Ik vind het fijn om te horen dat het goed met jullie gaat. Maar als dit met Andrea allemaal niet gebeurd was, hadden we dan vrienden kunnen zijn in dit leven?'

'Ja natuurlijk zou dat kunnen. Nu is dat absoluut onmogelijk, ik denk dat je dat wel kunt snappen.'

'Ja natuurlijk, dat begrijp ik. Maar het is belangrijk voor me om te weten dat het goed met jullie gaat. Ik vind de gesprekken met jou ook erg belangrijk. Ik vind het contact met jou erg prettig.'

'De telefoontjes en dit gesprek doe ik niet voor jou. Het interesseert me geen zier of dit belangrijk voor jou is of niet. Deze contacten heb ik alleen maar voor mezelf gedaan, niet voor jou, begrijp dat goed. Ik moet wel zeggen dat ik in het begin kwaad was op jou, ook in de telefoongesprekken, misschien heb je dat wel gemerkt.'

'Ja, dat merkte ik wel. Het is ook logisch en het was niet erg.'

'Gaandeweg de gesprekken werd ik rustiger en rustiger. Waarom bleef jij altijd zo rustig tijdens de gesprekken? Ik ben boos op jou geweest, heb je uitgedaagd en beledigd, ik heb je zelfs de gek aangestoken. Maar je bleef rustig en werd niet kwaad of zo. Hoe zit dat?'

'Ik heb jullie al zoveel aangedaan, wat je ook zegt of doet, ik zal nooit kwaad op jou worden. Daar heb ik geen recht op.'

'Nee inderdaad, daar heb je gelijk in. Je hebt daar zeker geen recht op. Dat recht heb je verspeeld. Ik had jou hoe dan ook ooit ter verantwoording geroepen. Als het nu nog niet was doorgegaan, dan had ik het over een tijdje weer geprobeerd. En als het dan nog niet gelukt was, had ik je opgewacht bij de gevangenispoort als je vrij zou komen, of later opgezocht. Jij had me hoe dan ook te woord moeten staan of je daar nou zin in had of niet. Jij hebt daar helemaal niets over te vertellen.'

'Ik weet het, je hebt gelijk. Ik heb al die jaren geweten

dat dit gesprek er ooit zou komen. Ik heb altijd geweten dat ik je onder ogen moest komen. Ik heb niet het recht om dit te weigeren.'

'Even voor de duidelijkheid, jij hebt álle rechten verloren. De komende jaren heb jij nergens recht meer op. Jij krijgt pas weer rechten als je uit de bak komt en geen seconde eerder', zei ik nogal bits.

Ingrid had inmiddels een kopje thee voor me ingeschonken en ik merkte aan haar dat ze de helft niet begreep van wat we zeiden. Ik vond dat beslist niet vervelend, het maakte dat ik me op een bepaalde manier vrijer voelde om te zeggen wat in me op kwam. Dit gesprek was alleen belangrijk voor mij en voor Henk F. Voor mij hoefde er zelfs niemand bij te zijn.

'Je zei in de rechtbank: had ze maar gegild, dan was ik gestopt. Andrea was geen giller en zeker niet als ze in problemen zou komen. Dan zou ze veel eerder dichtklappen. Het was een heel zachtaardig meisje, een lief meisje. Geen druktemaker en zeker geen haantje de voorste. Het was niet zo moeilijk om haar te overbluffen en mee te nemen. Je hebt mijn boek gelezen, begrijp je dat nu?'

'Ja, ik begrijp het. Had ik jou maar gepakt, dan had je me op m'n kloten gegeven.'

'Ja, inderdaad, hád me maar gepakt! Wat dénk je. Ik had je compleet gesloopt, ik had je helemaal naar de kloten geholpen en kapot gemaakt! Ik had me doodgevochten en jij was er beslist niet goed vanaf gekomen, reken daar maar op! Je zei ook dat je veel bereikt had in je leven.'

'Ja, ik heb ook veel bereikt in mijn leven. Maar alles wat ik bereikt heb, heb ik bereikt door mijn delict. Ik had zoveel schuldgevoel en spijt dat ik vanaf dat moment alleen maar ben gaan werken, werken en nog eens werken. Ik kon niet thuis zitten of leuke dingen doen. Ik heb mijn vrouw en kinderen verwaarloosd. Aan geld ontbrak het hen niet, maar aandacht hebben ze niet van mij gekregen. Mijn vrouw en kinderen heb ik veel tekortgedaan. Als ik niet werkte, zat ik steeds te denken aan wat ik gedaan had. Ik werd gek van al die gedachten. Hier in de inrichting, zie ik elke dag wat ik gemaakt heb in die jaren. De betonnen trappen hier heb ik zelf gemaakt, net als in andere gevangenissen. Ik heb veel werk gedaan voor het Openbaar Ministerie, gevangenissen en rechtbanken. Ik loop hier elke dag over mijn eigen werk. Heel gek, dat ik zo veel werk heb gedaan voor het Openbaar Ministerie en justitie en nu heb ik er weer mee te maken.'

'Ja, nu mag je elke dag profiteren van je eigen werk.'

We praatten een tijdje over zijn privéleven, dat veel familie en vrienden niets meer met hem te maken wilden hebben. Ook over zijn kinderen, met wie hij nu moeizaam of bijna geen contact had. Ook de kinderen van Henk F. waren in hun leven gewaarschuwd voor 'enge mannen'. Nu moesten ze onder ogen zien dat hun eigen vader een van die 'enge mannen' was. Hij hoopte dat het contact met zijn kinderen na verloop van tijd beter zou worden.

'Daar zul je dan zelf je best voor moeten doen, je kunt het niet van je kinderen verwachten. Jij hebt hen ook enorm gekwetst, tot op het bot waarschijnlijk.'

'Ja, dat weet ik en dat doet me ook erg veel pijn.'

'Dat geloof ik, maar het benadrukt alleen maar wat voor zooitje je ervan gemaakt hebt met die paar minuten in jouw leven. Wat ik al zei: jij hebt het veroorzaakt, nu mag je het ook oplossen. Jij moet hen de tijd geven om er mee om te leren gaan en dan maar afwachten hoe het uitpakt.'

'Ik geef hen alle tijd die ze nodig hebben. Alles kunnen ze vragen, ze mogen alles weten. Ik heb geen geheimen meer en wil die ook niet meer hebben. Ik praat met veel mensen over mijn delict, iedereen mag alles weten. Ik werk overal aan mee. Ik werk zes dagen in de week en als het mocht zou ik zeven dagen in de week werken. Als ik werk, heb ik rust in mijn hoofd, maar als ik op de cel zit, zit ik steeds weer te piekeren over mijn delict, over Andrea, over jullie.'

'Dat is goed, denk er maar goed over na, zodat je zoiets nooit meer zult uithalen.'

Ik kreeg het gevoel dat we alles zo onderhand wel ter sprake hadden gebracht en maakte een eind aan het gesprek.

'Ik denk dat we alles nu wel gehad hebben. Alles hebben gezegd wat belangrijk was. Ik heb alles gezegd wat ik wilde dat jij zou moeten weten en ik denk dat jij ook alles hebt gezegd waarvan jij vond dat ik het moest weten, ja toch?'

Henk F. keek me aan, dacht even na, en zei toen: 'Ja, dat denk ik wel.'

'Mooi zo.'

'Ik zou heel graag contact met je blijven houden, want het doet me goed om met je te praten.'

'Dan heb ik een verassing voor je, omdat dit het laatste gesprek tussen ons is geweest. Ik wilde van het begin af aan een gesprek met jou en jou aankijken. Ik wist dat ik op een dag met jou moést praten. Waar dat toe zou leiden, dat wist ik niet. Misschien vergeving? Maar dat is nu onmogelijk voor me, dat kan ik beslist niet, maar wie weet, misschien ooit of misschien nooit.'

Meteen haakte Henk F. hierop in door te zeggen: 'Nee nee, ik wil niet dat je me vergeeft! Ik kan het mezelf niet eens vergeven. Dat gaat niet, je mag me niet vergeven voor wat ik heb gedaan.'

Ook nu sloeg hij zijn ogen niet neer en bleef me aankijken. Zijn vrij heftige reactie verbaasde me enigszins, maar het was wel een gemeende reactie van Henk F.

Hij vervolgde: 'Ik had je dat gesprek beloofd en daar moest ik me aan houden. Ik had alleen wat tijd nodig omdat ik bang voor je was. Maar je had recht op dat gesprek, ik vond dat ik de plicht had om aan je verzoek te voldoen.'

'Ja, je had me dat inderdaad beloofd, al heb ik daar toch enige tijd zo mijn twijfels over gehad of je je belofte zou waarmaken. Als er ooit nog iets is waarvan ik wil dat jij dat weet, dan weet ik jou wel te vinden. En als jij ooit nog iets hebt, waarvan jij wil dat ik dat weet, dan weet jij mij ook wel te vinden.'

Ik keek Henk F. strak aan en hij knikte dat hij het begreep. Er was ruim een uur verstreken. We bleven elkaar zonder iets te zeggen voor een paar ogenblikken strak aankijken en ik keek diep in zijn ogen. Ik zag respect, ontzag en bewondering. Hij wist dat ik nooit, nooit ook maar één ogenblik bang voor hem zou zijn. Ik wist dat ik nooit meer een probleem met hem zou krijgen, al zouden we bij wijze van spreken buren worden.

'Om wat je gedaan hebt, haat ik je tot in mijn tenen, dat zal ook nooit veranderen! Voor de rest zul je misschien wel een prima vent zijn. Ik bedank je voor dit gesprek. Ik ga je geen hand geven, je weet waarom ik dat niet kan, dat hoef ik niet uit te leggen nietwaar?'

'Nee, dat begrijp ik Lammi.'

Ik keek Ingrid aan en het was net of ik nu pas weer merkte dat ze ook nog in het kamertje zat. Ik zei tegen haar: 'Ingrid, bedankt voor de thee. We zijn uitgepraat.'

Ingrid drukte op een knop en even later kwam Wim binnen. Ik stond op, Henk F. keek me nog steeds aan en ik ging met Wim mee de gang op.

Meteen op de gang vroeg Wim me al: 'Hoe is het gegaan, ben je tevreden?'

'Het ging goed, ik heb rustig alles kunnen zeggen wat ik wilde en hij ook geloof ik wel.'

We gingen naar beneden en vlak bij de portier ging het gesprek automatisch verder.

Ik hief mijn hand op en zei: 'Laten we even wachten met praten, Roelof wil hier ook graag bij zijn.'

'Oké, dan moet je hem zelf even bellen, want ik kan niet naar buiten de PI bellen. Zullen we even in een kamertje gaan zitten? Dan zorg ik ook even voor wat koffie en thee.'

'Ja, dat is goed. Heb je daar wel tijd voor?'

'Daar maken we tijd voor Lammi', zei hij met een glimlach.

Ik ging door het detectiepoortje en haalde mijn telefoon uit het kluisje.

'Roelof, kom deze kant maar op.'

'Oké, ik kom eraan.'

Napraten

Even later was Roelof er. Ook hij moest zijn bezittingen in een kluisje opbergen. Ik zat ondertussen al wat te kletsen met Wim.

'Ik vind het erg knap dat je dit gesprek bent aangegaan. Was je zenuwachtig of emotioneel?'

'Nee, totaal niet. Maar dat heeft waarschijnlijk ook te maken met al die telefoongesprekken die we hebben gehad. Ik raakte op die manier gewend aan zijn stem, zijn manier van praten en denken. Ik denk dat dat wel heeft geholpen. Ik wilde hem persoonlijk vertellen wat hij aangericht heeft en ik wilde hem zelf dingen vragen. Ik heb heel rustig kunnen praten met hem, niet geëmotioneerd of boos. Het ging prima en ik ben er heel tevreden over.'

Roelof kwam bij ons zitten en was nieuwsgierig hoe het verlopen was. Ik vertelde in het kort wat er gezegd was en dat het nu klaar was. Daar was hij blij om, hij was zichtbaar opgelucht. Wim vertelde dat Henk F. elke dag zo lang als hij daar al vast zat, zei dat hij ongelooflijk veel spijt had dat hij Andrea om het leven had gebracht. Dat hij elke dag weer berouw en verdriet daarvan had.

'Meestal moeten we de mensen hier stimuleren om aan het werk te gaan. Henk F. moeten we juist afremmen, hij wil het liefst zeven dagen in de week werken.'

'Waarom wil hij zoveel werken?' vroeg ik.

'Omdat hij dan niet aan zijn delict hoeft te denken, dan is hij geconcentreerd bezig met zijn werk. Het geeft hem afleiding en de man werkt graag.'

Dat had Henk F. me zelf ook meerdere malen verteld, eigenlijk in elk gesprek, maar ik wilde bevestiging dat het ook waar was wat hij me telkens vertelde.

'Denk niet dat de mensen die hier vast zitten, het makkelijk hebben. Veel mensen hebben het idee dat het hier een soort van hotel is, maar ik kan je verzekeren dat dat niet zo is. De gedetineerden moeten overal om vragen, niets is vanzelfsprekend. Ze zijn volkomen afhankelijk van de bewakers en leiding. Hier in de PI is het een wereld op zich. De buitenwereld begint maar een paar meter vanaf de deur, maar het is een wereld van verschil.'

'Ja, dat lijkt me logisch en dat moet ook, anders is het geen straf', antwoordde Roelof.

'Henk F. heeft voor het gesprek plaatsvond duidelijke instructies gekregen wat te doen. Hij zat in een kamertje ernaast te wachten en kreeg de opdracht om naar binnen te gaan en te gaan zitten. Hij mocht niets zeggen en mocht geen hand geven, maar hij moest afwachten. Als jij hem zou begroeten, mocht hij teruggroeten en daarna moest hij wachten tot jij het woord zou nemen.'

'Dat heeft hij ook precies zo gedaan', zei ik.

'Wij wisten allemaal dat je hem geen hand kon geven, dat was bekend. Hij was zenuwachtig, maar door duidelijke instructies te geven, werd het ook makkelijker voor hem.'

'Heb jij altijd dit werk gedaan?' vroeg ik aan Wim.

'Nee, ik heb altijd in het onderwijs gezeten, maar dat had ik op een gegeven moment wel gezien. Toen ben ik hier terechtgekomen en ik moet zeggen dat het een erg boeiende en afwisselende baan is. Hier zitten de zwaargestrafte mensen; van de elf personen op mijn afdeling hebben er negen de uitzendingen van Peter R. de Vries gehaald. Dat zegt wel genoeg denk ik. Soms hebben we heftige dagen, maar vandaag is het een topdag.'

Ik keek hem wat verwonderd en vragend aan, omdat ik dit niet begreep.

'Dit is echt een topdag. Dat een nabestaande, een moeder van een slachtoffer, een gesprek aangaat met de dader van de moord op haar kind, dat is heel bijzonder. Dit hebben ze hier in de PI nog nooit eerder meegemaakt. Iedereen die hier werkt, weet dan ook dat jij hier vandaag bent voor een gesprek met Henk F.'

Zie je wel dat de portier wist wie ik was? Dacht ik meteen bij mezelf, ik wist het!

'Daarom is dit voor mij en mijn collega's een topdag. Misschien dat je zelfs een voorbeeld bent voor andere nabestaanden. Misschien dat dit nu vaker zou kunnen plaatsvinden. Ik denk dat het voor de nabestaanden of slachtoffers én voor de daders, alleen maar positief kan zijn. Wij juichen dit initiatief toe en zullen hier graag aan meewerken. Het is en blijft heel bijzonder en ik vind het bijzonder knap dat je dit hebt gedaan.'

'Ik heb dit gedaan omdat ik dit moest en wilde doen, al vanaf het begin. Ik moest de man spreken, maar vooral ook in de ogen kijken, de man die onze dochter heeft vermoord. Dat was al vanaf het begin duidelijk voor me. Maar ik had tijd nodig voor ik dit kon, ik moest eerst rustig worden om een normaal gesprek met hem aan te kunnen gaan. Ik wilde weten wie hij was, hoe hij dacht, hoe de man in elkaar zat. Ik denk dat ik dat nu wel een beetje door heb. Ik heb hem toch aardig leren kennen tijdens de briefwisseling, de telefoongesprekken en nu dit gesprek. Ik heb dit alleen maar voor mezelf gedaan. Wat het met hem doet, interesseert me niet. Hij moest verantwoording afleggen naar mij, dat was belangrijk voor me.'

Roelof vroeg aan Wim: 'Wat denk je Wim, zou Henk F. het weer kunnen doen als hij vrijkomt?'

Wim dacht goed na en antwoordde toen bedachtzaam: 'Nee, ik denk niet dat hij in herhaling zal vallen.'

Op hetzelfde moment dat Wim zijn antwoord gaf, begon ik nee te schudden met mijn hoofd. We dachten precies hetzelfde.

'Maar als hij kwaad wordt, zou ik hem niet de rug toedraaien', zei hij er achteraan.

Dat leek me logisch, omdat hij in de gevangenis werkte. Ik zou daar ook meer op mijn hoede zijn dan buiten de gevangenis. Alhoewel, waar zou het veiliger zijn, binnen of buiten? Roelof was nog niet helemaal overtuigd van het feit dat Henk F. heel waarschijnlijk niet in herhaling zou vallen en vroeg nog een keer aan Wim of hij niet nóg een keer in de fout zou gaan.

'Nee, ik denk het niet. Weet je, Henk F. is eigenlijk een gewone man die een enorme fout heeft gemaakt. Hij is geen psychopaat.'

Ik viel Wim bij door te zeggen: 'Een psychopaat is iemand die geen geweten heeft. Zo iemand kent geen spijt en berouw, dat heeft Henk F. elke dag. Hij heeft dit elke keer tegen mij gezegd en Wim zegt nu ook dat Henk F. elke dag spijt en berouw heeft. Hij heeft er echt last van, en terecht! Daarom denk ik ook dat hij dit nooit, echt nooit meer in zijn hoofd zal halen.'

'Precies, ik denk dat ook. Een psychopaat is een ziek mens en niet te genezen, daarom kan een psychopaat makkelijk in herhaling vallen. Als het hem niets doet wat een ander voelt of meemaakt, waarom zou hij zichzelf dan zijn genot of plezier onthouden?' zei Wim.

'Het rapport van het Pieter Baan Centrum heeft hem volledig toerekeningsvatbaar verklaard. Dat zijn toch de mensen die het kunnen weten. Dat zegt dan toch ook al veel Roelof?' zei ik.

'Ja, dat is zo. Het is ook veel beter als hij toerekeningsvatbaar is. Dan kun je de verantwoordelijkheid ook bij zo'n man neerleggen.'

'Precies!'

De telefoon van Wim ging over en hij zei snel dat hij deze even moest aannemen. We knikten dat het oké was. Even later legde hij de telefoon lachend neer. Wim zag onze ietwat verbaasde gezichten en legde uit dat het de directeur van de PI was. Hij was razend nieuwsgierig hoe het gesprek tussen Henk F. en mevrouw Luten was gegaan.

'Je ziet het, iedereen vindt het vandaag een heel goede en spannende dag. Iedereen weet dat je vandaag met Henk F. zou komen praten. De medegedetineerden van Henk F. hebben hem succes gewenst en zijn nu ook erg benieuwd hoe hij het ervaren heeft.'

'Henk F. wilde graag contact met mij blijven houden.'

'En, wat heb je gezegd tegen hem?'

'Dat hij pech had omdat dit het laatste contact zou zijn tussen ons.'

Wim glimlachte en knikte.

'Hé, ik zie me echt niet jarenlang 'gezellig' praten met de moordenaar van onze dochter. Dat is ondenkbaar. Dat zou ik van de zotte vinden.'

'Nee, dat kan ik me ook niet voorstellen. Dat zou inderdaad bizar zijn.'

'Dit was goed. Een gesprek waarbij ik hem in de ogen kon kijken en alles kon zeggen en vragen wat ik wilde. Ook hij kon alles zeggen wat hij kwijt wilde. Nu is het klaar!'

Wim keek mij en Roelof om beurten aan.

'Jullie gaan er zo bijzonder mee om, ik heb daar grote bewondering voor. Klasse! Ik ben blij dat we jou hebben mogen helpen om dit te realiseren.'

'Ik wil jullie bedanken voor dit gesprek. Het was erg belangrijk voor me en het is gelukt. Nu gaan we verder met ons leven samen. Het is goed zo.'

We namen afscheid van Wim en vertrokken uit de PI. Toen we buiten waren, stopte ik even en stak een sigaretje op. Het maakte me niet uit of dit wel de aangewezen plek was om een sigaret te roken. Roelof was doorgelopen en zei: 'Is het nu dan klaar, Lammi?'

'Ja Roelof, het is nu klaar. Nu is het oké, het klopt, het is goed zo', antwoordde ik terwijl ik rustig achter hem aan liep.

Voor mijn gevoel liepen we letterlijk en figuurlijk de toekomst tegemoet. De jarenlange ellende lag nu definitief achter me, zonder dat ik ooit één dag Andrea zou vergeten!

Natuurlijk ging ik alles nog eens goed overdenken. Het was goed geweest om te praten met Henk F. Om tegenover hem te zitten, om de man in de ogen te kijken die haar verkracht en vermoord had. Hij was de laatste persoon geweest die Andrea had gezien. Hij was diegene die verantwoordelijk was voor de puinhoop van ons leven. Door een gesprek met hem aan te gaan, had hij verantwoording moeten afleggen. Hij moest vertellen wat er op 10 mei 1993 gebeurd was in de namiddag. En dat deed hij.

Vanaf het moment van zijn arrestatie, was Henk F. blij dat hij zijn geheim kon vertellen. Hij wilde schoon schip maken en werkte graag mee om de ballast uit zijn rugzak kwijt te raken. Ook naar mij toe was hij erg open en beantwoordde hij alle vragen die ik voor hem had zonder enige aarzeling. Hij zei direct in het eerste gesprek al dat hij maar één verhaal had: het verhaal zoals het was gebeurd. In feite kan er ook maar één verhaal zijn, het ware verhaal.

Maar wat ik nogal frustrerend vond, was dat hij sommige dingen niet meer precies wist. Hij wist niet of het werkelijk gebeurd was of dat hij het gedroomd had. Daarom zei hij dat hij het niet meer wist. Als hij in een toestand van bewustzijnsvernauwing was geweest op dat moment, dan kon ik dat begrijpen. Dat is voor mij een verklaarbare en dus begrijpelijke situatie. Het is niet zo dat een bewustzijnsvernauwing een vrijbrief geeft om van alles uit te kunnen halen, beslist niet. En zeker geen moord. Maar het maakte zijn verhaal wel duidelijk en begrijpelijk. Het verhaal ging kloppen. Ik merkte dat het na al die jaren minder belangrijk was geworden om elk detail nog te willen weten. Het was al zo lang geleden allemaal, het zou goed zijn om er eens een streep onder te zetten. En dat kon ik dus na dit gesprek met de moordenaar van Andrea.

Ik was blij dat na zeventien jaar eindelijk de oplossing was gekomen. Dat er na al die jaren eindelijk bekend was geworden wie er verantwoordelijk was voor de dood van Andrea. Wie de wérkelijke moordenaar was. Al die jaren van wachten en hopen, daar was nu definitief een einde aan gekomen. Er was een gezicht en een naam, maar het meest belangrijke: het ware verhaal.

Er bleef natuurlijk altijd een kleine kans dat hij het allemaal uit zijn duim zou hebben gezogen, dat hij zichzelf als een beter mens had neergezet dan hij in feite was. Maar na de paar brieven, de telefoontjes én het gesprek met Henk F. geloofde ik dat die kans heel klein zou zijn. Henk F. gaf openheid van zaken. Ik heb sommige dingen kunnen natrekken en hij had ook zelf gezorgd voor bewijs dat hij de waarheid sprak. Waarom zou ik dan nog twijfelen? Ik had geen reden meer om te twijfelen, het was nu duidelijk voor me.

Het tweede punt dat voor mij heel belangrijk was, was het feit dat hij meteen zei dat hij spijt, berouw en verdriet had van zijn daad. Henk F. had dit in elk gesprek keer op keer gezegd. Ook in de gevangenis tegen het hoofd van de afdeling – Wim – zei hij dat en tegen de psycholoog met wie hij regelmatig een gesprek had. Dat was waar ik op had gehoopt: dat hij erge spijt zou hebben, dat hij wroeging zou hebben, dat hij het liefst van alles de klok zou willen terugdraaien om het ongedaan te maken. Spijt, berouw en verdriet had Henk F. elke dag. En dat was goed. Dat is ook de reden dat ik denk dat hij nooit meer in herhaling zal vallen. Dat de wereld vanaf nu een stukje veiliger is geworden. Maar dat kan alleen de toekomst uitwijzen.

Ik heb de moordenaar al die jaren als een monster gezien, als een gek die geen respect voor het menselijk leven had. Ik haatte die vent, maar zou geen moment bang kunnen zijn voor dat monster. Henk F. heeft mijn woede gevoeld, gehoord en ook gezien. Maar toen ik met hem in contact was, merkte ik dat langzaam maar zeker mijn woede meer en meer afnam. Ik werd rustiger omdat ik zijn verhaal ging begrijpen. Zijn verhaal bleef al die tijd hetzelfde; hij zat niet te draaien of te zoeken naar woorden. Er was maar één verhaal, het verhaal, de waarheid! Ik ging begrijpen hoe die middag in mei 1993 was verlopen. Dat nam mijn woede om wat hij gedaan had met Andrea niet weg. Een mens maakt fouten, ieder mens maakt fouten. Een mens zonder fouten bestaat niet. Zelfs de Dalai Lama en moeder Teresa zullen fouten hebben gemaakt. Zou Henk F. misschien een gewone man kunnen zijn die een ontzettend grote fout in zijn leven had gemaakt? De grootste fout van zijn leven? Die gedachte had ik al een paar maal in mijn hoofd gehad en ik begreep meer en meer dat dit wel eens waar zou kunnen zijn. Een gewoon mens, die op een slechte dag in een monster was veranderd. Was Henk F. zo iemand? Zou elk gewoon mens dan in een monster kunnen veranderen? Als iemand het liefste voorgoed van je afpakt, dan zou dat mogelijk kunnen zijn. Ik weet dat ik wél zo zou kunnen veranderen; ik heb het gevoeld in die eerste jaren. Dan was alles zwart voor me, zag ik geen mooie dingen of mensen meer, alleen maar zwart. Het liefst bleef ik dan de hele dag in bed liggen, had ik nergens zin meer in en zeker niet in het leven.

Moordenaars worden niet geboren, ze worden gemaakt volgens mij. Diegene die fouten maakt, moet boeten, dat is heel simpel. Zeker een moordenaar. Het beste is als de persoon zijn fout kan en wil inzien en berouw toont. Henk F. had berouw getoond en begreep hoe fout hij was geweest. Dat was goed! Hij erkende tenminste wat hij aangericht had en dat het onherstelbaar was. Hij reageerde direct en fel toen ik over vergeving begon. Hij wilde beslist niet dat ik hem zou vergeven voor wat hij Andrea had aangedaan. Daarom geloof ik ook dat hij écht berouw heeft. Ik denk niet dat het een verhaaltje van hem is. Maar vergeven? Dat kan ik niet, tenminste nu in ieder geval niet. En waarschijnlijk nooit.

Ik ben geen moeder Teresa of Dalai Lama. Ik ben een moeder, die zielsveel van haar enige kind heeft gehouden. Ik accepteer dat het leven soms snoeihard kan zijn. Maar het ligt aan mijzelf hoe ik hiermee wil omgaan. Hoe ik in het leven wil staan, hoe ik het leven wil beleven en ervaren.

Het leven kan nog steeds mooi zijn, is nog steeds mooi, als je het wilt zien en ervaren. Een mens kan altijd kiezen voor positiviteit of negativiteit. De negatieve keuze is de makkelijkste keuze. Het is ook de meest verleidelijke keuze. Je kunt je woede, haat en frustraties makkelijker kwijt al is dat maar voor even. Maar als ik me dan ga voorstellen hoe dat eruit kan zien, dan zie ik dat niet zitten. Dan kies ik veel liever voor de positiviteit. Uiteindelijk kom je daar veel verder mee. Wat je de wereld instuurt, komt als een boemerang terug. Dus als ik positief kan leven, geeft het leven me ook weer positiviteit terug. Daar ga ik voor!

Ik hield al van het leven toen Andrea nog leefde, ik hou er nog steeds van. Ik hou van mensen, van dieren, van zonsopkomsten en zonsondergangen, van de wind door mijn haar en van de regen in mijn gezicht. Waarom zou ik deze mooie dingen moeten missen? Liever had ik samen met Roelof én Andrea van dit leven genoten. De keus was niet aan mij; Henk F. heeft die keuze voor mij, voor ons gemaakt. Een onherroepelijke beslissing die ik alleen maar kan accepteren. Nee, moét accepteren. Dat gaat niet in een dag of een week of een jaar, dat heeft veel tijd nodig. Jaren geleden ben ik daar al mee begonnen en ik kan zeggen dat het me na al die jaren zeker gelukt is. Nu ik weet hoe de 10e mei 1993 verlopen is, kan ik het definitief afsluiten. Ik kan nu verder met mijn leven zonder al die open vragen die me bezighielden. Ik heb eindelijk antwoorden gekregen!

Ik mis Andrea nog elke dag, maar ik kan met een glimlach aan haar terugdenken. Andrea was een heerlijk kind, een heerlijke puber die op weg was naar haar volwassenheid. Een prachtig kind met dromen, wensen en toekomstmogelijkheden. Maar over die dingen ga ik niet meer nadenken, alleen de mooie herinneringen zijn nog belangrijk. Misschien zien we elkaar ooit terug. Als dat waar is, en het is mijn tijd, dan hoop ik dat ze op me wacht aan 'de overkant'. Ze heeft me vaak gezegd dat ik geduldig moest zijn. Was dat mijn grootste les in dit leven? Andrea heeft gelijk gekregen: ik moest geduldig zijn.

Ik kon dit niet, wilde dit zeker niet, maar ik moest wel. Je zou kunnen zeggen dat het leven mij de les van 'geduld leren hebben' wel geleerd heeft.

De paragnosten die ik in de jaren gesproken heb, hebben gelijk gekregen. Ze zeiden allemaal zonder enige terughoudendheid dat 'het opgelost zou worden'. Punt. Ook zeiden ze dat het 'als een donderslag bij heldere hemel' zou gebeuren. Ook dat kwam uit.

Maar het mooiste wat Andrea tegen me zei, was dat ene zinnetje: 'Oma komt eerst!'

Andrea, mijn mooie, lieve dochter had het goed 'gezien'. Oma kwám eerst!

Ik heb vertrouwen in de toekomst. Een toekomst met Roelof voor zolang als die mag duren. We hebben het samen goed, en proberen elke dag opnieuw een leuke dag te beleven, met de mogelijkheden en kansen die we op dat moment hebben. Die vijftien jaren met Andrea waren onze topjaren! Onvergetelijk, vol met herinneringen die we de rest van ons leven zullen koesteren.

De moord is opgelost, de dader zit zijn straf uit en ik denk amper nog aan hem. Ik hoop dat hij na zijn straf ook zijn weg zal vinden in dit leven. Ik hoop dat ook hij zijn 'les' geleerd heeft. Maar dat is niet bijster interessant voor me, Henk F. is niet meer belangrijk voor me. Onze paden kruisten elkaar 21 jaar geleden en er ontstond een 'verbinding'. Door het gesprek met Henk F. aan te gaan, heb ik de 'verbinding' kunnen verbreken. Het is goed zo. Klaar.

Als de zon schijnt, schijnt hij ook voor ons. Wij zitten graag in de zon om de warmte van het leven te voelen. Samen met Roelof ga ik verder, genietend van elke dag en het leven.

Hoe dat leven eruit zal gaan zien, hebben we voor een groot deel zelf in de hand. Het zal een leven zijn zonder kinderen of kleinkinderen. Dat hebben we inmiddels geaccepteerd. Voor ons geen moeder- of vaderdag meer. Dat is niet erg, er blijft nog genoeg over om van te genieten en om plezier mee te maken. Het wonen in de natuur en het hebben van goede vrienden om ons heen, maakt het leven voor ons zeer aangenaam. We kunnen met liefde en trots terugdenken aan een fantastische meid van 15. Onze dochter Andrea.

2014, Lammi Luten-Dunnink

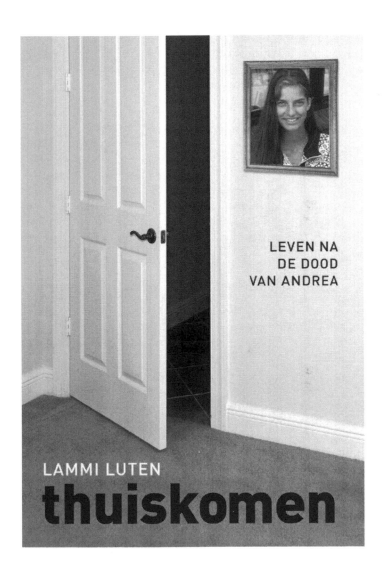

LEVEN NA
DE DOOD
VAN ANDREA

LAMMI LUTEN
thuiskomen